Die Staatsgestüte
in Deutschland, Österreich
und in der Schweiz

Ein Zu-fall !

Sendlinger Straße ... Unterwegs zum Stadtmuseum
sehe ich in einem Neuantiquariat dieses Pferdebuch.
Kostenpunkt : 68.— Jetzt : 34. — Ich blättere und
entdecke, daß Seite 189/190 fehlen. „Was kostet das Buch
ohne diese Seiten?" „Sagen wir 20.-DM!?" „Schön!"

München, 7. 6. 83

Gerhard Kapitzke

# DIE STAATSGESTÜTE

in Deutschland, Österreich

und in der Schweiz

SÜDWEST VERLAG · MÜNCHEN

*Für Martina, Kerstin und Gerhild*

---

Für freundliche Beratung und hilfreiche Unterstützung
während der Erstellung von Text und Bild
möchte ich allen Gestütsleitern und Gestütsbeamten
meinen herzlichen Dank aussprechen.
*Gerhard Kapitzke*

*Bild auf dem Schutzumschlag:*
*Obersattelmeister Manfred Lopp,*
*Technischer Leiter der Hengstprüfungsanstalt Adelheidsdorf*
*des Niedersächsischen Landgestüts Celle,*
*auf dem dressurbegabten Hannoveraner Beschäler ‚Galan'.*

© 1979 by Südwest Verlag GmbH & Co. KG, München
Alle Rechte vorbehalten
ISBN 3 517 00674 2
Redaktion: Gabriele Fentzke
Schutzumschlagentwurf: Design-Team, München
Gesamtherstellung: ⊘ Reiff-Druck, Offenburg/Baden

# Inhaltsverzeichnis

# Entwicklung der Pferdezucht

Die frühesten Hinweise auf die Domestikation des Pferdes in Form von Ritzzeichnungen auf Stein, Knochen oder Scherben stammen aus dem frühen 3. Jahrtausend v. Chr. Mit der Haustierwerdung war das Pferd nicht mehr ausschließlich Jagdbeute, sondern trat allmählich auch als duldsamer Helfer in den Dienst des Menschen. Zu jener Zeit durchstreiften unermeßliche Wildpferdherden die ihnen gemäßen Lebensräume. Die Menschen fingen sich die relativ leicht zu erbeutenden Jungtiere, gewöhnten sie an sich und machten sie besonders zu Winterszeiten futterabhängig. Die gezähmten Tiere pflanzten sich untereinander fort, und deren Nachkommen gewöhnten sich mehr und mehr daran, mit dem Menschen zu leben und sich dessen Willen zu unterwerfen. Hier sind wohl die ersten Zuchtanfänge zu vermuten, obwohl der Mensch sicherlich keinerlei Auslese traf, es sei denn, daß er vielleicht ein schnelleres Tier dem langsameren, ein stärkeres dem schwächeren vorzog. Aber auch diese Möglichkeit ist fraglich, denn die Wildpferde jener Zeit waren so optimal ihren jeweiligen Lebensräumen angepaßt, daß sie nur ganz geringe individuelle Unterschiede zeigten. Dem Menschen fehlte die Anregung, sich ein andersgeartetes Pferd vorstellen zu können, es gab keines in weitem Umkreis. Der züchterische Wunsch, ein neues, besseres Pferd zu schaffen, konnte noch nicht geweckt werden. Erst viel später, als die Völker des Nordens und des Südens sich begegneten, die abstammungsmäßig jeweils ganz verschiedene Pferdetypen mit sich führten, nämlich Nordponys und Südpferde, erfuhren die Menschen, daß es in anderen Ländern Pferde gab, die den ihren nur wenig glichen.

Die Leistung des Pferdes, das dem Menschen so unschätzbare Dienste erwiesen hat, liegt in seiner Trag- und Zugkraft und in seiner Schnelligkeit.

Die älteste schriftliche Abhandlung über Pferde stammt aus dem 14. Jh. v. Chr., sie wurde von einem Mitannier namens Kikkuli in hethitischer Sprache verfaßt und auf Tontafeln niedergeschrieben. Der Bericht schildert in detaillierter Form Haltung und Ausbildung von Streitwagenpferden, also die Nut-

*Links: Wildpferdtypen aus den eiszeitlichen Wandmalereien in der* ✳ *Höhle von Lascaux, Frankreich, etwa 20 000 v. Chr.*

✳ Bei Onkel Heinz im Höhlenbilder-Archiv

7

zung der Zugkraft des Pferdes in einer für die damalige Zeit komplizierten, technischen Maschinerie. Die ältesten Hinweise auf das Fahren überhaupt stammen aus dem Anfang des 3. Jahrtausends v. Chr. Man fand in Moorgebieten hölzerne Vollscheibenräder von vierrädrigen Wagen, aber auch Ritzzeichnungen von Rindern und Equiden, die auf primitive Weise vor zwei- und vierrädrige Wagen gespannt waren und am Kopf geführt wurden. Allerdings ist fraglich, ob es sich hierbei um Pferde handelt, es könnten ebensogut Esel oder Halbesel dargestellt sein. Tausend Jahre später, um 400 v. Chr., erscheint eine weitere hippologische Schrift über die Reitausbildung des Pferdes, verfaßt von dem griechischen Geschichtsschreiber und Pferdesachverständigen Xenophon. Diese Reitanleitung hat, von wenigen Details abgesehen, bis heute ihre Gültigkeit behalten. Hinweise auf das Reiten sind ebenfalls aus dem Beginn des 3. Jahrtausends v. Chr. als zeichnerische Darstellungen überliefert, und hier ist mitunter ziemlich deutlich zu erkennen, daß es sich tatsächlich nur um Pferde handeln kann.

Nach den beiden einzig erhaltenen Dokumenten des Altertums haben erst wieder die Römer weitere Nachrichten über die Pferde der Frühzeit hinterlassen. Sie berichten über das Vorkommen von Wildpferden in Norddeutschland und über das wegen seiner Leistungsfähigkeit besonders geschätzte Reitpferd der Germanen, das übrigens im Islandpony bis heute originalgetreu erhalten ist.

Tacitus berichtet von norddeutschen Germanenstämmen, die sich weißgeborene Pferde in heiligen Hainen hielten. Sie wurden hochverehrt, und man schrieb ihnen übernatürliche Kräfte zu. Dieser Bericht kann, wenn auch unbeabsichtigt, als indirekter Hinweis auf züchterisches Geschehen gewertet werden, denn weißgeborene Pferde (ebenso Scheckung und weiße Abzeichen) sind fast immer eine Degenerationserscheinung als Folge von Verkreuzungen in der Domestikation. Bis weit über das Mittelalter hinaus betrieb man die Pferdezucht verbreitet in Wildgestüten, obwohl daneben auch schon Gestüte für zahme Pferde existierten. In unzugänglichen Bruch- und Moorregionen, wie z. B. in Westfalen, lebten außerdem Wildpferde, die als Jagdbeute angesehen und noch bis ins 18. Jahrhundert hinein gejagt wurden. Ob es sich hierbei um Wildpferde im zoologischen Sinne handelt, muß allerdings bezweifelt werden. Mit zunehmender Ausbreitung des Christentums wurde der Genuß von Pferdefleisch vom Papst verboten, jedoch wurde dieses Verbot keineswegs immer befolgt.

Die ersten schriftlichen Überlieferungen, die über Pferdezucht berichten, stammen aus der Zeit Karls des Großen. In einem Erlaß von ihm selbst sind Verfügungen über Einrichtungen von Gestüten an Fürstenhöfen, Ausfuhrverboten von Zuchthengsten und Maßnahmen für die Pferdezucht ausführlich geschildert. Wenige Jahrhunderte später, zur Zeit des Rittertums, erfährt das schwergewichtige Streitroß des gepanzerten Ritters eine größere Verbreitung. Jeder Ritter war verpflichtet, seinem Lehnsherrn, dem jeweiligen Landesfürsten, für den Kriegsdienst ein bestimmtes Kontingent an berittenen Kriegern

*Oben: Reiter aus dem Parthenonfries auf der Akropolis in Athen, etwa 445 v. Chr. Das Erscheinungsbild der Pferde läßt züchterischen Einfluß des Menschen und große Ähnlichkeit mit dem arabischen Pferd erkennen, dessen Zuchtgeschichte sich etwa bis zur Zeitwende zurückverfolgen läßt.*

✳ Im Britischen Museum gesehen?

zu stellen. Geeignete Pferde einzukaufen war recht kostspielig, deshalb sah er sich genötigt, seinen Bedarf selbst zu produzieren.

Der Ritter benötigte ein leichteres, schnelleres Pferd für alle möglichen Dienste und ein starkknochiges, kaltblütiges Pferd, das imstande war, den gepanzerten Mann und seine eigene Rüstung zu tragen, die zusammen bis zu 200 kg wiegen konnten. Das schwere Ritterpferd war stets ein Hengst und wurde nur für das Turnier oder den Kampf bestiegen. Der Zucht dieser Pferde, die zunächst nicht sehr zahlreich und deshalb äußerst wertvoll und teuer waren, widmete man größte Sorgfalt. Sie wurden in sogenannten zahmen Gestüten direkt an der Burg gehalten, in ständigem Kontakt mit dem Menschen. Die Hauptzuchtgebiete waren anfangs die Küstenländer an der Nord- und Ostsee. Ebenso wie der Adel waren auch die Klöster zu Dienstleistungen an die Fürsten verpflichtet. Viele von ihnen unterhielten bedeutende Pferdezuchten, sowohl für die Landwirtschaft als auch für den militärischen Bedarf. Gestütsnamen aus dieser Zeit sind kaum überliefert, zwei der ältesten Gestüte trugen die Bezeichnungen „Stutengarten" (um 955), den frühen Ortsnamen der Stadt Stuttgart, und „Kloster Einsiedeln" (um 1064) in der Schweiz, das noch heute aktiv ist.

9

Der Deutsche Ritterorden in Ostpreußen (1198–1410) organisierte das fortschrittlichste und intensivste Gestütswesen seiner Zeit. Aus einer Verwaltungsakte der Ordenskasse geht hervor, daß der Orden gegen Ende seines Bestehens bereits 60 zahme Gestüte besaß oder unterstützte, während von alters her hier und in den angrenzenden Ländern Polen und Litauen noch immer Wildgestüte bestanden. Die Ritter unterhielten „Große Gestüte" für die Zucht der aus dem Westen importierten, schweren Ritterpferde und „Kleine Gestüte" für die Zucht des kleinen, leichten Landschlages.

Als die Ordensritter ihre Vormachtstellung aufgeben mußten, betrug der Pferdebestand dieser Gestüte etwa 16 000 Tiere, knapp die Hälfte davon waren schwere Ritterpferde.

Seit der Eiszeit war etwa die nördliche Hälfte Europas von zwei bodenständigen Pferdetypen bevölkert, die umweltbedingte gemeinsame Merkmale aufwiesen, sich aber andererseits durch gewisse Eigenheiten unterschieden. Der kleinere dieser nordischen Pferdetypen, die im Winter beide ein dichtes Haarkleid trugen, war der Urahn der heutigen Ponys, der größere starkknochige und eher behäbige Typ war der Vorfahr heutiger kaltblütiger Pferde. Die beiden Pferdetypen der südlichen Regionen hingegen trugen ganzjährig ein glattes dünnes Fell, waren schnellfüßig und hatten ein feinknochiges Skelett. Der kleinere Typ, von gazellenhaftem Aussehen, war der Urahn des Arabischen Vollbluts, der größere der Vorfahr des Berbers. Als sich während der Völkerwanderungen südliche und nördliche Völker begegneten, tauschten sie auch Pferde untereinander aus, so daß sich schon zu jener Zeit Vermischungen orientalischer und nordischer Pferde ergaben, doch ist nicht bekannt, ob es sich hier um züchterische Absichten handelt. Erst aus dem 13. Jahrhundert ist dokumentarisch überliefert, daß orientalische Pferde gezielt für züchterische Zwecke über Italien und Spanien nach Europa eingeführt wurden. Besonderer Wertschätzung erfreuten sich spanische Pferde. Diese sogenannten „Genetten", Abkömmlinge der aus Nordafrika während der maurischen Herrschaft eingeführten Berberpferde und Vorläufer der heutigen Andalusier, waren ✳ wegen ihrer vorzüglichen Reiteigenschaften bald in allen Zuchten Mittel- und Westeuropas für die Veredlung äußerst begehrt.

Besonders die nach Italien eingeführten und weitergezüchteten spanischen Pferde erlangten Weltruhm unter dem Begriff Neapolitaner. Die Neapolitanische Reitschule (gegr. 1532) wurde ein bedeutendes Ausbildungszentrum der Dressurreiterei, die erst durch die speziellen Reiteigenschaften dieser Pferde überhaupt möglich wurde. Die Dressur diente dem berittenen Krieger jener Zeit als Kampfmittel, denn die Erfindung der Feuerwaffen erforderte ein leichtes, wendiges und schnelleres Pferd, die Zeit des schwerfälligen Ritters war endgültig vorüber.

Der Bedarf an Pferden wurde stetig größer und die Ansprüche an die Eigenheiten bestimmter Rassen immer spezieller. Für die Prachtentfaltung ihrer Hofhaltung gründeten die Fürsten eigene zahme Gestüte, die leichter

*Rechts: Die zeitgenössische Darstellung „Wilde Pferde im Walde" von* ✳ *Hans Baldung Grien aus dem Jahre 1534 schildert eine Rauferei, die nicht den wirklichen Verhaltensweisen der Pferde entspricht, die aber dennoch Aufschluß gibt über das Aussehen von Pferden jener Zeit, die in Wildgestüten lebten. Das relativ typlose Erscheinungsbild der Pferde zeigt Pony- und Kaltblutmerkmale und in geringem Maße auch Veredelungseinflüsse, die vielleicht auf ein Zuchtgeschehen hindeuten.*

✳ Deshalb gibt es im HBG ein AG Reiten!?

10

kontrolliert werden konnten als Wildgestüte, und man befaßte sich mehr und mehr auch in wissenschaftlichem Sinne mit der Pferdezucht. Im 16. Jahrhundert wurden zahlreiche Hofgestüte gegründet:

1490 Sababurg in Hessen (später Beberbeck),
1532 Frederiksborg in Dänemark und Kladruby in Böhmen,
1554 Marbach an der Lauter in Württemberg und
1580 Lipizza bei Triest, um nur einige der bekanntesten zu nennen.

Außerdem gab es eine Vielzahl von Wildgestüten, so

in Mecklenburg (Dierhagen),
in der Pfalz (Otterberg und Zweibrücken),
in Westfalen (Duisburger-, Emscher- und Merfelderbruch) sowie
in Lippe (Sennergestüt) und viele andere.

Diese Wildgestüte existierten zum Teil bis ins 19. Jahrhundert hinein, bis schließlich die Kultivierung der Landschaft so weit vorangeschritten war, daß der Lebensraum für wildlebende Pferde verlorenging. Einzig der Merfelderbruch bei Dülmen in Westfalen hat sich bis heute in Privatbesitz erhalten.

Noch im 18. Jahrhundert wurden Jagden auf die wild lebenden Pferde abgehalten, teils aus jagdlichem Vergnügen und teils auch wegen verursachter Wildschäden. Manche Landesherren ließen zur Verbesserung der Wildzuchten die bodenständigen Herdenhengste herausfangen und den Stuten ausgesuchte orientalische Hengste beigeben, sofern die „Wildpferde" gezähmt werden sollten. Der allgemeine Bedarf an Pferden, sowohl für die Landwirtschaft als auch für das Militär, nahm rapide zu. Die Hofgestüte vermochten kaum die Nachfrage der Marställe zu decken. Pferde im Ausland zu kaufen war zu teuer und bedeutete Abhängigkeit. So blieb nur die Möglichkeit, die Zucht im Lande zu aktivieren und die Qualität der einheimischen Pferde zu verbessern, da diese den steigenden Ansprüchen meist nicht genügten. Im 16. und 17. Jahrhundert sind die ersten Anfänge einer Landespferdezucht zu verzeichnen. Die Landesherren stellten den bäuerlichen Züchtern Veredlerhengste zur Verfügung, mit der Maßgabe, daß die Fohlen zu festgesetzten Preisen wieder an den Staat zurückgegeben werden mußten. Da diese Verordnung den Bauern aber keinen Gewinn brachte, sondern eine Belastung darstellte, waren die Versuche nicht von Erfolg gekrönt. Vorwiegend erst im 18. Jahrhundert entstanden die großen staatlichen Gestüte, die bald einen entscheidenden, nahezu ausschließlichen Einfluß auf die Landespferdezuchten ausübten:

1722 Graditz in Sachsen,
1732 Trakehnen in Preußen,
1735 Celle in Hannover,
1755 Eichelscheiderhof (Zweibrücken) in der Pfalz,
1771 Dillenburg in Hessen,
1788 Neustadt an der Dosse in Preußen,

und in Österreich:

1792 Radautz und
1798 Piber in der Steiermark.

Während der Napoleonischen Kriege erlitt die deutsche Pferdezucht ganz allgemein durch Beschlagnahme oder Zerstörung von Gestüten schwere Rückschläge, die erst allmählich wieder ausgeglichen werden konnten. Als Preußen im 19. Jahrhundert in Deutschland zur Führungsmacht aufstieg, gerieten die in den erworbenen Gebieten liegenden Gestüte in preußischen Besitz und wurden der Preußischen Gestütverwaltung unterstellt: Graditz 1815, Celle 1866, Dillenburg 1869 und Beberbeck 1876.

Die Landwirtschaft erfuhr allenthalben eine gravierende Umstellung. Eine Vielzahl von Bruchgebieten und Ödlandwiesen, die bislang als Sommerweiden für die Pferdeaufzucht gedient hatten, wurden aus wirtschaftlichen Gründen unter den Pflug genommen. Eine mindestens vierjährige Aufzucht der Jungpferde durch Stallfütterung aber war für die kleinen privaten Züchter nicht

*Oben: Standbild des venezianischen Reiterführers Gattamelata von Donatello aus dem Jahre 1453. Das mächtige Pferd verkörpert ein bewußtes Zuchtziel, nämlich die Modernisierung des schwerfälligen Kaltblut-Ritterpferdes aus dem Mittelalter zum beweglicheren „schweren Warmblutpferd".*

rentabel, die Pferde wurden zu teuer. Deshalb richtete der Staat Remontedepots ein, in denen die Absatzfohlen bis zur Diensttauglichkeit aufgezogen wurden und somit der Bedarf des Heeres alljährlich gesichert war.

Das Gestütwesen in Österreich, das Anfang des 19. Jahrhunderts staatlich zentral organisiert wurde, entsprach im Prinzip der preußischen Methode. Aufgrund der gewaltigen Nachfrage hatte der Pferdebestand in Europa am Ende des 19. Jahrhunderts seinen Höhepunkt erreicht. In Deutschland und Österreich-Ungarn zählte man je weit über drei Millionen, in England und Frankreich fast drei Millionen und in Rußland sogar über 16 Millionen Pferde.

✳ Der Venezianer „Die gestreifte Katze" reitet in Padua um den Dom! | In Venedig hat Leonardo da Vinci das aufregende Standbild des Reiterführers Colleoni hinterlassen!

Die Preußische Gestütverwaltung besaß fünf Hauptgestüte und 16 Landgestüte. Der Pferdebestand in ganz Europa betrug schließlich etwa 33 Millionen Tiere. Aber schon ging das Pferdezeitalter seinem Ende entgegen. Die Eisenbahn hatte den Ferntransport übernommen, mit zunehmender Technisierung war der Pferdebedarf der Armeen auf einen Bruchteil gesunken, und Maschine und Motor vollbrachten weit größere und schnellere Leistungen, als das Pferd es vermochte. Anfang des 20. Jahrhunderts war man deshalb gezwungen, das Ziel der Pferdezucht auf die Landwirtschaft zu konzentrieren, den einzig verbliebenen Bereich, der im Zeitalter der Technik zunächst noch eine größere Zahl von Pferden benötigte. Das bedeutete eine gravierende Umstellung des Zuchtgeschehens innerhalb kurzer Zeit, denn nunmehr wurde ein völlig anderer Pferdetyp benötigt, nämlich das schwere Pferd für den schweren Zug.

Bis zum Zweiten Weltkrieg erfuhr die Pferdezucht noch einmal einen kurzen Aufschwung, denn neben der Landwirtschaft brauchte man für die Aufrüstung des Heeres sowohl Zugpferde als auch Reitpferde in größerem Umfang. Nach dem Zweiten Weltkrieg waren viele Gestüte zerstört, einige wurden wieder aufgebaut. Mit zunehmender Motorisierung reduzierte sich der Pferdebestand auf etwa 300 000 Tiere in Deutschland. Das Pferd verschwand nahezu völlig aus der Landwirtschaft, der Traktor übernahm seine Aufgabe. Trakehnen ging für immer verloren, Restbestände der Trakehner-Zucht wurden durch private Initiative in Birkhausen, Hunnesrück und Rantzau erhalten und fortgeführt. Ende der 50er Jahre wurden die Gestüte Wickrath, Darmstadt, Ansbach, Traventhal, Harzburg und Osnabrück aufgelöst. Gegenwärtig sind in der Bundesrepublik noch sieben Staatsgestüte in Betrieb, das Haupt- und Landgestüt Marbach an der Lauter, das Stammgestüt Schwaiganger und die Landgestüte Celle, Dillenburg, Landshut, Warendorf und Zweibrücken, deren Existenz und Zuchtziel heute fast ausschließlich von der Passion des Menschen zum Pferd getragen wird, nämlich dem Wunsch nach dem Reitpferd für Sport und Freizeit.

In der Entwicklung des Zuchtgeschehens unterschied man generell zwei Arten der Pferdehaltung und Aufzucht: die halbwilden Gestüte, die weitverbreitet waren und nahezu die Regel darstellten, und die zahmen Gestüte, in denen die Pferde mehr oder weniger in Ställen gehalten wurden und genauer Kontrolle unterlagen. Diese beiden Methoden haben sich wesentlich bis heute nicht geändert, wohl aber die Relation. Die intensive Nutzung unserer immer knapper werdenden Bodenfläche hat die Wildgestüte fast vollkommen verdrängt, der Merfelderbruch ist das letzte dieser Art in Deutschland, die Stallhaltung ist zur Regel geworden.

Wildgestüte als ursprünglichste Form waren Herden, bestehend aus Hengsten, Stuten und deren Nachkommen, die in landwirtschaftlich ungenutzten Ödlandgebieten und Bruchlandschaften frei umherstreiften und sich ihr Futter selbst suchten. Züchterisch waren sie völlig sich selbst überlassen, der Bedarf

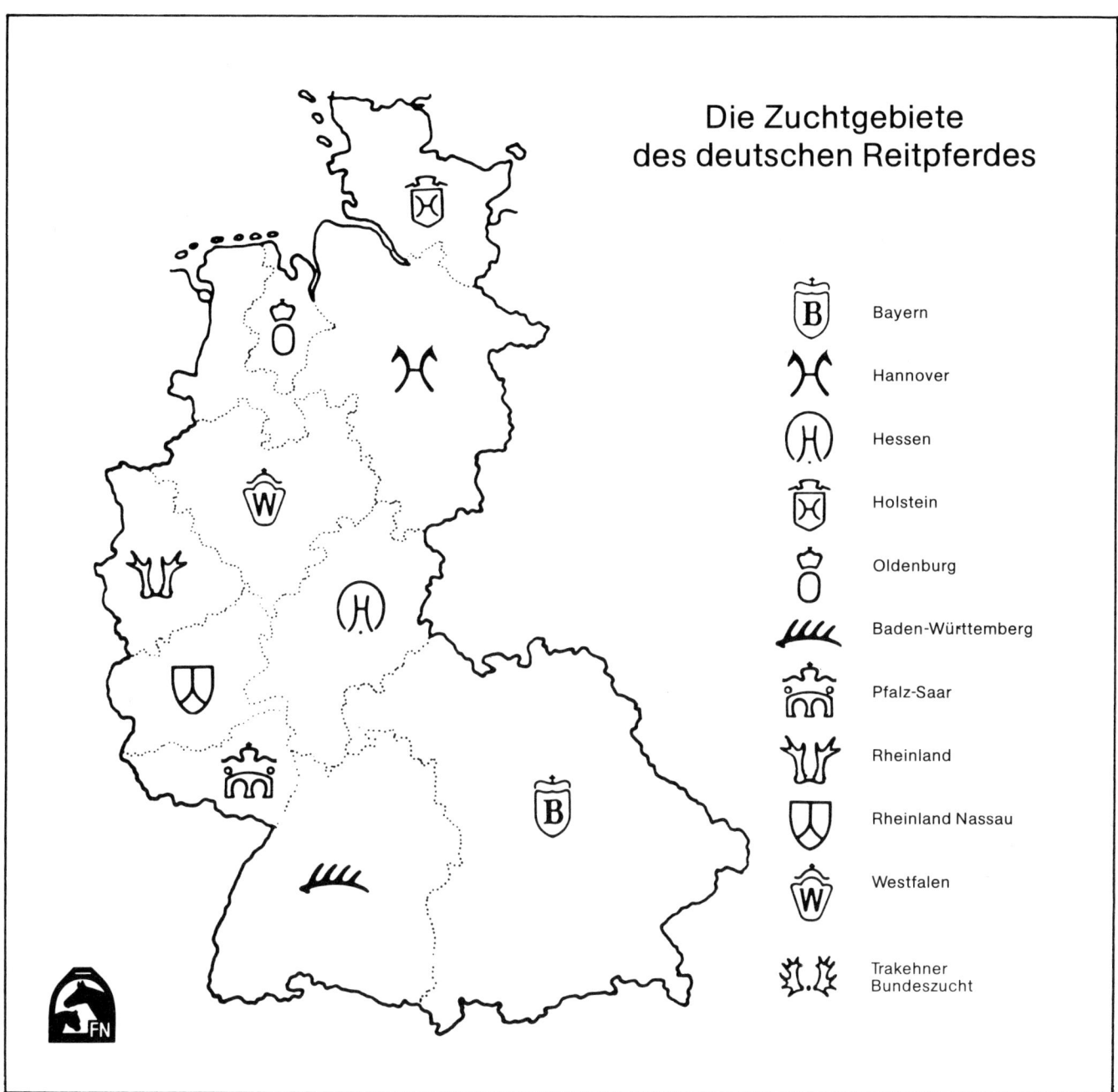

## Die Zuchtgebiete des deutschen Reitpferdes

| | |
|---|---|
| B | Bayern |
| | Hannover |
| | Hessen |
| | Holstein |
| | Oldenburg |
| | Baden-Württemberg |
| | Pfalz-Saar |
| | Rheinland |
| | Rheinland Nassau |
| W | Westfalen |
| | Trakehner Bundeszucht |

*Oben: Die Zucht-gebiete des „Deutschen Reitpferdes". 1976 betrug die Gesamt-zahl der Warmblut-Zuchtstuten 50 900, der Warmblut-Landbeschä-ler 556, der Warmblut-Privatbeschäler 1229. Der Gesamtpferde-bestand in der Bundes-republik Deutschland betrug 355 000 Pferde.*

an Pferden wurde herausgefangen. Halbwilde Gestüte unterschieden sich von Wildgestüten durch die Ausübung züchterischer Kontrolle. Den Stutenherden wurden für die Decksaison im Wechsel gezielt ausgewählte Deckhengste beigegeben, und gelegentlich erhielten sie in besonderen Notzeiten ein Zufut-ter zum Überleben.

Der Begriff „Gestüt", in der Frühzeit „Stuterey", leitet sich sprachlich von Stute ab. Zur Zeit der Wildgestüte bezeichnete man auf diese Weise meist eine bestimmte Herde, heute ist der Begriff fast immer an einen Gebäudekomplex gebunden, der speziell der Pferdezucht dient.

Ein Hauptgestüt ist eine staatliche Zuchtstätte mit hochqualifizierten Hengs-ten (Hauptbeschälern) und Stuten, die Deckhengste für die Landespferdezucht erzeugt. Die Haltung und Aufzucht größerer Stuten- und Fohlenherden verschiedener Jahrgänge erfordert eine rationelle und ausgewogene Landwirtschaft, deshalb wird auf diesen meist größeren Staatsgütern zusätzlich die ausgedehnte Zucht verschiedener Nutztiere und intensiver Ackerbau betrieben, so daß der Betrieb nach Möglichkeit sich selbst erhalten kann.

Ein Landgestüt hingegen hat nicht die Aufgabe, Pferde zu züchten, wie die Bezeichnung „Gestüt" vermuten läßt, sondern ist ein Hengstdepot, in dem nur Deckhengste zwischen den jährlichen Deckperioden, die sie außerhalb auf den Deckstationen im Lande verbringen, „aufbewahrt" und in guter Verfassung erhalten werden. Die Gestütsleitung koordiniert im Einvernehmen mit den Zuchtverbänden das Zuchtgeschehen. Landgestüte sind Zuschußbetriebe, deren Existenz vom Staat bestritten wird, damit den Züchtern zur Erlangung eines qualitativ hohen Zuchtzieles hervorragende Deckhengste gegen geringe Deckgebühr zur Verfügung gestellt werden können. Dem Landstallmeister als Gestütsleiter unterliegen Geschäftsleitung und Dienstaufsicht des gesamten Betriebes, sowie die Ausbildung der Gestütsangehörigen in Reiten und Fahren und in der sachgemäßen Haltung der Hengste. Außerdem hat er für deren Wohlergehen, für die Ermittlung der Fruchtbarkeit und Vererbungskraft und die Durchführung von Leistungsprüfungen Sorge zu tragen. Nach Absprache mit den Zuchtverbänden erfolgt die Verteilung der Beschäler auf die einzelnen Deckstationen.

Die Arbeit der deutschen Landgestüte ist gegenwärtig auf ein gemeinsames Zuchtziel ausgerichtet, nämlich die Erzeugung eines einheitlichen Pferdetyps unter der Bezeichnung „Deutsches Reitpferd", das als standardisiertes Leistungsmodell für die verschiedenen Reitsportdisziplinen bestmögliche Eignung verspricht. Dieser Pferdetyp basiert züchterisch hauptsächlich auf dem Hannoveraner mit Einmischungen von Trakehnern und Vollblütern, wobei in einigen Gestüten der Schwerpunkt ein wenig zum Trakehner hin verschoben ist. Gewiß sind zunächst noch Unterschiede beim Vergleich der Zuchten festzustellen, denn einige Bundesländer versuchen, das Zuchtziel durch Veredelung bodenständiger Rassen zu verwirklichen. Dennoch ist bis jetzt ein relativ hohes Gleichmaß erreicht worden, wobei sich die Frage stellt, ob nicht zu bedauern ist, daß im Zeitalter der allgemeinen Nivellierung der Individualität auch auf dem Sektor der Pferdezucht so manche sehr alte, bodenständige, originale Rasse von der Bildfläche verschwindet.

Aufgabenbereich, Arbeitsrhythmus und Zielsetzung in den deutschen Landgestüten sind, abgesehen von geringen Detailverschiebungen, die gleichen. Um übereinstimmende Wiederholungen zu vermeiden, wird im nachfolgenden Text am Beispiel nur eines Landgestütes ein wenig detaillierter aus dem Alltagsleben und aus dem internen Bereich berichtet. Die etwas ausführlichere Beschreibung des Landgestüts Celle soll gleichermaßen auf seine besondere Bedeutung unter den deutschen Landgestüten hinweisen und eine Projektion des Gestütslebens auf die übrigen Landgestüte ermöglichen.

*Rechts: Landgestüt Celle, Hengstaufzuchtgestüt Hunnesrück. Austrieb der Junghengste auf die Koppel im zeitigen Frühjahr.*

16

18

# Niedersächsisches Landgestüt Celle

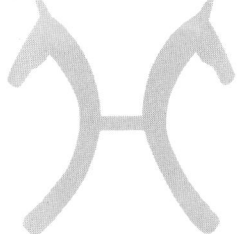

Das Landgestüt Celle mit dem Hengstaufzuchtgestüt Hunnesrück und der Hengstprüfungsanstalt Adelheidsdorf gilt als nahezu einmalig, was die Gesamtstruktur seiner Gestütseinrichtungen betrifft, und ist von Weltgeltung, was der gravierende Einfluß der hannoverschen Rasse auf die Sportpferdezucht in aller Welt beweist. Die nunmehr fast 250 Jahre während züchterische Entwicklung des Hannoveraners, vom Landgestüt kontinuierlich geführt und ständig verbessert, hat ihren Ursprung in einem weitblickenden, gemeinnützigen Erlaß des damaligen Fürstenhauses von Hannover und in einer verbreitet ausgeprägten Pferdezuchtpassion des bäuerlichen Züchters in Niedersachsen, die bis in die Gegenwart hinein wirksam geblieben ist. Als im Jahre 1714 Georg I., Kurfürst von Hannover, durch Erbfolge den englischen Königsthron bestieg, war er vor allem darauf bedacht, die durch den Dreißigjährigen Krieg großenteils noch immer verarmte Landwirtschaft wieder aufzubauen. Mit besonderer Vorliebe widmete er sein Augenmerk der Pferdezucht, wobei ihm die enge Beziehung zum Pferdezuchtland England zustatten kam, die sich in der Einfuhr hervorragender englischer Vollblut- und Halbbluthengste ausdrückte. Er achtete zudem auf die Weiterführung der traditionellen Zuchtlinien seiner Vorfahren, die schon mit Andalusiern, Berbern und Neapolitanern beachtliche Ergebnisse erzielt hatten.

Den Pferdebedarf der königlichen Marställe in Hannover und Celle deckten in jener Zeit vor allem drei Hofgestüte im Privatbesitz des Königshauses: Memsen bei Hoya sorgte für den Nachwuchs an Reitpferden, Radbruch bei Winsen/Luhe produzierte Wagen- und Kutschpferde, wobei besonderer Wert auf bestimmte Farben wie schwarz, mausfalb, isabellfarbig, perlfarbig und weiß für die Prachtentfaltung der Hofkutschen gelegt wurde, und Neuhaus im Solling war Aufzuchtgestüt für Hengstfohlen. Das Gestüt Radbruch wurde dann gleichzeitig mit dem Celler Marstall im Jahre 1776 aufgelöst, Memsen war bis 1840 in Betrieb, und Neuhaus hat seine Tätigkeit 1866 eingestellt. Hin und wieder wurde dieser oder jener Beschäler aus dem königlichen Marstall den Bauern zur Verfügung gestellt, jedoch mit geringem Erfolg, denn die bäuerliche Zucht war von äußerst mangelhafter Qualität und lag noch weit hinter der benötigten Zahl der Pferde für die Landwirtschaft zurück.

Im Jahre 1727 bestieg Georg II., König von Großbritannien und Herzog zu Braunschweig-Lüneburg, den Thron. Er förderte energisch die Pferdezucht seines Vorgängers durch gezielte Maßnahmen in beiden Ländern. Der Import ausländischer Pferde, besonders für die Kavallerie, verschlang große Summen des Staatshaushalts, denn gute Pferde waren zu jener Zeit kaum billiger als heutzutage. Um vom Ausland unabhängig zu sein und die Taler im Lande zu behalten, beschloß er durch einen Erlaß im Jahre 1735, die Pferdezucht zu verbessern und zum Nutzen seiner Untertanen und zur Remontierung der Kavallerie eine Zuchtstätte zu gründen. Die Kosten für den Aufbau des Landgestütes und den Erwerb der Zuchthengste bestritt er aus seiner Privatkasse. Den bäuerlichen Züchtern wurden keinerlei Vorschriften und Zwänge auferlegt, sie durften die Fohlen zur freien Verfügung behalten. Bereits im Jahre 1736 standen erstmalig 14 Holsteiner Beschäler auf Deckstationen an Weser und Unterelbe. Für den Sprung eines Hengstes mußten „ein Himbten Hafer" und nach Geburt des lebenden Fohlens zusätzlich ein Reichstaler entrichtet werden. Der Zucht sollten möglichst nur taugliche Stuten zugeführt werden, und die Stuten der Bauern hatten stets Vorrang vor denen des Adels und der Offiziere; auch waren die Bauern angehalten, zu ihrem eigenen Nutzen Stutfohlen nicht zu verkaufen, sondern selbst aufzuziehen und als Mutterstuten zu verwenden.

Diese untertanenfreundlichen Bedingungen sollten sich bezahlt machen. Die Bauern folgten den königlichen Empfehlungen, und 70 Jahre später, zu Beginn der Napoleonischen Kriege, hatte die hannoversche Zucht ein hervorragendes Durchschnittsniveau erreicht. Die Armut in der Landwirtschaft war allgemeinem Wohlstand gewichen, und der Export hannoverscher Pferde, die wegen ihrer Qualitäten im Ausland sehr geschätzt waren, brachte auch dem Staatssäckel erfreuliche Einnahmen. Der uneigennützige und vorausschauende Erlaß des Königs war zu jener Zeit von hohem Seltenheitswert, denn die Bauern mußten in fast allen anderen Ländern die besten Fohlen ihrer Stuten, die von herrschaftlichen Hengsten stammten, zu Billigpreisen an den Hof abgeben, so daß sie keinerlei Gewinn verbuchen konnten. Die Hofgestüte hingegen nutzten den gesetzlich verordneten Vorteil und zogen die Fohlen auf, um sie dann für eigene Zwecke zu verwenden oder gewinnbringend zu veräußern. Herrscher, denen keine Pferdepassion im Blut lag, betrachteten oftmals selbst ihre eigenen Hofgestüte als ausschließliche Renditeunternehmen, die Gewinne abwerfen mußten. So hatte das Hofgestüt Trakehnen des preußischen Königshauses, gegr. 1732, anfangs die Auflage, seine Einnahmen ohne Rücksicht auf den Gang der Geschäfte regelmäßig an die Schatulle des Königs abzuführen. Erst später, als die Remontierung der Kavallerie mit ihrem großen Bedarf dies erforderlich machte, wurde Trakehnen ein Gestüt, das wirklich der Landes-

20

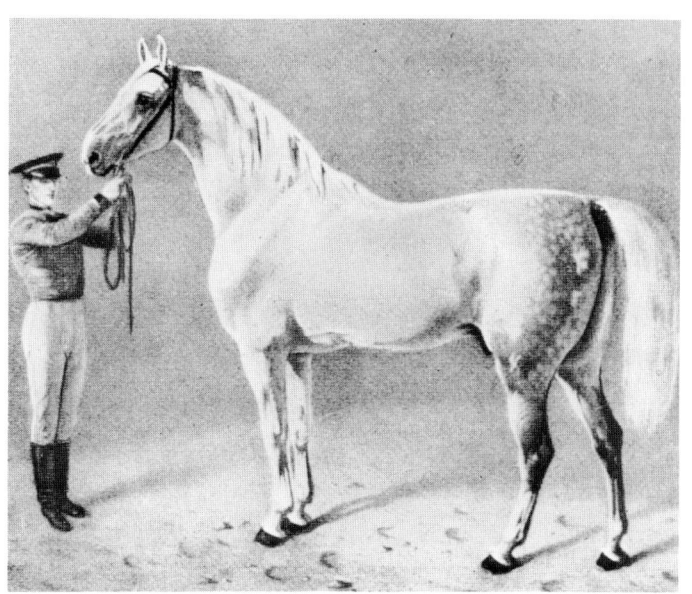

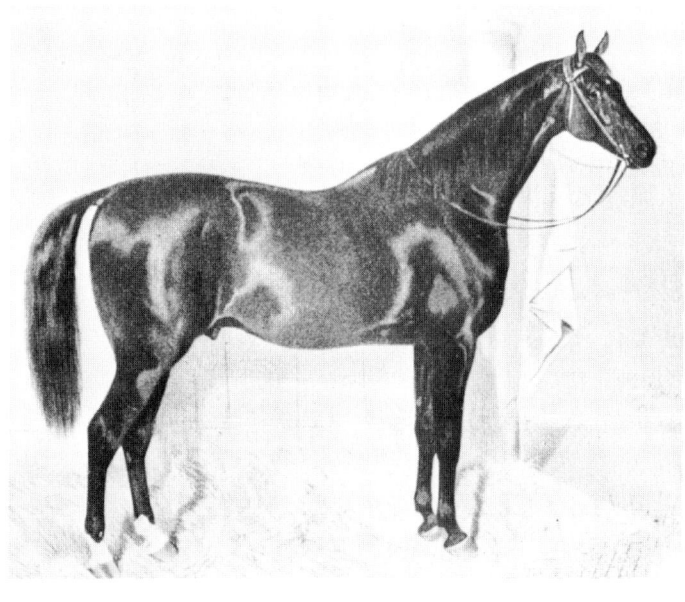

zucht diente. Mit der Leitung des neuen Celler Landgestütes wurde Oberjäger George Roger Brown, Oberpikör des königlichen Parforce-Jagdstalles, betraut, der sich als exzellenter Reiter und fundierter Pferdekenner einen Namen gemacht hatte. Gleich im Gründungsjahr fuhr er nach Holstein, um im Auftrag des Königs 14 Zuchthengste zu kaufen. Jedes dieser Pferde, elf Rappen und drei Braune, erhielt seine charakteristische Benennung: „Der große goldbraune Güllenstein", „Der platte alte schwarze Dorn", „Der mittelmäßige schwarze Hammerstein" oder „Der große stückelhärige schwarze Ahlfeld". Die Preise schwankten zwischen 106 und 190 Talern je Hengst.

Brown besaß einen kleinen Privatstall, der damals einen Teil des heute als Reitplatz Kamp bezeichneten Gestütsgeländes einnahm. Gegen eine Mietzahlung der Regierung fanden die ersten Landbeschäler hier ihre vorläufige Unterkunft. Schon bald mußten die Stallungen durch einen Anbau vergrößert werden. Das Grundstück wurde von der Domänenkammer käuflich erworben und durch den Ankauf benachbarter Flurstücke erweitert, die etwa mit dem heutigen Paradeplatz identisch sind. Während seiner Dienstzeit reiste Brown mehrmals nach Holstein, um weitere Hengste anzukaufen. Der Höhepunkt seines Wirkens war jener Tag, als er zum zehnjährigen Bestehen des Gestütes im Jahre 1745 dem König in Hannover die stattliche Gruppe von 41 Hengsten vorführen konnte. Die erste der bis heute traditionsgemäß durchgeführten Hengstparaden hatte stattgefunden.

Als Brown 1749 starb, hinterließ er seinem Nachfolger Ludwig Stegemann, der sein Schwiegersohn war und der ihm seit Jahren als Stallmeister hilfreich zur Seite gestanden hatte, ein sachkundig aufgebautes und geführtes Landgestüt. 41 Beschäler waren auf 25 Deckstationen verteilt, 2000 Stuten wurden gedeckt und etwa 800 Fohlen geboren. In der Zucht dominierten die Holsteiner Rappen, die stark vom Andalusier und Neapolitaner beeinflußt waren, was besonders in den ausgeprägten Ramsköpfen zur Geltung kam.

Bis zum Jahre 1757 wurde der Hengstbestand durch Schenkungen aus dem königlichen Marstall und durch Ankäufe aus Holstein auf 55 Beschäler vermehrt. Dann folgte der erste Rückschlag. Der Siebenjährige Krieg (1756–1763) war ausgebrochen, und die Franzosen besetzten Celle im Jahre 1757. Die Gestütsgebäude wurden von den Besatzungstruppen teilweise verwüstet, doch hielten sich die Schäden in erträglichen Grenzen. Die Hengste waren vorsorglich nach Holstein evakuiert worden, dennoch entstanden Verluste, etliche mußten verkauft werden, um die entstandenen Schulden zu decken, und andere gingen durch Krankheit zugrunde, so daß der Bestand nach der endgültigen Rückkehr bei Kriegsende auf 40 Hengste geschrumpft war.

In den folgenden 40 Jahren erfuhr das Landgestüt einen stetigen Aufschwung, und die Schäden des Krieges waren bald ausgemerzt und vergessen. Der Nachfolger Stegemanns war Stallmeister Wilhelm Elderhorst (1764–1790), ein auf vielen Wissensgebieten gebildeter Mann und passionierter Pferdekenner, der den Posten aus Liebe zur Sache übernahm.

Um 1790 besaß das Gestüt 90 Hengste, auf 63 Deckstationen wurden 6000 Stuten gedeckt, die 3500 Fohlen zur Welt brachten. Außerdem stellte der königliche Marstall der Landespferdezucht weitere 35 Hengste zur Verfügung. Gute Beschäler wurden von überallher angekauft, auch verwendete man zunehmend auf hannoverscher Basis gezogene Hengste der Landrasse. In der Fellfarbe überwogen nunmehr die Füchse; Braune und Rappen rangierten zu gleichen Teilen an zweiter Stelle, und dazu kamen einige wenige Schimmel. Zum Ende der Amtszeit Elderhorsts wurden jährlich bereits etwa 10 000 Pferde, vorwiegend Absatzfohlen und Remonten, gegen etwa 400 000 Reichstaler ausgeführt, während nur noch für 50 000 Taler hauptsächlich Wirtschaftspferde importiert wurden.

1774 brannte ein großer Teil der Gestütsgebäude durch Blitzschlag nieder. Daraufhin wurde der Jägerhof jenseits der Fuhse, einem kleinen Flüßchen, das noch heute das Gestütsgelände durchfließt, dem Stallmeister zur Verfügung gestellt. Der Gebäudekomplex, seit langer Zeit das Asyl für die Meuten der Parforcejagd, war seit einigen Jahren stillgelegt worden, und so konnte ein Teil der Hengste hier Unterkunft finden. Die übrigen Beschäler wurden im Marstall des Schlosses untergebracht. Hannoversche Pferde genossen allerorts einen guten Ruf, als im Jahre 1803 der zweite Franzoseneinfall und die Fremdherrschaft während der Napoleonischen Kriege viele Erfolge zunichte machten.

Stallmeister Koch, ein ehemaliger Bereiter des Marstalls, der das Gestüt seit 1790 mit Sachkenntnis weiter ausgebaut und verbessert hatte, floh 1803 nach Mecklenburg mit 100 Hengsten, von denen ein halbes Jahr später – mittlerweile war Celle von den Franzosen besetzt worden – nur 30 zurückkehrten. Die übrigen mußten als Schuldenausgleich in Mecklenburg zurückgelassen werden, wo bereits seit längerer Zeit Pferde auf hannoverscher Basis gezüchtet wurden. Das Gestüt konnte nur in kleinem Umfang mit 24 Hengsten auf 17 Deckstationen weiterarbeiten. Die Leitung hatte der Direktor der Tierärztlichen Hochschule in Hannover, August Konrad Havemann, übernommen. In den nächsten Jahren kamen einige Beschäler hinzu, und bei Kriegsende 1814 standen wieder fast 50 Hengste in den Stallungen.

Im Jahre 1816 wurde Vizeoberstallmeister August von Spörcken mit der Leitung des Landgestütes beauftragt. Der ehemalige Offizier ging mit energischem Elan an den Wiederaufbau und verschaffte der hannoverschen Pferdezucht erstmals weltweites Ansehen. Durch zahlreiche Reisen in englische und norddeutsche Zuchtgebiete hatte er sich gründliche Kenntnisse erworben, so daß er den Deckstellenleitern und den Züchtern im Lande detaillierte Richtlinien für die Zucht geben konnte, deren sachgemäße Durchführung er in regelmäßigen Inspektionen kontrollierte. Während seiner Amtszeit vermehrte er die Zahl der Landbeschäler allmählich auf 162 Hengste, zusätzlich gingen 60 Hengste des Marstalls auf Deckstation. Der Hof residierte oftmals gleich mehrere Jahre hintereinander in England, so daß die Marstallpferde während dieser Zeit nicht benötigt wurden. Da die Stallungen nicht mehr ausreichten,

wurden bauliche Veränderungen dringend notwendig. Der Neubau des heutigen Spörckenstalles, der langen Scheune und des Paradeplatzes fällt in diese Zeit. Spörcken war auch einer der Initiatoren, die 1834 den Verein zur Förderung der Celler Pferderennen gründeten. Diese lokalen Rennen wurden bereits seit 1814 in den Allerwiesen bei Klein Hehlen gelaufen und gewannen nun zunehmend überregionale Bedeutung. Bekannte Reiter und Züchter des In- und Auslands besuchten die Veranstaltung, die von einer Tierschau und einer Gestütsbesichtigung umrahmt wurde. Die Rennen trugen dazu bei, das Englische Vollblut besonders auch in Züchterkreisen bekannt und beliebt zu machen, so daß als Folge der großen Nachfrage um 1841 schließlich 73 Vollblüter neben 130 Warmbluthengsten im Landgestüt standen. Die Blutzufuhr bewirkte zwar eine Veredelung und Verbesserung der hannoverschen Zucht, verstärkte aber auch die Gefahr, daß die Pferde mit der Zeit zu leicht wurden.

Neben dem staatlichen Zuchtgeschehen nahm die private Hengsthaltung auf dem Lande einen breiten Raum ein. Eine Körordnung war bis dahin nicht erlassen worden, und obwohl die Zahl der Privathengste die der staatlichen Hengste bei weitem überwog, war ihre Bedeutung für die eigentliche Zucht des Hannoveraners gering, da sie fast durchweg von minderer Qualität waren und nahezu ausschließlich der Produktion von Arbeitspferden für die Landwirtschaft dienten.

Die Leitung des Landgestütes hatte immer der Direktion des königlichen Marstalls unterstanden, so daß jene im Bemühen um Eigenständigkeit stets mit Widerständen und Kompetenzbeschneidungen zu kämpfen hatte. Als August von Spörcken im Jahre 1839 als Oberstallmeister die Direktion des Marstalls übernahm, hatte die Zwietracht ein Ende. Er betrachtete beide Institute in gewissem Sinne als Einheit, und die Zusammenarbeit besserte sich erheblich, zumal sein jüngerer Bruder sein Nachfolger in der Leitung des Landgestütes wurde.

Friedrich von Spörcken amtierte von 1839 bis 1866, und in einem zeitgenössischen Zuchtbuch ist vermerkt, daß die Gebrüder Spörcken durch ihr Wirken als die eigentlichen Begründer der hannoverschen Pferdezucht angesehen werden müssen. Sie setzten Maßstäbe, die noch heute ihre Auswirkung zeigen. Der neue Landstallmeister hatte sich während seiner voraufgegangenen 20jährigen Militärdienstzeit als Adjutant des Herzogs von Cumberland eingehende Kenntnisse über das preußische Gestütswesen aneignen können und war zudem ein begeisterter Reiter, der selbst noch mit 45 Jahren Rennen ritt. 1851 wurde ihm der Titel des Oberlandstallmeisters verliehen. Bei seinem Amtsantritt wurden auf Befehl des Königs die Marstallhengste endgültig dem Landgestüt überstellt, und nur dieses sollte fortan für die Landespferdezucht maßgebend sein. So vergrößerte sich der Bestand auf 200 Hengste, von denen etwa 70 Vollblüter waren, und um 1866 standen sogar insgesamt 220 Beschäler im Gestüt, jedoch hatte man jetzt die Zahl der Vollblüter auf 36 reduziert. Um die neuen Hengste unterbringen zu können, richtete man unter anderem in der großen Scheune Ställe ein und baute die noch heute bestehende große Reithalle, so daß das alte Reithaus ebenfalls als Stallung zu verwenden war.

Friedrich von Spörcken informierte sich in England und Frankreich über Zuchtgeschehnisse, fuhr oftmals zum Pferdekauf nach Mecklenburg und bereiste ständig das eigene Zuchtgebiet zur Kontrolle der Deckstationen. Er galt bald als internationale Autorität, und nicht selten baten ausländische Experten ihn um seinen Rat. Er kaufte die für die hannoversche Zucht so bedeutungsvollen Hengste *Zernebog, Jellachich, Norfolk* und *Flick,* sowie Halbbluthengste der schweren englischen Kutschrassen Cleveland-Bay, Norfolk und Yorkshire-Coachhorse, unter ihnen den Schimmel *Holderness,* nach dem im Dorf Oiste, Kreis Verden, seiner langjährigen Deckstation, die Dorfschenke „Gasthof zum Holderness" benannt wurde. Außerdem führte er Körordnungen und Zuchtprämien ein, um die Züchter im Lande stärker zu interessieren und ihnen größere Sachkenntnis zu vermitteln.

Als das Königreich Hannover im Jahre 1866 preußisch wurde und die Preußische Gestütverwaltung das Landgestüt übernahm, ging Friedrich von Spörcken als treuer Welfe und ergebener Diener seines Königs mit 76 Jahren in den Ruhestand. Sein Stellvertreter und Nachfolger, Landstallmeister von Schlütter, amtierte nur drei Jahre und wurde dann nach Pommern versetzt, um die Einrichtung eines Landgestütes in Labes nach Celler Vorbild zu leiten.

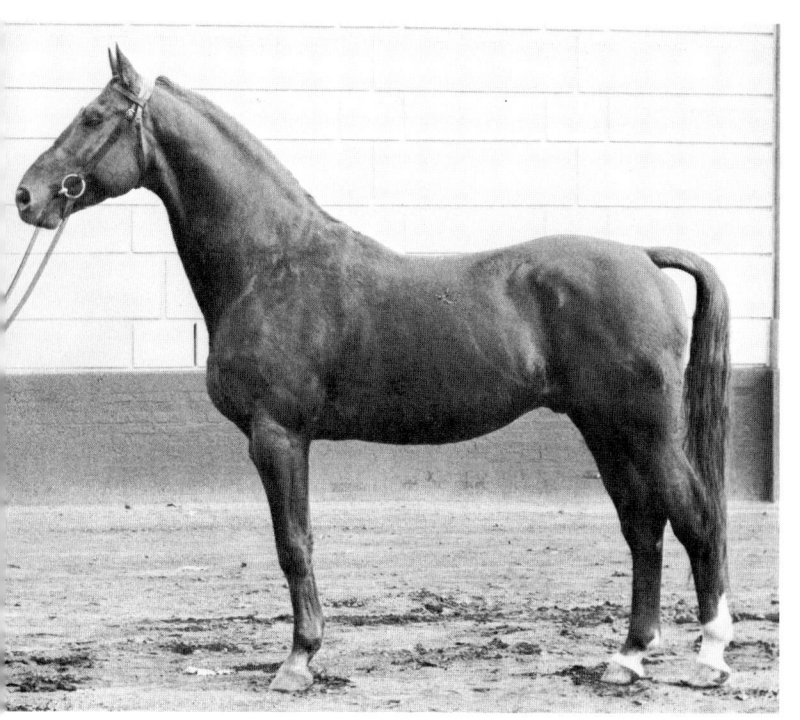

Durch die starke Einmischung von Vollblut in den Jahren um 1840 hatte der Hannoveraner nicht nur an Kaliber verloren, sondern auch Charaktermängel und Temperamentschwierigkeiten erworben, die dem bislang angestrebten Zuchtziel zuwiderliefen. Mit den um 1850 angekauften, in Pommern gezogenen Hengsten *Jellachich* und *Zernebog* und dem Mecklenburger *Norfolk* aber wurde der hannoverschen Zucht eine Basis gegeben, die noch heute ihre Gültigkeit hat. Ein Sohn von *Zernebog* aus einer Tochter von *Jellachich* war der berühmte Linienbegründer *Flick* aus dem Hofgestüt Herrenhausen, dessen Blutlinie heute jedem hannoverschen Züchter geläufig ist.

Friedrich Ludwig Urban von Unger übernahm die Gestütsleitung von 1869 bis 1891, vorher hatte er dem Senner Gestüt des Fürsten zur Lippe, dem preußischen Gestüt Marienwerder und dem hessischen Landgestüt in Kassel vorgestanden. Er befolgte weiterhin die Zuchtgrundsätze Friedrich von Spörkkens, den er hochverehrte, und widersetzte sich in Zusammenarbeit mit seinem Vorgesetzten, dem preußischen Oberlandstallmeister Graf Lehndorff, allen Experimenten, vor allem gewissen Bestrebungen, der hannoverschen Zucht Oldenburger Blut einzumischen. Er plädierte für die Reinzucht der Blutlinien und für verbesserte Aufzuchtbedingungen. Die ohnehin nicht qualitätsvolle Privathengsthaltung wurde stark eingeschränkt und der Anteil der Vollbluthengste im Gestüt wiederum erheblich verringert. Der Typ des Hannoveraners gewann zunehmend eine einheitlichere Form, und das Zuchtziel war durch ein zeitgenössisches Zitat klar umrissen: „Schaffung eines starken Warmblutpferdes, das jede landwirtschaftliche Arbeit verrichten kann, zudem aber ausreichend Blut, Nerv und Gangvermögen besitzt, um auch als mittelschweres Reit- und Wagenpferd Verwendung zu finden." Der Mann, der diese Ansicht vertrat, war Dr. Wilhelm Hubert Grabensee, ein Tierarzt, der zunächst in den Gestüten Dillenburg und Graditz seine Laufbahn begann, sodann die Leitung des Landgestütes Wickrath übernahm und schließlich, von 1892 bis 1915, als Landstallmeister an das Landgestüt Celle berufen wurde. Sein Ausspruch „Masse mit Adel" ist zum geflügelten Wort in der hannoverschen Pferdezucht geworden, die durch seine vorausschauenden Maßnahmen hervorragende Fortschritte machte.

Zum Anfang des Ersten Weltkrieges war die Zahl der Beschäler auf 367 angestiegen. Die Stallgebäude des „Hannoverschen Stalles" in Westercelle und das Trainiergelände in Adelheidsdorf wurden dazu gepachtet, denn Grabensee war der Meinung, daß für die Bewertung der Zuchthengste ebensosehr das Leistungsvermögen berücksichtigt werden sollte. Die Königliche Landwirtschaftsgesellschaft gründete im Jahre 1888 das „Hannoversche Stutbuch für edles Warmblut" zur Registrierung der Mutterstuten und schickte zur Weltausstellung 1893 nach Chikago sieben ausgesuchte Stutbuchstuten, die der hannoverschen Zucht erstmals auch in der Neuen Welt Interesse und Ansehen verschafften. Obwohl zunächst der Erste Weltkrieg und dann, gravierender

**Hanoverian Horses.**

**Entire Colt «King», Hanoverian Stud Book Vol. II No. 686.**
Age: 3 years 3 months. — Sire: «Kingdom» Vol. II No. 687 — Dam: «Mare from Norfolk».

,King', brauner Hengst, geb. 1890, von ,Kingdom xx', ein Nachfahr von ,Norfolk', dessen Hengstlinie mit dem Schimmelhengst ,Kosak', geb. 1941, erloschen ist. Sein Erbe lebt in den Stutenstämmen fort.

noch, die Nachkriegsjahre einschneidende Veränderungen im Lande und somit auch für die Pferdezucht brachten, konnte sich das Landgestüt dennoch kontinuierlich weiterentwickeln, so daß im Jahre 1925 etwa 500 Landbeschäler in den Stallungen standen. Hans Georg Graf von Kalnein, einem ehemaligen Offizier, der vor dem Krieg das Landgestüt Braunsberg geleitet hatte und anschließend an das Landwirtschaftsministerium berufen worden war, gelang es nicht nur, während seiner Amtszeit von 1915 bis 1927 als Landstallmeister in Celle das Landgestüt besonders in den unruhigen Nachkriegsjahren vor negativen Einflüssen zu bewahren, sondern darüber hinaus beispielgebende Neuerungen einzuführen. Die Raumnot und der Wunsch, den Westen und Süden der Provinz in verkehrstechnischer Hinsicht besser versorgen zu können, veranlaßten ihn, im Jahre 1925 das Landgestüt Osnabrück zu gründen, wohin zunächst 100 Hengste und 30 Gestütwärter überstellt wurden. Weiterhin übernahm die Gestütleitung bereits im Jahre 1921 die Domäne Hunnesrück für die Aufzucht von Hengstfohlen ausschließlich für das Landgestüt. Kalneins spektakulärste Idee aber war die Einrichtung der Hengstprüfungsanstalt Westercelle, die 1928 mit ihren Trainingsaufgaben begann. Diese Institution bewährte sich so sehr, daß viele Jahre später, nach dem Zweiten Weltkrieg, gleichartige Einrichtungen für die Bundesrepublik verbindlich vorgeschrieben wurden, oder auch als Folge die Zuchtverbände anderer Bundesländer ihre Junghengste zur Prüfung nach Westercelle bzw. Adelheidsdorf schickten.

Kalnein war hervorragender Pferdekenner und genoß unter den bäuerlichen Züchtern hohes Ansehen, weil er im Umgang mit ihnen stets den richtigen Ton fand, großes Verständnis für ihre Probleme zeigte und in züchterischen Fragen immer einen Rat bereit hatte.

1927 wurde er mit der Leitung des staatlichen Vollblutgestütes Graditz beauftragt und verließ damit Celle. Im Jahre 1922 konstituierte sich der „Verband hannoverscher Warmblutzüchter", zu dessen Mitbegründern der Nachfolger Kalneins, Theodor Korndorff, zählte. Der neue Landstallmeister – er amtierte von 1927 bis 1945 – war vor dem Krieg Offizier und Adjutant des Militärreitinstitutes in Hannover gewesen, hatte sich nach dem Krieg für die Bildung von Reitervereinen in der Provinz und die Breitenwirkung in der ländlichen Reiterei eingesetzt, kam 1923 als Gestütsassistent nach Celle und wurde 1925 für zwei Jahre Landstallmeister des Landgestütes Osnabrück. Im Verlauf von Korndorffs Tätigkeit nahm die Pferdezucht noch einmal einen raschen Aufschwung, denn der Bedarf für den Aufbau der Wehrmacht vor und die Verluste während des Zweiten Weltkrieges erforderten große Mengen von Armeepferden.

Dr. Georg Steinkopff, dem ersten Landstallmeister nach dem Zweiten Weltkrieg, dessen Dienstzeit von 1945 bis 1958 währte, fiel die Aufgabe zu, das Zuchtgeschehen nicht etwa weiter auszubauen, sondern allmählich zu reduzieren. Der aus der praktischen Landwirtschaft stammende, studierte Landwirt war Geschäftsführer des Verbandes hannoverscher Warmblutzüchter

*Oben: Die Westseite des Paradeplatzes begrenzt der 1905 erbaute, 100 m lange Grabenseestall mit der Turmuhr. Der Stall beherbergt 87 Pferde.*

gewesen und hatte dann während des Krieges eine Aufgabe in der Reichsgestütsverwaltung übernommen. Bei seiner Amtsübernahme hatte das Landgestüt, zusammen mit den Landgestüten Osnabrück und Harzburg, den höchsten Beschälerbestand in seiner Geschichte erreicht, 560 Hengste standen 34 000 Mutterstuten zur Bedeckung zur Verfügung. Im Jahre 1950 sank die Zahl auf 356 Beschäler, die auf 65 Stationen verteilt wurden, und gegen Ende der 50er Jahre waren es nurmehr 180 Hengste, die 4250 Stuten deckten. Die Landgestüte Osnabrück (1960) und Harzburg (1961) wurden aufgelöst, die Pferdezucht nach dem Krieg hatte ihren absoluten Tiefstand erreicht. Armeepferde wurden nicht mehr gebraucht, und in der technisierten Landwirtschaft hatte der Traktor das Pferd weit überflügelt, das Wirtschaftspferd hatte seine Existenzberechtigung verloren. Mit zunehmendem Wohlstand jedoch entdeckte der Bundesbürger, auf breiterer Basis als je zuvor, seine Liebe zum Pferd, sei es im Sport oder als Freizeitbeschäftigung. Damit war den Züchtern ein neues Zuchtziel gegeben.

Die Gestütsleiter im Verlauf der Geschichte des Landgestütes Celle
waren in chronologischer Folge:

von 1735 bis 1748 Oberjäger George Roger Brown
von 1748 bis 1764 Stallmeister Stegemann
von 1764 bis 1790 Stallmeister Elderhorst
von 1790 bis 1803 Stallmeister Koch
von 1803 bis 1814 kommissarische Leitung durch den Direktor der
                   Tierärztlichen Hochschule Hannover, Havemann
von 1814 bis 1816 Vize-Oberstallmeister von Staffhorst
von 1816 bis 1839 Vize-Oberstallmeister August von Spörcken
von 1839 bis 1866 Landstallmeister Friedrich von Spörcken
von 1866 bis 1869 Landstallmeister von Schlütter
von 1869 bis 1891 Landstallmeister v. Unger
                   (zuvor Gestütsleiter in Kassel)
von 1891 bis 1892 Landstallmeister Frhr. v. Stenglin
von 1892 bis 1915 Landstallmeister Dr. Grabensee
von 1915 bis 1927 Landstallmeister Graf v. Kalnein
von 1927 bis 1945 Landstallmeister Korndorff
von 1945 bis 1958 Landstallmeister Dr. Steinkopff
seit 1958 Landstallmeister Dr. Frhr. v. Stenglin
         Stellvertreter Landwirtschaftsrat Dr. Bade
         Technische Leitung Obersattelmeister Winter

*Der Gestütsleiter Landstallmeister Dr. Frhr. v. Stenglin (rechts) mit dem technischen Leiter der Hengstprüfungsanstalt Adelheidsdorf, Obersattelmeister Lopp, während einer Hengstleistungsprüfung.*

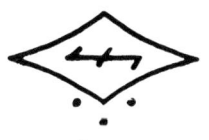

Der Hannoveraner war immer ein Warmblutpferd, das durch seine ursprüngliche Herkunft und mehr noch aufgrund der Ausformung durch die Scholle, auf der es gedieh, zur Masse, zu starkem Kaliber neigte und in extremer Auswirkung gar eine grobe und unedle Form zeigen konnte. Aus diesem und anderen Gründen war der Trakehner, der als deutscher Anglo-Araber gelten konnte, bis fast zum Zweiten Weltkrieg allgemein beliebter gewesen. Die Überlegenheit zeigte sich beispielsweise auf der ersten großen deutschen Pferdeausstellung 1890 in Berlin, als von 20 Prämien 17 an ostpreußische Stuten fielen und erst dann Holsteiner und Hannoveraner bedacht wurden. Nicht ohne Grund also war man versucht, den Typ des Hannoveraners im Laufe seiner Geschichte zur einen oder anderen Seite hin zu verändern. Nach der starken Vollbluteinmischung um 1840 bis 1850, als man über das Ziel hinausgeschossen war und einsehen mußte, daß der Typ schwächer und fehlerhaft wurde, importierte man zur Verbesserung der Zucht jene bereits erwähnten drei Halbbluthengste aus Pommern und Mecklenburg und einige Hengste der schweren Kutschrassen aus England. Während erstere vortreffliche Ergebnisse erzielten, waren letztere nur zum Teil erfolgreich. So deckte der Beschäler *Champion* 25 Jahre lang und war außerordentlich beliebt unter den Züchtern, bis schließlich die Nachzucht bewies, daß man den Falschen gewählt hatte. Die Nachkommen waren fast durchweg ordinär, unharmonisch und grob, gerade so, wie man sie keinesfalls haben wollte. Grabensee schließlich verwirklichte eine Idee, die Spörcken einst als eine glückliche Synthese angesehen hatte, nämlich die Veredlung des Hannoveraners durch ostpreußisches Blut. Der Hengst *Nelusko*, geb. 1897, ist hierfür ein frühes, spektakuläres Beispiel.

In den beiden vergangenen Jahrhunderten war das hannoversche Pferd an den Fürstenhöfen besonders wegen seiner Größe und gewichtigen Prächtigkeit sowohl als Reitpferd als auch als Karossier beliebt und beim Militär für die schwere Kavallerie mit wuchtiger Schlagkraft gleich heutigen Panzerverbänden außerordentlich geschätzt. In den 20er und 30er Jahren dieses Jahrhunderts begann sich mit dem von Gustav Rau organisierten Aufblühen der ländlichen Reiterei und der Gründung von Reitervereinen auf breiter Basis seine Eignung als Reitpferd auch für den Sport abzuzeichnen. Vielerorts wurden Wettkämpfe ausgetragen, die Kavallerieschule Hannover trat durch ihren beispielhaften Reitstil, häufig auf Hannoveranern, an die Öffentlichkeit, und im Jahre 1928 gewann Frhr. von Langen auf dem Hannoveraner *Draufgänger* olympisches Gold im Dressurreiten in Amsterdam. Auch die Olympischen Spiele in Berlin 1936 brachten eine Goldmedaille für die deutsche Springmannschaft, in der ein Hannoveraner mitwirkte. Doch noch immer hielten Trakehner ihre führende Position im Dressurreiten und in den Military-Prüfungen.

Im Jahre 1935 feierte das Landgestüt Celle sein 200jähriges Bestehen mit einer überaus prächtigen Hengstparade, die bereits seit der Jahrhundertwende in ähnlicher Form durchgeführt wurde. Der Zulauf auch des großen Publikums zu diesen Veranstaltungen ist bis heute ungebrochen, die Vorstellungen sind regelmäßig ausverkauft. In früherer Zeit wurden die Beschäler lediglich Züchtern und Interessenten meist ohne festliche Umrahmung vorgeführt.

Nach dem Zweiten Weltkrieg erlebte die hannoversche Pferdezucht zunächst noch eine kurze Scheinblüte. Deutschland war völlig verarmt, der Landwirtschaft fehlte es an Maschinen und Treibstoff, und so wurden in verstärktem Maße noch einmal Wirtschaftspferde gezüchtet. An die Luxusbeschäftigung Reiten dachte in dieser Zeit kaum jemand, nur einige wenige unentwegte Pferdenarren hielten im Verborgenen die Fahne hoch. Zu Anfang der 50er Jahre war es abermals Gustav Rau, der sich unermüdlich für die Wiedererweckung des Reitsports einsetzte. Die Landwirtschaft erholte sich langsam, und der Traktor verdrängte nun endgültig das Wirtschaftspferd. Das Reitpferd gewann zunehmend an Interesse. In der hannoverschen Zucht blieb der Begriff „Vielseitigkeitspferd" als Zuchtziel erhalten, doch erfuhr seine Bedeutung eine grundlegende Änderung. War das Vielseitigkeitspferd bislang ein mittelschweres Pferd, das gleichermaßen für die Landwirtschaft und, wenn auch in heutigem Sinne nur bedingt, zum Reiten geeignet schien, so verstand man jetzt unter „vielseitig" ein edleres Reitpferd, das ausschließlich für reiterliche Disziplinen wie Dressurreiten, Springen, Geländereiten oder auch als Freizeitpferd in spezieller Weise verwendet werden konnte. Doch während der 50er Jahre war die Pferdezucht zunächst so stark zurückgegangen, daß man glaubte, das Pferd werde aussterben.

Das weitaus größte Interesse auch des breiteren Publikums galt in den 60er Jahren dem Leistungssport, vor allem dem Parcours-Springen, das der Zucht des Hannoveraners, der dafür besonders geeignet schien, enormen Auftrieb gab. Die Zuchtsystematik wurde im Laufe der Jahre ständig verbessert und verfeinert, doch zeigt sich naturgemäß eine gewisse Bandbreite im Zuchtergebnis, so daß die Skala vom Spitzenpferd für den Hochleistungssport bis zum Reitpferd für den Freizeitreiter reicht. Dabei muß angemerkt werden, daß die anfangs zuweilen wegen ihrer mangelhaften Ausbildung und Sachkenntnis schief angesehenen sogenannten Freizeitreiter durch ihre große Zahl heute zum tragenden Element für die Existenz der Gestüte und der Zucht geworden sind. Auch hat sich der allgemeine Sachverstand dieser häufig individualistischen Pferdefreunde, die ihre Pferde oftmals in eigener Regie am Haus halten, inzwischen gebessert.

Das Landgestüt Celle ist heute das einzige staatliche Gestüt in Niedersachsen. Das Gestütsgelände, seit seiner Gründung am selben Ort, liegt nicht weit vom Zentrum der Stadt entfernt, umgeben von Wohnsiedlungen, so daß um das Gestüt herum kein Gelände für die Ausbildung zur Verfügung steht. Dennoch ist ausreichend Platz vorhanden, da die Gestütshöfe von Anbeginn großzügig angelegt wurden. Betritt man das Gelände an der Gestütskantine vorbei durch den öffentlichen Eingang, einem modernen Gefängnismaschendraht-Gitterwerk, das in seiner Stilwidrigkeit in krassem Gegensatz zur atmo-

*Rechts: Die heutige Kopfform des Hannoveraners ist eleganter und trockener geworden; der bis in die 20er Jahre häufig auftretende und nicht selten recht grobe Ramskopf, im Volksmund „Baßgeige" genannt, ist kaum noch zu sehen. Zäumung S-Kandare mit Unterlegtrense.*

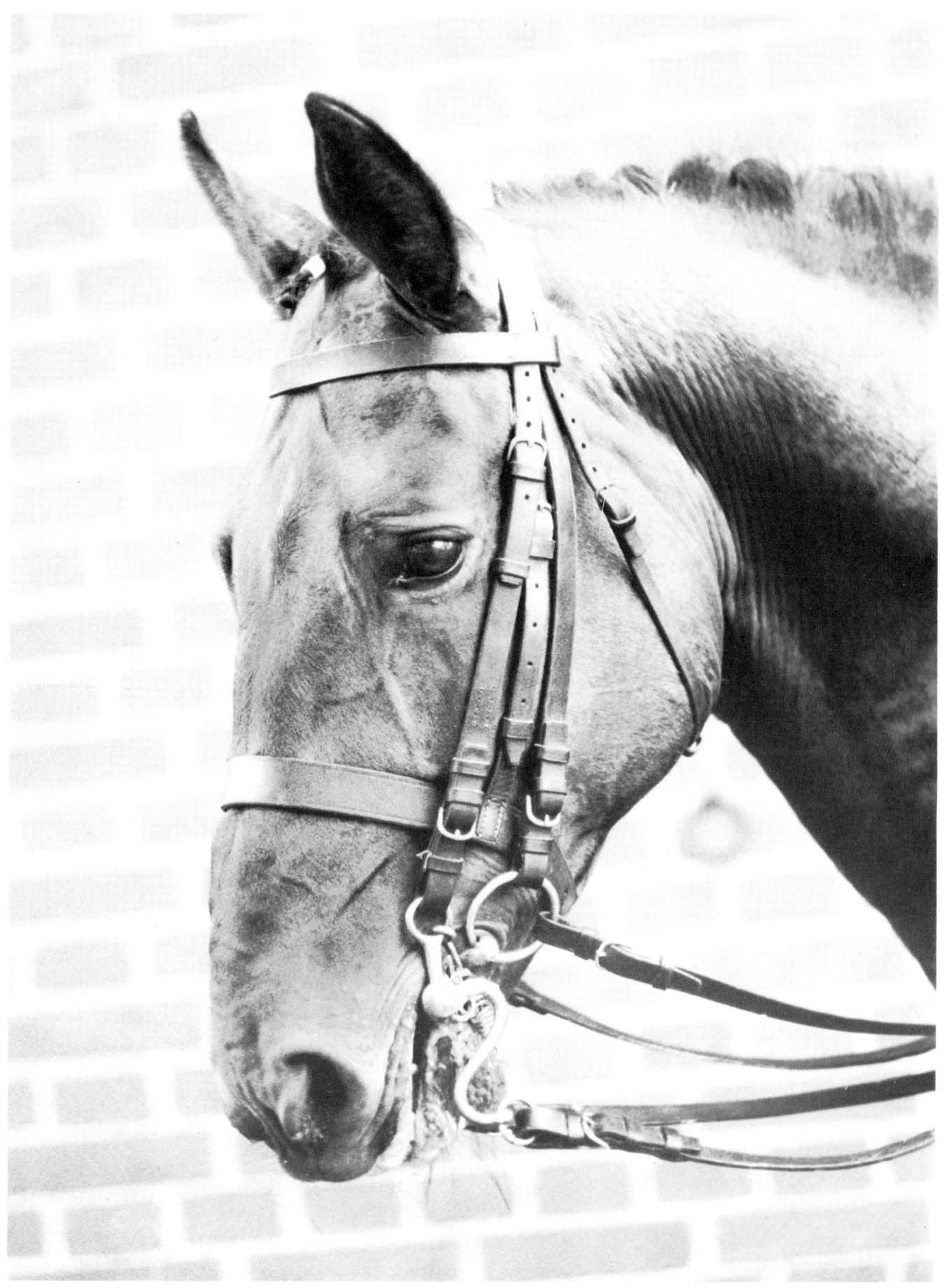

sphärischen Dichte des Platzes und der Originalität der historischen Gebäude steht, so bietet sich dem Blick des Besuchers der gepflegte, ovale Paradeplatz, umgeben von Spörckenstall, Grabenseestall und Reithalle. Hinter dieser liegt ein schmaler, langer Hof mit dem großen Tor für Fahrzeuge, jenseits begrenzt von der Scheune. Hinter dieser wiederum dehnt sich der Reitplatz Kamp aus, eingefaßt vom Burgstall für alte und kranke Pferde und einem modernen Stallneubau. Nach rechts, durch eine Hecke getrennt, erstreckt sich der von alten Bäumen umsäumte Reitplatz Berg mit dem Bergstall an der äußeren, rechten Ecke. Die Gesamtfläche beträgt etwa 8 ha, sechs Stallgebäude bieten Platz für 216 Pferde, teils in Boxen, teils in Ständen.

Das Gestüt beherbergt derzeit 206 aktive Landbeschäler, und zwar 183 Warmbluthengste, 21 Vollblüter, einen Araber und einen Trakehner. Dem Gestütsleiter und seinem Stellvertreter stehen 97 Mitarbeiter zur Seite, davon fünf Verwaltungsangestellte, 84 im technischen Gestütsdienst, also jene Männer, die direkt mit den Pferden befaßt sind, und acht Personen in handwerklicher Tätigkeit. Die Rangfolgebezeichnungen sind Obersattelmeister, Sattelmeister, Gestütoberwart, Gestütwart und Gestüthilfswart. Die Gestütsbeamten sind meist die jüngeren Söhne niedersächsischer Bauern, oftmals alteingesessener Züchter, die dem ältesten Bruder und Hoferben das Feld räumen mußten, und wie in alter Zeit ist es passionierten, jungen Bauernsöhnen noch immer eine Ehre, wenn es ihnen gelingt, Mitglied der Gestütsmannschaft zu werden.

Die Stallhaltung so vieler temperamentvoller, eigenwilliger Hengste auf relativ eng begrenztem Raum erfordert eine bestimmte Behandlung, um die Pferde zumindest physisch gesund zu erhalten. Eine Haltung, die den Verhaltensweisen teilweise gerecht wird und damit auch die Psyche weitgehend berücksichtigt, z. B. Herdenhaltung auf weiträumigen Koppeln, wäre unmöglich, weil Pflege und Ausbildung erschwert würden und mehr Zeit erforderten und vor allem, weil sich Beschäler, die jeden Sommer viele Stuten decken, in ihrem herrischen Leithengstgebaren gegenseitig bekämpfen und verletzen oder gar töten könnten. Eine Herdenhaltung zusammen aufwachsender Junghengste, die geschlechtlich noch nicht aktiv sind, ist nach Herstellung der natürlichen Rangordnung nahezu problemlos. Deckhengste mit ausgelebter geschlechtlicher Erfahrung hingegen sehen stets den zu bekämpfenden Rivalen im anderen und würden, auch wenn keine Stuten in der Nähe sind, fast immer aggressiv zueinander sein.

Ein Stallpferd ist im Vergleich zum wildlebenden Pferd ein Gefangener, dessen Instinkte und Bedürfnisse zwangsweise unterdrückt werden, weil der Mensch seinen Nutzen aus diesem Tier ziehen will. Er hat es abhängig und hilflos gemacht und muß deshalb mit erheblichem Aufwand für sein Wohlergehen sorgen. So hat sich im Verlauf von über 200 Jahren in der Behandlung der Gestütshengste ein System herausgebildet, das einerseits das höchstmögliche Wohlbefinden der Tiere erhalten und andererseits den bestmöglichen

*Rechts oben: Landgestüt Celle. Schimmelhengst ‚Wienerwald‘ unter Gestütoberwart Bardenhagen im starken Trab.*

*Rechts unten: Tandem, ein schwierig zu fahrendes Zweiergespann. Der Fahrer hält vier Leinen in der Hand. Gestütwart Zurawski mit den Hengsten ‚Abseits‘ und ‚Winnetou‘.*

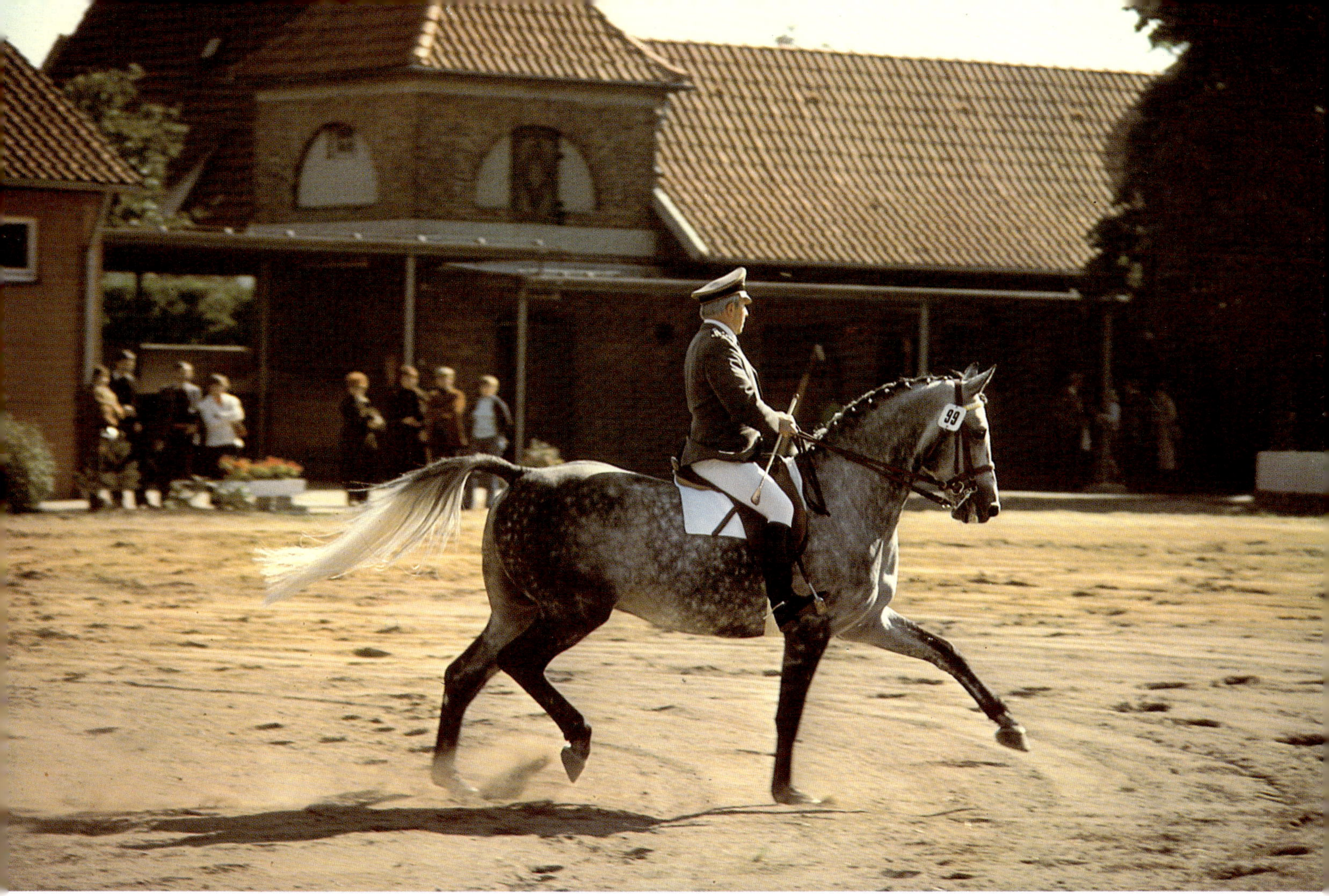
99

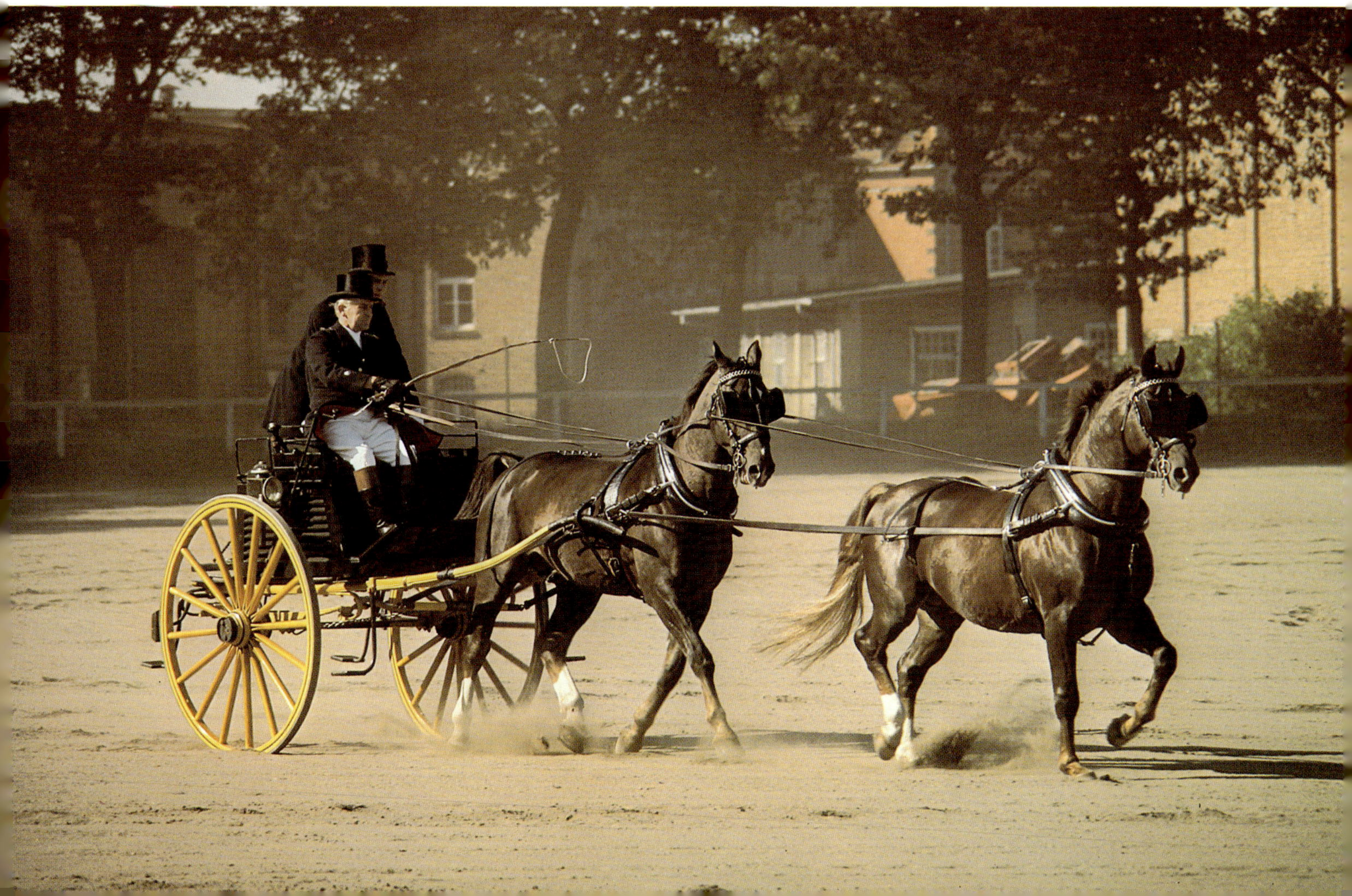

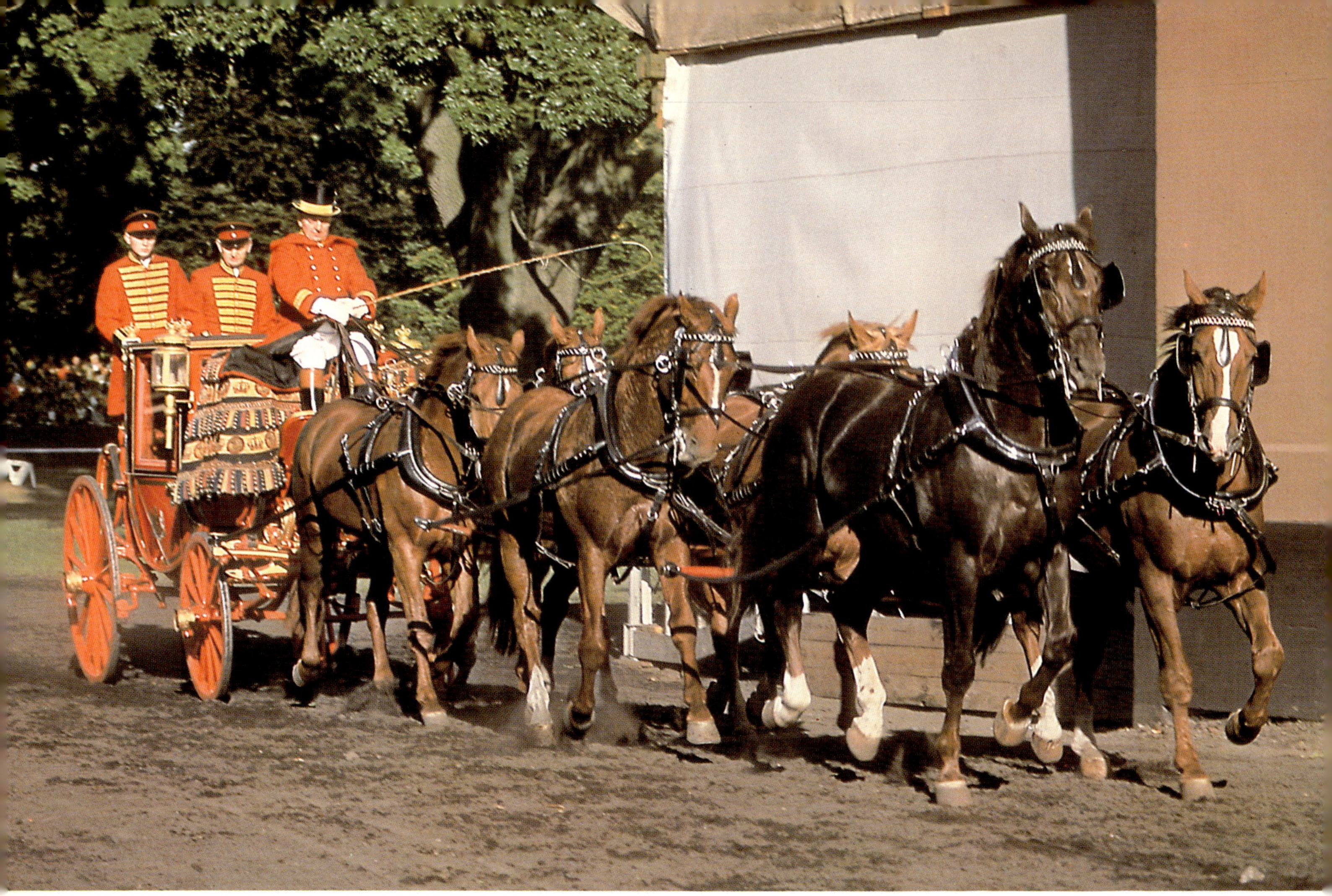

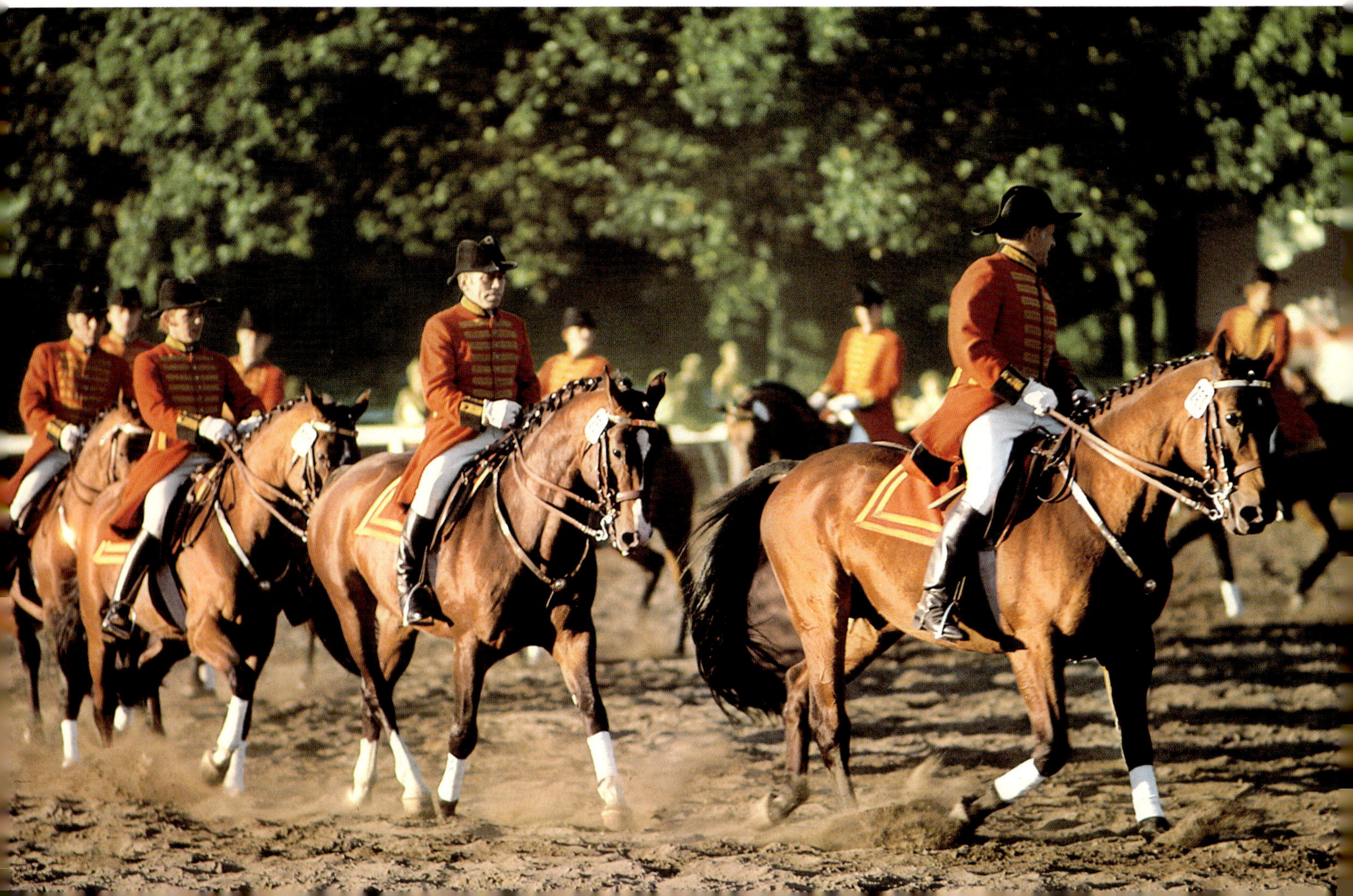

Rechts: Innenansicht des hellen und geräumigen Grabenseestalles.

Links oben: Landgestüt Celle. Gestütwart Klindworth mit einem Sechsergespann vor der Hofkutsche. Der Fahrer hält sechs Leinen in der Hand.

Links unten: Teilnehmer der „Großen Dressurquadrille", in der 24 Hengste mitwirken.

Nutzen bei geringstem Arbeitsaufwand verbinden soll. Das bedeutet nichtsdestoweniger in der Praxis den ständigen Einsatz der Gestütwärter im Wechsel, denn die wertvollen Pferde müssen jederzeit, auch nachts, beaufsichtigt und versorgt sein.

Die Hengste bestimmen mehr oder weniger den Arbeitsrhythmus des Tages und des Jahres. Der Gestütswerktag beginnt um 6.30 Uhr mit dem Säubern der Stallungen, mit Tränken, Füttern und Pferdepflege. Von 7.15–10.15 Uhr werden die Pferde bewegt und trainiert, bei gutem Wetter im Freien, bei schlechtem Wetter in der Halle, anschließend wieder Pferdepflege und Füttern. Die Futterration beträgt täglich 6 kg Kraftfutter und 5 kg Heu. Um 14.30 Uhr erneut Pferdepflege und anschließend Bewegen und Trainieren der Pferde und Schulung der Lehrlinge in praktischem und theoretischem Unterricht, oder Abladen von Heu und Stroh, denn der Rauhfutterbedarf ist groß. Ab 17.30 Uhr wiederum Füttern, Pflege und Stallreinigen. Die nächtliche Stallwache hat besonders darauf zu achten, daß sich kein Pferd losreißt oder in der Halfterkette verfängt oder sich beim Wälzen an der Boxenwand festlegt, so daß es nicht mehr aufzustehen vermag. Schnelles Eingreifen kann hier mitunter ein Pferdeleben retten. Die Arbeit der Gestütsleute in und außerhalb der Stallungen kann jeder Besucher miterleben, die Besuchszeiten liegen täglich vormittags zwischen 8 und 11.30 Uhr und nachmittags zwischen 15 und 17 Uhr, außer

samstagnachmittags und sonntags. Während der Decksaison vom 15. Februar bis 15. Juli sind die Hengste auf 63 Deckstationen verteilt, und das Gestüt liegt wie ausgestorben, so daß sich zu dieser Zeit ein Besuch erübrigt.

Beobachtet man die „Gestüter" wiederholt bei der Arbeit, so gewinnt man den Eindruck, daß hier Männer am Werk sind, die nicht irgendeinem „Job", sondern ihrer Passion, ihrer Berufung nachgehen, die sich mit ihrer Arbeit voll identifizieren. Jeder von ihnen ist für eine bestimmte Zahl immer derselben Pferde verantwortlich, jeder weiß, was getan werden muß, und er tut es eigenverantwortlich, denn die Situation der Tiere macht ein „Sichdrücken" unmöglich. Der in unserem Leben so oft beschworene „Team-Geist" wird hier ohne Betonung selbstverständlich praktiziert, so daß für den Beobachter unwillkürlich der vom ehemaligen Landstallmeister Grabensee zu Beginn unseres Jahrhunderts geprägte Ausspruch wieder lebendig wird, mit dem er seine zuverlässige Mannschaft als Elitekorps charakterisierte.

Mitte Juli kehren die Hengste und mit ihnen die Männer von den Deckstationen zurück, und nachdem die erste Gruppe der Gestütswärter den Urlaub hinter sich hat, beginnen Mitte August die Vorbereitungen für die alljährliche Hengstparade, die in vierfacher Wiederholung im letzten Septemberdrittel und Anfang Oktober stattfindet. Rege Betriebsamkeit entwickelt sich, die Lektionen der einzelnen Programmnummern müssen wieder exakt geprobt und

*Oben: Zur Hengstparade kommen stets auch die kurz vor der Leistungsprüfung stehenden Junghengste aus Adelheidsdorf nach Celle.*

*Hengstparade in Celle: „Zweifache Fahrschule" mit dem Schimmelhengst ‚Gastronom' von ‚Gazal', mit dem Reiter Gestütwart Dittmer. Diese Übung erfordert reiterliches und fahrerisches Können und eine sehr feinfühlige Hand für die unterschiedliche, störungsfreie Zügelführung beider Pferde.*

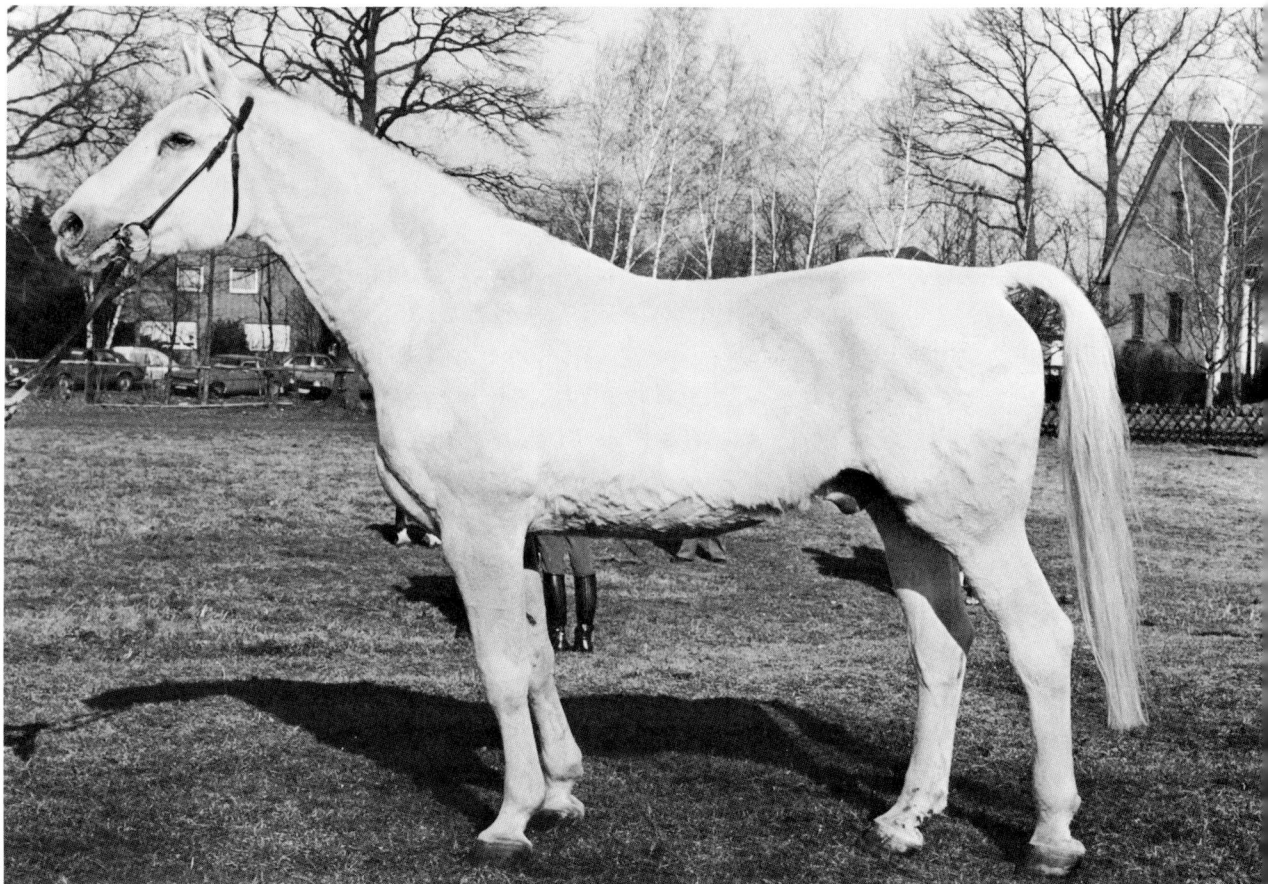

*Der berühmte Springpferdvererber ‚Gotthardt', geb. 1949, von ‚Goldfisch II', ein Vertreter der ‚Goldschaum xx-Goldammer II'-Linie, im Alter von 29 Jahren. Seine hohe Vererberqualität wurde erst in seinem zweiten Lebensjahrzehnt erkannt. Der Hengst deckte bis 1977 auf der 200 Jahre alten Deckstation Hänigsen und ist 1978 eingegangen.*

eingeübt werden. Schwerpunkte sind Dressurreiten und Fahren vom Bock in mannigfachen Variationen, umrahmt von Schaunummern verschiedener Art. Uneingeschränkte Bewunderung verdient die Fahrkunst einiger Gestütwärter, der in Celle besondere Aufmerksamkeit zuteil wird und die in der Bundesrepublik beispielhaft sein dürfte. Besonderen Eindruck hinterlassen die klassisch gefahrenen Tandems und die Sechser-, Siebener- und Zehnerzüge vor historischen schweren Hof- oder Postkutschen. Auch Dressurreiten wird bevorzugt gepflegt, Dressurquadrillen in historischen Uniformen, exakt und sauber geritten, und eine Einzeldarbietung der Dressurklasse S vermitteln das Erlebnis klassischer Reitkunst. Von den Schaunummern verdient die Freiheitsdressur Erwähnung, da hier besonders auf die Verhaltensweisen und die Individualität der Pferde eingegangen werden muß. Der Ausbilder ist weitgehend auf ein freundschaftliches Einvernehmen mit den Hengsten angewiesen. Zwangsmittel können kaum angewendet werden, Belohnung statt Bestrafung steht bei der Ausbildung weit im Vordergrund.

Nach den Hengstparaden im Oktober, wenn der Gestütsalltag einkehrt, werden theoretische und praktische Kurse im Fahrsport abgehalten, an denen jeder Außenstehende teilnehmen kann. Reitkurse für Fremdreiter werden nicht veranstaltet, der Reitunterricht ist nur Gestütsangehörigen in Ausbildung vorbehalten.

Die Warmbluthengste des Celler Landgestütes stellen eine Auswahl der besten Hengste des gesamten Zuchtgebietes dar und sollen dem Ideal des angestrebten Zuchtzieles so weit wie möglich entsprechen. Sie verkörpern also

*Schimmelgespanne, gefahren von Gestütwart Oelmann.*

*Links: Quadriga, primitive, orientalische Anspannungsart der Frühzeit. Der Fahrer hält zwei Leinen in der Hand, die Innenpferde sind an die beiden Außenleinen gekoppelt.*

*Rechts oben: Siebenerzug vor dem Wagentyp Char-à-Bancs. Der Fahrer hält sechs Leinen in der Hand.*

den „Hannoveraner" schlechthin, doch bei vergleichender Betrachtung der Hengste muß man feststellen, daß der Begriff „Hannoveraner" ins Schwimmen gerät. Der Hannoveraner kann ebensowohl auch heute noch, wenngleich in geringer Zahl, ein großer, mittelschwerer Karossier als auch ein sehr elegantes und edles Reitpferd sein, mit allen Varianten zwischen beiden Extremen. Ursprünglich lagen die Ursachen für die Unterschiede einmal in der Verschiedenartigkeit der Scholle begründet, der fette Marschboden im Nordseeküstengebiet fördert Wachstum und Knochenstärke enorm, während der trockene Sandboden der Lüneburger Heide nur karge Aufzuchtbedingungen bietet, doch zeigen moderne Fütterungsmethoden eine zunehmend ausgleichende Wirkung. Zum anderen kann es nicht ausbleiben, daß bei ständig wiederholter Vollbluteinmischung immer wieder erhebliche individuelle Unterschiede auftreten, weil die Erbmerkmale zweier verschiedener Rassen zusammentreffen, mögen sie auch relativ gut harmonisieren. Die individuelle Verschiedenheit hat jedoch durchaus ihre Vorteile, der Hannoveraner kann dadurch sehr unterschiedlichen reiterlichen Ansprüchen gerecht werden, der Freizeitreiter, der sportliche Reiter und auch der Hochleistungsprofi findet das Pferd, das er braucht. Spitzenerfolge von Hannoveranern in Leistungsprüfungen, auf Zucht-

*Links: Die Schaunummer ,,Ungarische Post" verlangt einen geschickten und mutigen Reiter und ist für diesen mit erheblichem Risiko verbunden. Die Hengste sind an Halfter und Bauchgurt zusammengekoppelt. Nach einem ruhigen Rundumgalopp verlassen sie den Paradeplatz in voller Karriere, was vom Publikum stets mit tosendem Beifall quittiert wird. Manchmal ist der rasende Lauf auf dem weitläufigen Reitplatz nur mit Mühe zu parieren; dabei ist der Reiter weitgehend auf den freiwilligen Gehorsam angewiesen, mit dem die Hengste auf seine Stimme reagieren.*

schauen und im Hochleistungssport sind fast jedem Pferdefreund und Turnierbesucher geläufig. So wurden – um nur einige herauszugreifen – auf den DLG-Ausstellungen der vergangenen Jahre den Beschälern *Duft II* in Hannover 1964; *Dominik* in Frankfurt 1966, München 1968 und Hannover 1972; *Argentan* in Hannover 1972; *Dirk* in Frankfurt 1974 und *Darling* in München 1976 die begehrten Ia-Preise zugesprochen. Im internationalen Spitzensport sind ebenfalls viele Hannoveraner unter den Siegern zu finden, so zum Beispiel im Dressurreiten *Mehmed* (Reiter R. Klimke), *Liostro* (Reiter K. Schlüter und H. Rehbein), *Woyczeck* (Reiter H. Boldt) und im Springen *Warwick Rex* (Reiter A. Schockemöhle), *Flipper* (Reiter H. Simon) und *Davos* (Reiter G. Wiltfang) und viele andere mehr.

Die Durchschnittsgröße des Hannoveraners liegt zwischen 165 cm und 175 cm Stockmaß, er zeichnet sich durch weit ausholende, energische und fördernde Gangarten aus, und sein Springvermögen ist überragend. Die Fellfarben der Landbeschäler teilen sich etwa in 50 % Braune, 30 % Füchse, 12 % Schimmel und 8 % Rappen.

Die hannoversche Zucht wurde einst durch Holsteiner und Mecklenburger Hengste begründet, deren Erbe bis heute wirksam ist. Die beiden ältesten Hengstlinien sind:

*Flick-Fling*-Linie und
*Adeptus xx-Alderman*-Linie.

Zu den heute bedeutendsten Linien zählen außerdem:

*Devil's own xx-Detektiv*-Linie,
*Goldschaum xx-Goldfisch*-Linie,

die ,,Trakehner"-Linien:

*Semper idem-Senator*-Linie,
*Abglanz*-Linie,
*Lateran*-Linie,

und die ,,Vollblüter"-Linien:

*Marcio xx*-Linie,
*Der Löwe xx*-Linie und
*Adlerschild xx*-Linie.

Die *Kingdom*-Linie lebt noch verbreitet in den Stutenstämmen fort, der männliche Stamm ist erloschen.

In Ermangelung weiterer Namen mit den Anfangsbuchstaben F und A werden die beiden ältesten Linien heute mit den Anfangsbuchstaben W und E fortgesetzt.

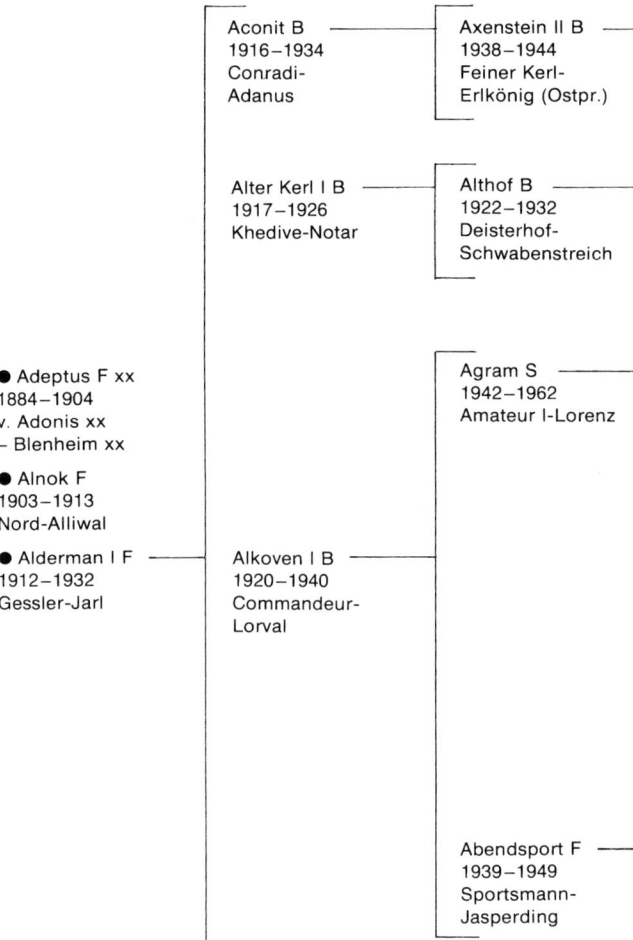

● Adeptus F xx
1884–1904
v. Adonis xx
– Blenheim xx

● Alnok F
1903–1913
Nord-Alliwal

● Alderman I F
1912–1932
Gessler-Jarl

Aconit B
1916–1934
Conradi-
Adanus

Axenstein II B
1938–1944
Feiner Kerl-
Erlkönig (Ostpr.)

Alter Kerl I B
1917–1926
Khedive-Notar

Althof B
1922–1932
Deisterhof-
Schwabenstreich

Agram S
1942–1962
Amateur I-Lorenz

Alkoven I B
1920–1940
Commandeur-
Lorval

Abendsport F
1939–1949
Sportsmann-
Jasperding

Alpenflug II B
1927–1943
Flingarth-King

Almjäger I Df
1934–1952
Goldschläger I-Aln‹

*Abbildungen links:
‚Adeptus xx-Alderman'-
Linie.
Oben: ‚Adeptus xx',
Fuchshengst, geb. 1880
im Hofgestüt Herren-
hausen.
Mitte: ‚Alnok', Fuchs-
hengst, geb. 1888, Sohn
von ‚Adeptus xx'.
Unten: ‚Alderman I',
Fuchshengst, geb. 1909,
Sohn von ‚Alnok'.
Großvater, Vater und
Sohn zählen zu den
berühmtesten und er-
folgreichsten Vererbern
der hannoverschen
Zucht, die viele Zucht-
hengste und Hauptstut-
buchstuten hinterließen.*

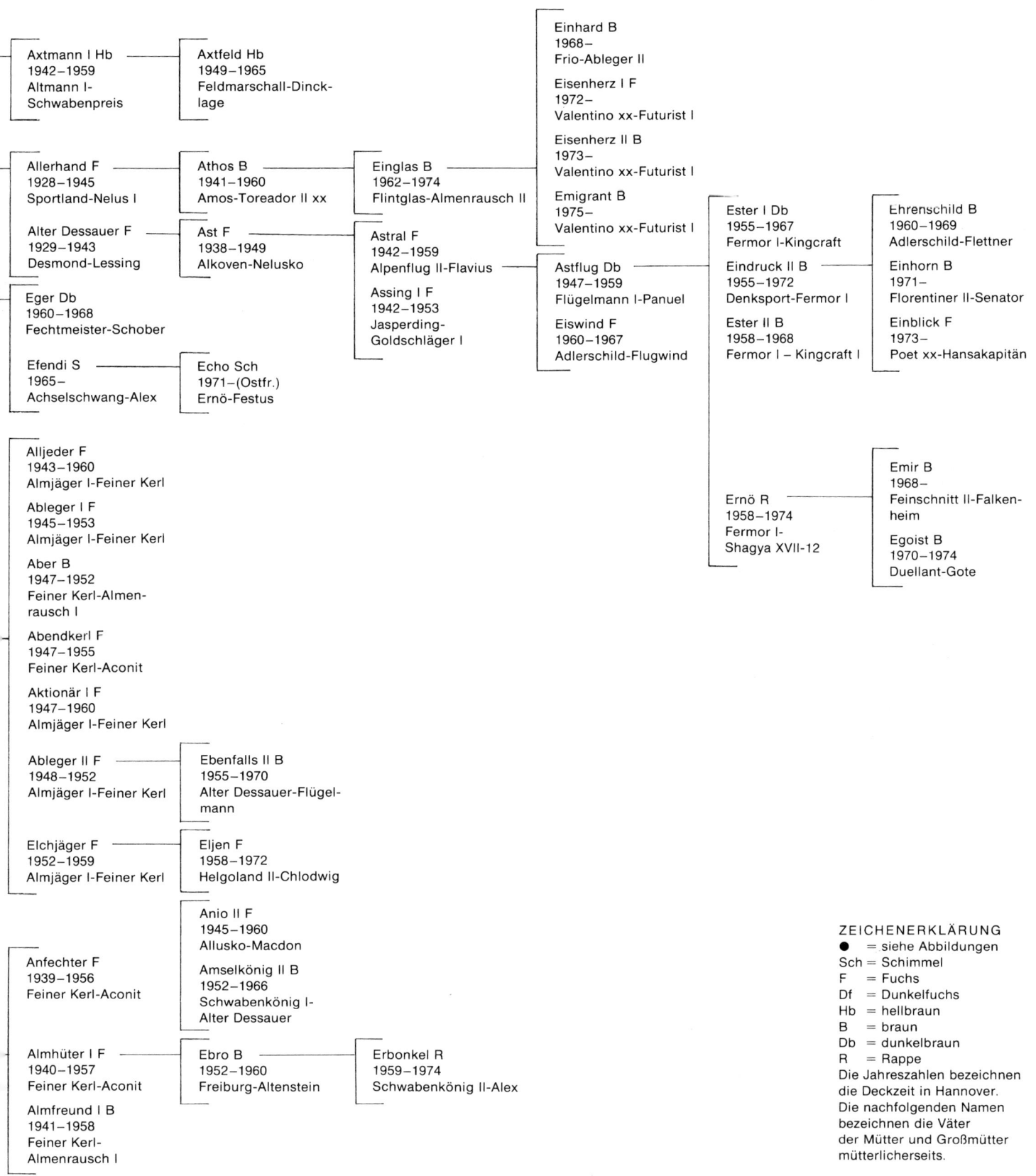

Axtmann I Hb
1942–1959
Altmann I-
Schwabenpreis

Axtfeld Hb
1949–1965
Feldmarschall-Dinck-
lage

Allerhand F
1928–1945
Sportland-Nelus I

Alter Dessauer F
1929–1943
Desmond-Lessing

Athos B
1941–1960
Amos-Toreador II xx

Ast F
1938–1949
Alkoven-Nelusko

Einglas B
1962–1974
Flintglas-Almenrausch II

Astral F
1942–1959
Alpenflug II-Flavius

Assing I F
1942–1953
Jasperding-
Goldschläger I

Einhard B
1968–
Frio-Ableger II

Eisenherz I F
1972–
Valentino xx-Futurist I

Eisenherz II B
1973–
Valentino xx-Futurist I

Emigrant B
1975–
Valentino xx-Futurist I

Astflug Db
1947–1959
Flügelmann I-Panuel

Eiswind F
1960–1967
Adlerschild-Flugwind

Eger Db
1960–1968
Fechtmeister-Schober

Efendi S
1965–
Achselschwang-Alex

Echo Sch
1971–(Ostfr.)
Ernö-Festus

Ester I Db
1955–1967
Fermor I-Kingcraft

Eindruck II B
1955–1972
Denksport-Fermor I

Ester II B
1958–1968
Fermor I – Kingcraft I

Ehrenschild B
1960–1969
Adlerschild-Flettner

Einhorn B
1971–
Florentiner II-Senator

Einblick F
1973–
Poet xx-Hansakapitän

Ernö R
1958–1974
Fermor I-
Shagya XVII-12

Emir B
1968–
Feinschnitt II-Falken-
heim

Egoist B
1970–1974
Duellant-Gote

Alljeder F
1943–1960
Almjäger I-Feiner Kerl

Ableger I F
1945–1953
Almjäger I-Feiner Kerl

Aber B
1947–1952
Feiner Kerl-Almen-
rausch I

Abendkerl F
1947–1955
Feiner Kerl-Aconit

Aktionär I F
1947–1960
Almjäger I-Feiner Kerl

Ableger II F
1948–1952
Almjäger I-Feiner Kerl

Ebenfalls II B
1955–1970
Alter Dessauer-Flügel-
mann

Elchjäger F
1952–1959
Almjäger I-Feiner Kerl

Eljen F
1958–1972
Helgoland II-Chlodwig

Anio II F
1945–1960
Allusko-Macdon

Amselkönig II B
1952–1966
Schwabenkönig I-
Alter Dessauer

Anfechter F
1939–1956
Feiner Kerl-Aconit

Almhüter I F
1940–1957
Feiner Kerl-Aconit

Almfreund I B
1941–1958
Feiner Kerl-
Almenrausch I

Ebro B
1952–1960
Freiburg-Altenstein

Erbonkel R
1959–1974
Schwabenkönig II-Alex

ZEICHENERKLÄRUNG
● = siehe Abbildungen
Sch = Schimmel
F = Fuchs
Df = Dunkelfuchs
Hb = hellbraun
B = braun
Db = dunkelbraun
R = Rappe
Die Jahreszahlen bezeichnen
die Deckzeit in Hannover.
Die nachfolgenden Namen
bezeichnen die Väter
der Mütter und Großmütter
mütterlicherseits.

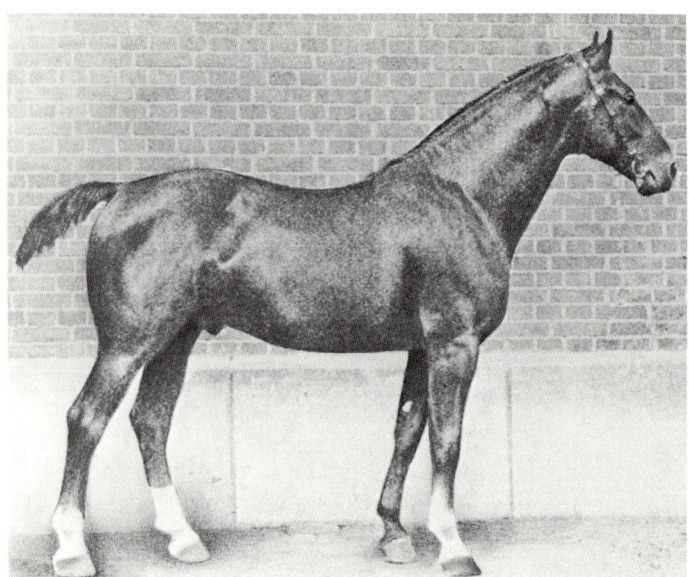

# ⋈ Flick-Fling-Linie

Flavius Db
1918–1935
Athanas-Cornelius

Zernebog R
1849–1871
v. Jupiter xx-
Black Comet xx

Flick Db
1865–1887
Jellachich-Cavalier xx

Flenheim Db
1890–1907
Blenheim xx-Schlütter

● Flingarth B
1909–1917
King-Hospodar

Fling B
1913–1922
King-Seeräuber II

● Flieger Db
1917–1934
Colorist-Tellus

● Feiner Kerl B
1922–1943
Kirkland-Norgarth

Flugfeuer II B
1924–1943
Feuerstein-King

Flintenstein III B
1925–1946
Feuerstein-Negro I

*Abbildungen links:
‚Flick-Fling‘-Linie.
Oben: ‚Flingarth‘, brau-
ner Hengst, geb. 1906.
Mitte: ‚Flieger‘, dunkel-
brauner Hengst,
geb. 1914, Enkel von
‚Flingarth‘.
Unten: ‚Feiner Kerl‘,
brauner Hengst,
geb. 1919, Enkel von
‚Flingarth‘ und Halb-
bruder von ‚Flieger‘.
Diese durchschlagende
Vererberlinie geht auf
den Rappen ‚Zernebog‘
zurück.*

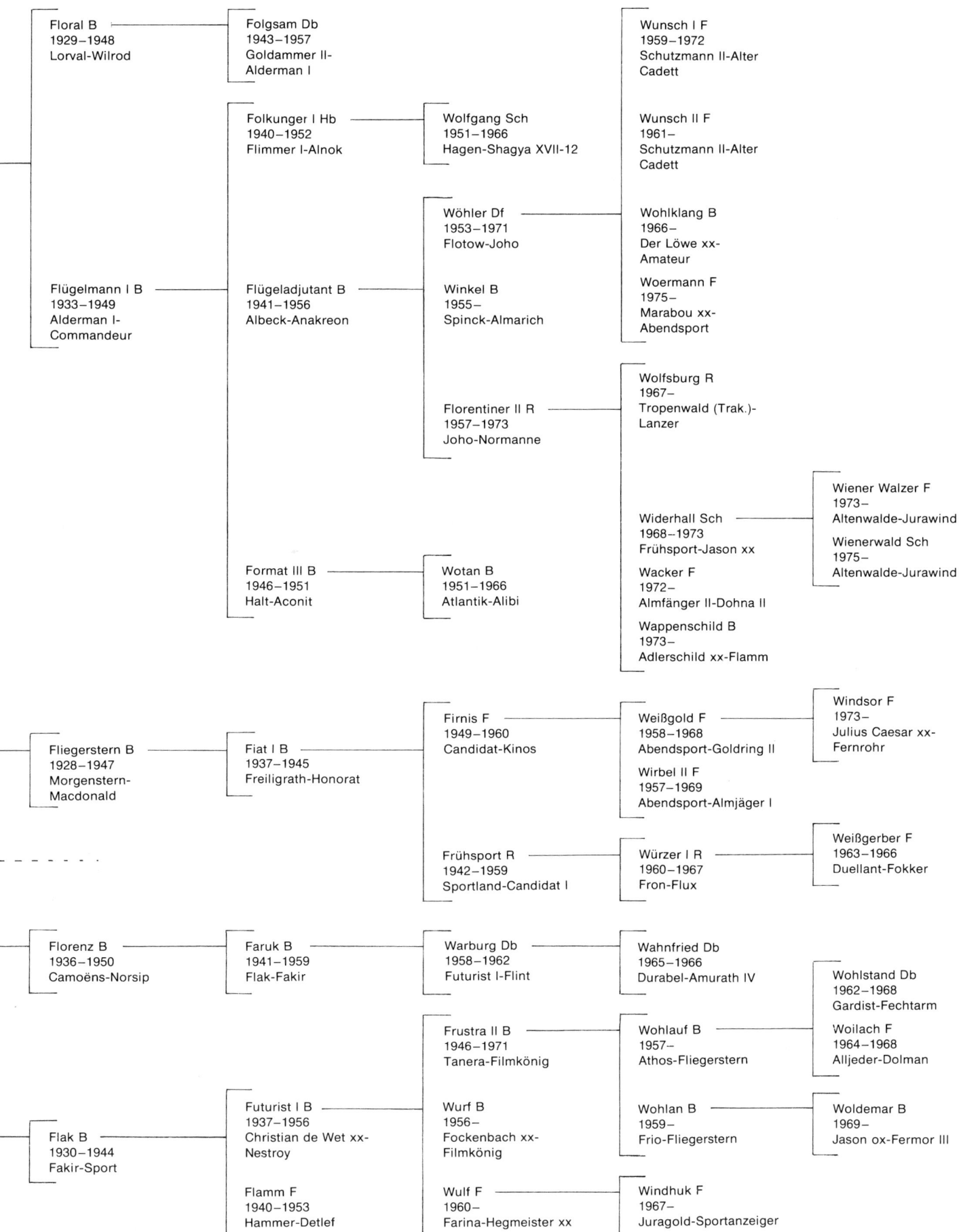

Floral B
1929–1948
Lorval-Wilrod

Folgsam Db
1943–1957
Goldammer II-
Alderman I

Wunsch I F
1959–1972
Schutzmann II-Alter
Cadett

Folkunger I Hb
1940–1952
Flimmer I-Alnok

Wolfgang Sch
1951–1966
Hagen-Shagya XVII-12

Wunsch II F
1961–
Schutzmann II-Alter
Cadett

Wöhler Df
1953–1971
Flotow-Joho

Wohlklang B
1966–
Der Löwe xx-
Amateur

Flügelmann I B
1933–1949
Alderman I-
Commandeur

Flügeladjutant B
1941–1956
Albeck-Anakreon

Winkel B
1955–
Spinck-Almarich

Woermann F
1975–
Marabou xx-
Abendsport

Florentiner II R
1957–1973
Joho-Normanne

Wolfsburg R
1967–
Tropenwald (Trak.)-
Lanzer

Wiener Walzer F
1973–
Altenwalde-Jurawind

Widerhall Sch
1968–1973
Frühsport-Jason xx

Wienerwald Sch
1975–
Altenwalde-Jurawind

Format III B
1946–1951
Halt-Aconit

Wotan B
1951–1966
Atlantik-Alibi

Wacker F
1972–
Almfänger II-Dohna II

Wappenschild B
1973–
Adlerschild xx-Flamm

Windsor F
1973–
Julius Caesar xx-
Fernrohr

Firnis F
1949–1960
Candidat-Kinos

Weißgold F
1958–1968
Abendsport-Goldring II

Fliegerstern B
1928–1947
Morgenstern-
Macdonald

Fiat I B
1937–1945
Freiligrath-Honorat

Wirbel II F
1957–1969
Abendsport-Almjäger I

Weißgerber F
1963–1966
Duellant-Fokker

Frühsport R
1942–1959
Sportland-Candidat I

Würzer I R
1960–1967
Fron-Flux

Florenz B
1936–1950
Camoëns-Norsip

Faruk B
1941–1959
Flak-Fakir

Warburg Db
1958–1962
Futurist I-Flint

Wahnfried Db
1965–1966
Durabel-Amurath IV

Wohlstand Db
1962–1968
Gardist-Fechtarm

Frustra II B
1946–1971
Tanera-Filmkönig

Wohlauf B
1957–
Athos-Fliegerstern

Woilach F
1964–1968
Alljeder-Dolman

Futurist I B
1937–1956
Christian de Wet xx-
Nestroy

Wurf B
1956–
Fockenbach xx-
Filmkönig

Wohlan B
1959–
Frio-Fliegerstern

Woldemar B
1969–
Jason ox-Fermor III

Flak B
1930–1944
Fakir-Sport

Flamm F
1940–1953
Hammer-Detlef

Wulf F
1960–
Farina-Hegmeister xx

Windhuk F
1967–
Juragold-Sportanzeiger

# ⋈ Devil's own xx-Detektiv-Linie

Devil's own xx
1894–1906
v. Robert the Devil xx
–Camerino xx

Defilant R
1900–1919
Landstreicher xx-Tilly

Defregger R
1908–1927
Optimist-Güstrow

Desmond R
1912–1921
Jasmund-Flenheim

Detektiv F ————
1926–1943
Khedive-Cornelius

Denksport F
1933–1945
Sportanzeiger II-
Alderman I

Dolman F ————
1937–1953
Alderman I-
Ordensritter (Ostpr.)

Dwinger F ————
1943–1957
Flint-Dünaburg

*Abbildungen links:
‚Devil's own xx-
Detektiv'-Linie, drei
gegenwärtig in der
Zucht stehende braune
Hengste.
Oben: ‚Dominik', geb.
1957, Vater erfolgreicher
Turnierpferde, Ia-Preis
der DLG-Ausstellung
Frankfurt 1966.
Mitte: ‚Duft II', geb.
1958, Ia-Preis
der DLG-Ausstellung
Hannover 1964 und
Siegerhengst der Rasse
„Edles Warmblut".
Unten: ‚Diplomat', geb.
1963, Ia-Preise der
DLG-Ausstellungen
Frankfurt 1966,
München 1968, Hanno-
ver 1972 und Sieger-
hengst der Rasse „Edles
Warmblut".*

Dollart B
1941–1958
Florett-Alcantara I

Dolling F
1941–1951
Jasperding-Altist

Dominant F
1943–1949
Foliant-Feinkorn

Duellant F
1946–1965
Foliant-Schumann

Diskant B
1961–
Altmärker-Falkner III

Dömitz I
1946–1958
Altlobitz-Allerding I

Dulder B
1955–1970
Ast-Flavius

Dominus F
1947–1964
Grunelius-Sportanzeiger II

Damm F
1951–1960
Alderman I-Nelus II

Dolus F
1953–1958
Allersport-Detektiv

Dünkel F
1953–1964
Förster-Allerhand

Durban F
1954–1971
Allerhand-Khelius

Duldsam F
1958–1968
Folgsam-Allerhand

Duft I Db
1961–
Gote-Flügelmann I

● Duft II B
1962–
Gote-Flügelmann I

Duden I F
1963–
Der Löwe xx-Allerhand

Duden II F
1964–
Der Löwe xx-Allerhand

Derby F
1967–
Shagya-Allermeist

Dragoner B
1967–
Cyklon-Anfeinder

Davos B
1968–
Steinpilz xx-Falk II

Dezember B
1969–
Kurde x-Folgsam

Disput B
1974–
Amselkönig II-Borusse

Domänenrat I F
1953–1970
Abendsport-Jagst

Domspatz R
1956–
Graf-Feiner Kerl

Duhnen B
1957–1971
Abendsport-Feiner Kerl

Dominikaner III B
1960–1974
Abendsport-Feiner Kerl

● Dominik B
1961–
Abendsport-Almjäger I

Doberan R
1958, 1963–1967
Freiwald-
Schwabenkönig I

Dagobert B
1968–1975
Dominus-Goldfisch II

● Diplomat B
1967–
Senator-Dömitz I

Duktus Sch
1968–
Frühsport-Jason ox

Diolen B
1968–
Winkel-Falkenstein II

Dietward II B
1970–
Futurist I-Freilauf

Dirk B
1972–
Senator-Firnis

Dürkheim B
1973–
Wunsch II-Schütze

Darling B
1975–
Abhang I-Axtfeld

Diomed B
1969–
Johann-Journalist

Darwin B
1969–
Domfalk-Franke

Düker B
1971–
Gmunden-Friesenkönig

Drachenfels B
1974–1975
Abendruf xx-Domänen-
rat I

Diskus R
1974–
Senat-Welfenschatz

Don Carlos Sb
1966–
Farina-Filmkönig

Dolentino R
1971–
Valentino xx-Dortmund

Derneburg B
1972–
Ernö-Flügel

Deichvogt Sch
1975–
Waidmannsdank
xx-Athos

Don Camillo B
1971–
Fernruf-Dolman

ZEICHENERKLÄRUNG
● = siehe Abbildungen
Sch = Schimmel
F = Fuchs
Df = Dunkelfuchs
Hb = hellbraun
B = braun
Db = dunkelbraun
Sb = schwarzbraun
R = Rappe
Die Jahreszahlen bezeichnen
die Deckzeit in Hannover.
Die nachfolgenden Namen
bezeichnen die Väter
der Mütter und Großmütter
mütterlicherseits.

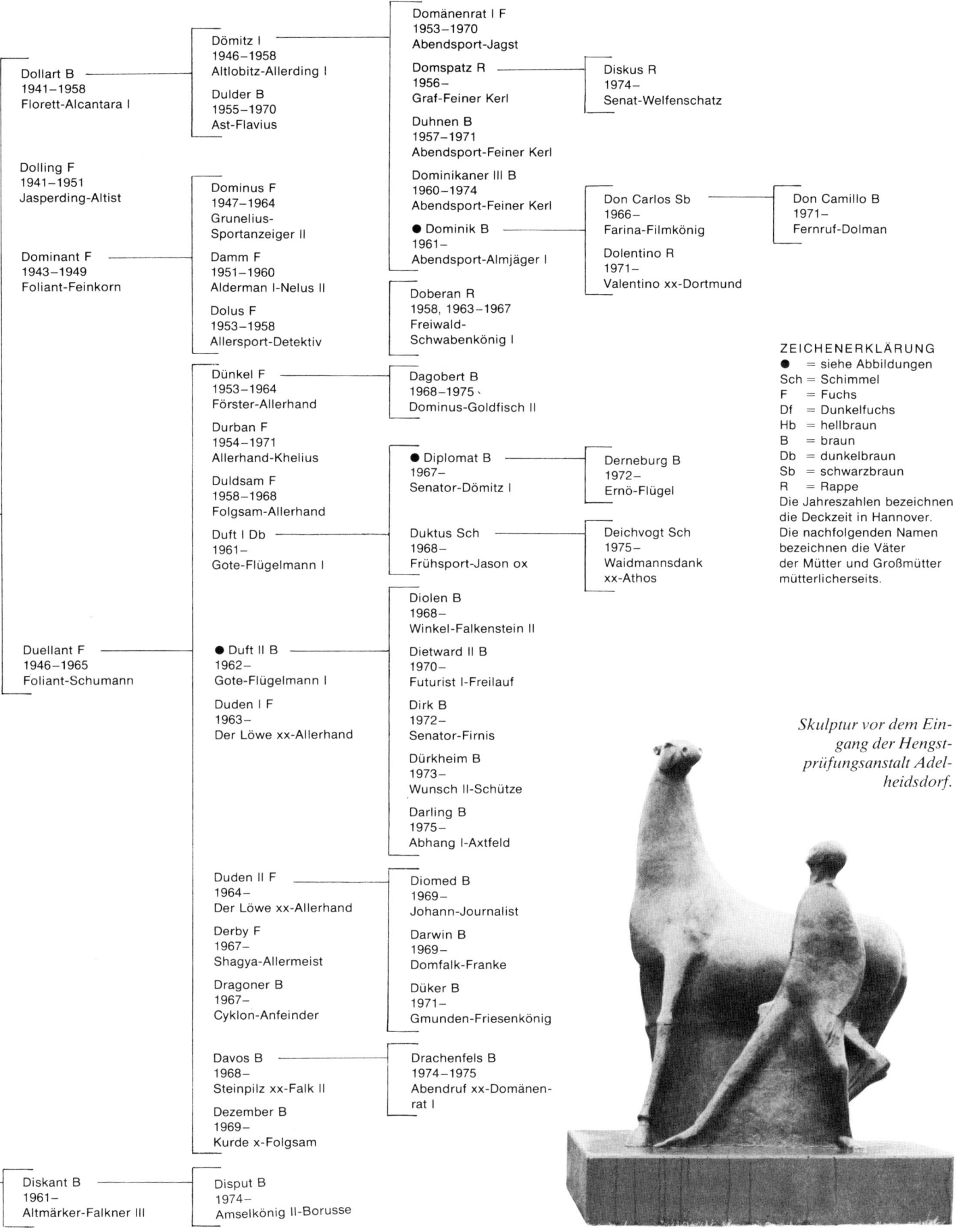

*Skulptur vor dem Eingang der Hengstprüfungsanstalt Adelheidsdorf.*

Der Aufgabenbereich des Landstallmeisters beschränkt sich nicht nur auf das Gestüt, sondern erstreckt sich auf das gesamte Zuchtgebiet Niedersachsen, einschließlich Bremen und Hamburg (ohne den Verwaltungsbezirk Oldenburg), das heute mit 16 000 eingetragenen Zuchtstuten das größte zusammenhängende Warmblutzuchtgebiet Europas ist. In enger Zusammenarbeit mit dem Verband hannoverscher Warmblutzüchter in Hannover, dem über 9000 Mitglieder angehören, werden alle züchterischen Probleme koordiniert. Am Anfang eines jeden Jahres diskutieren Gestütsleitung, Vertreter des Verbandes und die Züchter der jeweiligen Deckstellenbezirke gemeinsam, mit welchen Hengsten die Deckstationen besetzt werden sollen. Nachdem die Beschäler das Landgestüt Mitte Februar verlassen haben, um fünf Monate lang auf den Deckstellen zu wirken, beginnt die Reisezeit des Landstallmeisters mit der Inspektion der Hengste am Ort. Anfang Mai erfolgt die Aufnahme der dreijährigen Jungstuten (alljährlich etwa 2000) in das Stutbuch durch eine Kommission, die sich aus Vertretern des Verbandes und dem Landstallmeister zusammensetzt. Die Eintragung in das Hauptstutbuch oder Stutbuch wird durch die Qualität von Körperbau und Gangvermögen bestimmt. Hauptstutbuchstuten (nur sie können später Landbeschälermütter sein) und Stutbuchstuten bekommen als Brandzeichen ein H mit Pferdeköpfen und Vorbuchstuten einen Pferdekopf auf die linke Halsseite gebrannt. Gleich anschließend bis Mitte Juli finden unter Vorsitz derselben Kommission im Lande die Stutenschauen statt, auf denen unter anderem die Staatsprämienstuten (etwa 80) ermittelt werden. Die Prämienzahlung für eine derart ausgezeichnete 3½jährige Stute verpflichtet den Züchter, diese für drei Jahre nach bestimmten Vorschriften des Verbandes für die Zucht einzusetzen. Eventuell anfallende Hengstfohlen müssen, wenn sie nicht selbst aufgezogen werden, dem Landstallmeister zum Kauf angeboten werden. Im September ist die Zeit für die Vorbesichtigung der 2½jährigen Junghengste bei den Züchtern für die Körung in Verden durch Verbandsvertreter und den Landstallmeister gekommen, wobei dieser sein Augenmerk gleichzeitig auch auf die Hengstfohlen des laufenden Jahres richtet. Im Oktober stehen dann 80–90 Hengste für die Körkommission, die sich aus zwei Züchtern, dem Landstallmeister, dem Verbandsvertreter und dem Amtstierarzt zusammensetzt, in Verden bereit. Etwa 60 Hengste werden angekört, 20 kauft der Landstallmeister und 40 werden auf dem freien Markt angeboten. Der Landstallmeister hat stets Vorkaufsrecht, und jedem Züchter ist es eine Ehre, wenn sein Junghengst, auch bei geringerem Erlös als auf dem freien Markt, für die Hengstprüfungsanstalt Adelheidsdorf ausgewählt wird.

Pferdezucht ist ein zeitraubendes und kostspieliges Unterfangen. Jahre vergehen, bis sich erweist, ob die Nachzucht die erforderliche Qualität besitzt, die allein einen befriedigenden Erlös bringen kann. Das wird besonders deutlich in der Beurteilung der Vererberqualität eines Landbeschälers. Kommt er nach vierjähriger Aufzucht zum Einsatz, zeigen seine (dreijährigen) Nachkommen

*Oben: Die Deckstationen des Landgestütes sind über ganz Niedersachsen verteilt, auf dem Gestütsgelände selbst ist während der Decksaison keine Deckstation eingerichtet.*

frühestens nach weiteren vier Jahren (wenn er acht Jahre alt ist) zunächst nur andeutungsweise, ob seine Verwendung lohnend sein wird. Ein sicheres Urteil ist erst nach mehreren Nachfolgegenerationen möglich. Um Fehlurteile hinsichtlich der Hengstauswahl so weit wie möglich auszuschließen, hat man heute in Celle den Computer zu Hilfe genommen. Schon seit dem Jahre 1790 wurden sämtliche Nachkommen der Celler Hengste registriert. Diese gründliche Vorarbeit des Gestütes gab der hannoverschen Stutbuchgesellschaft im Jahre 1893 die Möglichkeit, den ersten Band des hannoverschen Stutbuches aufzulegen und damit eine Grundlage für die systematische Auswahl und Registrierung der Zuchtpferde zu schaffen. 1922 wurde die Stutbuchgesellschaft in den Verband hannoverscher Warmblutzüchter integriert, und fortan bestand eine enge Zusammenarbeit zwischen Gestütsleitung und Verband, die sich in jüngster Zeit zum Ziel gesetzt hat, für eine bessere Zuchtwertschätzung eine Konzeption für die elektronische Datenverarbeitung zu erstellen. Diese übernimmt nicht nur die Stutbuchführung, sondern registriert auch modernste tierzuchtwissenschaftliche Erkenntnisse sowie die Leistungen der Nachkommen im Turniersport und wertet sie aus. Damit erfüllt das Landgestüt nicht nur die Aufgabe, den Züchtern Vatertiere zu erschwinglichen Deckgeldsätzen zur Verfügung zu stellen, sondern bestimmt auch in entscheidender Weise Qualität und Zuchtziel der hannoverschen Warmblutzucht mit.

Das Hengstaufzuchtgestüt Hunnesrück hat die Aufgabe, alljährlich einen Teil der Nachwuchshengste für das Landgestüt Celle bereitzustellen. Der geschichtliche Ursprung Hunnesrücks, wenige Kilometer von dem alten Städtchen Dassel entfernt und am Fuße des Sollings gelegen, reicht bis in das 13. Jahrhundert zurück. Die ehemalige Burg Hunnesrück, deren Ruinen auf einer bewaldeten Anhöhe erhalten sind, war Eigentum des Grafen von Dassel. Als das Geschlecht ausstarb, gingen Burg, Stadt und Umgebung in den Besitz des Bischofs von Hildesheim über. Nach der Zerstörung der Burg im Jahre 1521 errichtete man mit dem verbliebenen Baumaterial etwa um 1530 die Erichsburg, das heute dicht am Gut Hunnesrück liegende Vorwerk, in dessen Stallungen jetzt die Trakehner untergebracht sind. Der Gutshof Hunnesrück, erbaut um 1700, diente als sommerlicher Bischofssitz und wurde 1806, als Napoleon den kirchlichen Besitz enteignete, zunächst hannoversche und seit 1866 preußische Domäne, die zwei Jahre später zum Remontedepot für die Armee umgewandelt wurde und zu jener Zeit ständig 600–800 Pferde beherbergte. Nach dem Ersten Weltkrieg um 1920 übernahm die Preußische Gestütverwaltung das Gut als Hengstaufzuchtgestüt für das Landgestüt Celle. Die Blütezeit Hunnesrücks waren die 30er Jahre, vor dem Zweiten Weltkrieg, als die Pferdezucht mit der Aufrüstung des Heeres noch einmal einen raschen Aufschwung nahm. Jeden Herbst wurden etwa 100 Absatzfohlen angekauft und aufgezogen, so daß drei Jahrgänge mit jeweils 100 Pferden, also insgesamt etwa 300 Tiere, das dreifache des heutigen Bestandes, in Hunnesrück stationiert waren.

Die Gebäude des Gutshofes stammen aus dem frühen 18. Jahrhundert und sind bis heute nahezu unverändert. Das jetzt der Verwaltung dienende Hauptgebäude ist auf der Hinterseite von einem alten Park mit riesigen Buchen umgeben, der Blick schweift über hügelige Weiden bis hinunter zum Vorwerk Erichsburg. Der Wirtschaftshof ist rechteckig angelegt, gegenüber dem Hauptgebäude und auf der linken Längsseite liegen die Laufställe, auf der rechten Längsseite das Magazin. Vor den Ställen, die die Hälfte des Hofes einnehmen, sind Ausläufe abgezäunt, in denen die Junghengste täglich getränkt werden.

*Das um 1700 erbaute Hauptgebäude des Hengstaufzuchtgestütes Hunnesrück ist ehemaliger Bischofssitz.*

Gleich hinter den Stallgebäuden ziehen sich die Weidegründe die Hügel hinauf, gelegentlich von einzelnen Baumgruppen oder kleineren Gehölzen unterbrochen.

Das Gut Hunnesrück ist ein intensiv geführter, landwirtschaftlicher Betrieb in staatlichem Besitz, der sich nicht nur tragen, sondern der auch Gewinn abwerfen muß und in dem die Pferde nur einen Teilbereich einnehmen. Die Gesamtfläche beträgt 536 ha, für die Weidenutzung (Pferde und Bullen zusammen) stehen 80 ha zur Verfügung, 20 ha sind im nahegelegenen Neuhaus, dem früheren hannoverschen Hofgestüt, dazugepachtet. Die Wirtschaftlichkeit wird durch den Anbau von Getreide, Blatt- und Hackfrüchten, Mastbullenhaltung (im Sommer etwa 150 Tiere) und Schafzucht (etwa 800 Tiere) gewährleistet.

Zum Personal gehören der Betriebsleiter und 16 Angestellte, vier von ihnen sind für die Pferde zuständig. Der Pferdebestand ändert sich im Wechsel der Jahreszeit. Die ein- und zweijährigen Jahrgänge der hannoverschen Junghengste zählen je etwa 35 Tiere (zuweilen werden drei bis fünf Hengste wegen Nichteignung kastriert und ausgeschieden), und im Herbst kommen etwa 35 neuerworbene Absatzfohlen hinzu, so daß in der Zeit von September bis November etwa 100 Junghengste im Gestüt versammelt sind.

Hunnesrück scheint für die Pferdeaufzucht hervorragend geeignet, die Weiden bestehen aus kalkhaltigem Lehmboden und werden von kalkhaltigen

Quellen versorgt. Die Niederschlagsmenge beträgt durchschnittlich 800 mm, und die teils hügelige Höhenlage (200–400 m) fördert und kräftigt das organische Wachstum der Junghengste, da diese gezwungen sind, ständig bergauf und bergab zu laufen. Jeweils Ende August trifft der neue Fohlenjahrgang in Hunnesrück ein, etwa 35 von 2000 im gesamten Zuchtgebiet von privaten Züchtern gezogene, halbjährige Junghengste, die der Landstallmeister in eigenverantwortlicher Kleinarbeit ausgewählt hat, beratend unterstützt von seinen Gestütsbeamten. Eine derartige Auswahl setzt nicht nur die Vorstellungskraft voraus, ob sich aus dem in diesem Stadium unharmonisch gebauten Fohlen einst ein geeigneter Zuchthengst entwickeln wird, sondern auch die fundierte Kenntnis der Blutlinien und Vererbungskraft von Vater und Mutter, in welcher Richtung sich wohl diese oder jene Eigenschaften entwickeln mögen.

Es ergibt sich zum Beispiel die Schwierigkeit, zwei in einem Abstand von drei Monaten geborene Fohlen vergleichen zu müssen, wobei das jüngere naturgemäß ein erheblich früheres Wachstumsstadium zeigt und viele andere Kriterien mehr, die beachtet werden müssen.

Die Ankunft der empfindlichen Absatzfohlen in Hunnesrück, die aus verschiedenen Regionen und unterschiedlichen Stallhaltungen und Lebensbedingungen kommen und nunmehr zu einer Gruppe zusammengefaßt werden, ergibt stets Probleme. Die Druse, eine eitrige Lymphknotenerkrankung im Kehlkopfbereich, grassiert beinahe regelmäßig ein Vierteljahr lang, bis die Bakterienstämme ausgetauscht und alle Tiere untereinander immun geworden sind. Ebenso müssen Erkrankungen der Atmungswege und Wurmbefall sorgfältig vorbeugend bekämpft werden, denn durch die plötzliche gravierende Umstellung der Lebensbedingungen und den Entzug der Muttermilch sind die Fohlen ganz besonders gefährdet. Sind aber die anfänglichen Beschwernisse überstanden, haben sie für die nächsten zwei Jahre ein relativ angenehmes Pferdeleben zu erwarten.

Die Junghengste sind nach Alter und Farben in Gruppen zu etwa 15 Tieren in großen Laufställen untergebracht. Zweimal täglich werden sie zur freien Tränke in die Paddocks hinausgelassen.

Während des Winters können sie sich täglich bei gutem Wetter in einem großen Auslauf am Berghang tummeln. Zur Fütterung, die aus Heu, Hafer und Möhren besteht, werden alle Tiere einzeln angebunden, damit jedes die ihm zugedachte individuelle Ration erhält. Den Sommer verbringen sie ohne Zufutter Tag und Nacht auf der Weide, bei großer Fliegenplage suchen sie über die Mittagszeit gern den Stall auf. Die Weidezeit dauert bis Ende Oktober. Jeder Hengst wird vom Landstallmeister monatlich auf seine Entwicklung hin begutachtet. Genügt er den erwarteten Ansprüchen nicht, wird er ausrangiert. Das Ereignis des Jahres in Hunnesrück ist die Auswahl der 2½jährigen Hengste für die Hengstprüfungsanstalt Adelheidsdorf durch die hannoversche Körkommission. Von den etwa 35 Hengsten werden meist etwa zwölf für tauglich befunden, das einjährige Training zu absolvieren. Die nicht für die Zucht bestimmten Hengste werden kastriert und als Reitpferde verkauft, so daß auch diese ihre Aufzuchtkosten einigermaßen wieder einbringen. Die Zahl der jährlichen Hengstfohlenankäufe seit der Gründung des Hengstaufzuchtgestütes unterlag dem Wechsel der Konjunkturen und war deshalb großen Schwankungen unterworfen. Im Gründungsjahr 1921 wurden 53 Hengste angekauft, in den folgenden Jahren waren es bereits jährlich über 100, bis schließlich die Zahl gegen Ende der 20er Jahre mit dem Rückgang der Pferdezucht und der allgemeinen Deflation auf 40 Fohlen zurückging. Die 30er Jahre brachten mit der Aufrüstung der Armee wieder einen Aufschwung der Zucht, so daß die Ankäufe auf nahezu 100 Tiere anstiegen. Nach dem Zweiten Weltkrieg sank die Zahl von 40 Fohlen bis zum Ende der 50er Jahre auf 20 und hat sich mittlerweile auf 35 Tiere eingependelt.

Seit nunmehr 50 Jahren muß in Celle jeder Junghengst, der als Landbeschäler vorgesehen ist, eine Leistungsprüfung ablegen, die seine erblich bedingte Leistungsveranlagung ermittelt und damit seinen späteren Zuchtwert vorausahnen läßt. Die Hengste eines Jahrganges müssen zu diesem Zweck für längere Zeit an einem Ort versammelt werden, der für alle genau die gleichen Bedingungen bietet, denn nur auf diese Weise ist es möglich, korrekte vergleichende Leistungswerte zu ermitteln. Seit 1974 hat eine mindestens 100 Tage währende, stationäre Leistungsprüfung für Hengste unter vier Jahren Gesetzeskraft, die vom Adelheidsdorfer Modell an Schärfe und Genauigkeit noch übertroffen wird.

Nach dem Vorbild der seit 1923 bestehenden Hengstprüfungsanstalt Zwion bei Georgenburg in Ostpreußen wurde im Jahre 1927 die Hengstprüfungsanstalt Westercelle gegründet. Der dafür vorgesehene Gebäudekomplex war der 1908 erbaute, sogenannte „Hannoversche Stall", ein ehemaliges Ausbildungs- und Verkaufszentrum für hannoversche Pferde, den die Gestütsverwaltung 1913 pachtete und 1918 ankaufte, zunächst für die Unterbringung von Landbeschälern. Westercelle liegt 3 km südlich des Landgestütes, das dazugehörende Trainingsgelände in Adelheidsdorf noch einige Kilometer mehr, beide getrennt durch die vielbefahrene Bundesstraße von Hannover nach Celle. Mit dem Aufschwung der Reitpferdezucht gewannen die Hengstleistungsprüfungen erheblich an Format und wurden schließlich gesetzlich vorgeschrieben. Westercelle genügte den gestellten Anforderungen nicht mehr. Die Gebäude waren teilweise baufällig geworden, die räumliche Entfernung zum Trainingsgelände und die Behinderungen bei mehrmaligen, täglichen Überquerungen der zunehmend verkehrsreichen Bundesstraße beeinträchtigten den Ausbildungsbetrieb erheblich. Deshalb entstand auf dem bereits um die Jahrhundertwende erworbenen Trainingsgelände in Adelheidsdorf ein moderner Gebäudekomplex mit größerer Kapazität, der nicht nur die Hannoveraner des Landgestütes, sondern auch Hengste fremder Zuchtverbände aufnimmt.

*Junghengst beim Springen im Parcours während der Hengstleistungsprüfung in Adelheidsdorf.*

Die neue Anstalt ist nach rein zweckmäßigen und rationellen Erfordernissen angelegt und gilt als vorbildlich für die Bundesrepublik. Das zusammenhängende Gebäude, am Südrand des 32 ha großen Geländes gelegen, umfaßt vier Stallungen mit je 25 Boxen, dem Krankenstall mit vier Boxen, die Futterscheune, die Wagenremise, die Reithalle und die Longierhalle. Im Nebengebäude sind Kantine und Dienstwohnungen untergebracht. Die Hengstprüfungsanstalt untersteht dem Landstallmeister, die technische Leitung hat Obersattelmeister Lopp, und 26 Mitarbeiter sind im technischen Dienst tätig.

Alljährlich im November beziehen 35 Junghengste im Alter von 2½ Jahren ihre Boxen in Adelheidsdorf. Etwa zwölf kommen aus Hunnesrück, wo sie aufgewachsen sind, die übrigen wurden auf dem Hengstmarkt in Verden von privaten Züchtern erworben. Die Hengste sind, da sie aus allen Himmelsrichtungen des Zuchtgebietes zusammenkommen, naturgemäß unter sehr verschiedenen Umweltverhältnissen aufgewachsen. In Adelheidsdorf nun sind Stallhaltung, Futter, Klima, Bodenverhältnisse und Trainingsbedingungen für alle Hengste gleich.

Die Prüfungszeit dauert elf Monate, im Oktober des folgenden Jahres werden in einem zweitägigen Test die besten Leistungen ermittelt. Da angekörte Hengste meist schon im Alter von drei Jahren der Zucht zugeführt werden, muß in diesem Fall auf die erste Decksaison verzichtet werden. Für fremde Zuchtverbände und Züchter hingegen, die das erste Deckgeschäft nicht missen wollen, hat man die gesetzliche 3½monatige Hengstprüfung eingerichtet. Diese etwa 65 Hengste – sie stammen meist aus der Trakehner, Oldenburger, Holsteiner und hessischen Zucht – treffen Anfang August in Adelheidsdorf ein und werden Anfang November geprüft.

Die Eigenleistungsprüfung für Junghengste besteht aus zwei Teilen, dem Training und dem abschließenden Leistungstest. Die Bewertungsnote für das elfmonatige Training wird zum Abschluß vom Ausbildungsleiter vergeben und beinhaltet Temperament, Charakter, Konstitution, Futteraufnahme, Futterverwertung, Arbeitswilligkeit, Rittigkeit, Springanlage und allgemeine Leistungsfähigkeit. Der abschließende Leistungstest vor einer vom Ministerium berufenen Prüfungskommission bewertet das Leistungsvermögen im Geschirr und unter dem Sattel:

1. Prüfung vor der Traberkarre, 2000 m im Trab und 1000 m im Schritt nach Zeit und Tritt- bzw. Schrittlänge.
2. Prüfung unter dem Reiter, Rittigkeitsprobe in den Grundgangarten, Dressur und Springen, Geländeritt nach Zeit und Springstil und 2000 m Jagdgalopp nach Zeit und Sprunglänge.
3. Tierärztliche Verfassungsprüfung.

Die Bewertungsnoten werden in folgender Verhältnismäßigkeit gegeben: Trainingsnote 50 %, Trabzeit 5 %, Rittigkeit 20 %, Jagdgalopp 5 %, Schrittzeit 5 %, Stil im Gelände 10 % und Sprungzahl 5 %. Die Trainingsnote nimmt deshalb die Hälfte der Bewertung ein, weil sie über einen langen Zeitraum ermittelt wurde und nicht von einer guten oder schlechten Tagesform beim Leistungstest beeinflußt ist. Etwa 30–50 % der gestütseigenen Hengste, die den verschärften Mindestanforderungen nicht genügen, werden jeweils von der Zucht ausgeschlossen, während in der gesetzlichen 100-Tage-Prüfung der gestütsfremden Hengste etwa 10–15 % den Ansprüchen nicht genügen.

Celle liegt 40 km nördlich von Hannover entfernt, die Postanschrift lautet: Niedersächsisches Landgestüt, Spörckenstr. 14, 3100 Celle.

# Nordrhein-Westfälisches Landgestüt Warendorf

**W**estfalen ist ein Landstrich, der in früher Zeit über weite Strecken hin von unzugänglichen Sümpfen, Bruchwäldern und Ödlandgebieten durchsetzt war. Seit der Domestikation des Pferdes haben Wildpferdherden, unbehelligt vom Menschen, in diesen Enklaven Zuflucht finden und überleben können. Mit zunehmender Kultivierung des Landes aber wurden die Pferdeparadiese im Verlauf der Jahrhunderte ständig mehr eingeengt und bejagt, bis schließlich der Mensch die Wildpferdrefugien in Wildgestüte umwandelte, in denen er das Zuchtgeschehen kontrollierte und so die Wildlinge vor dem Aussterben bewahrte. Historische Überlieferungen – einige sind tausend Jahre alt oder noch älter – berichten von zahlreichen Wildgestüten, deren fünf noch bis in das vorige Jahrhundert hinein existierten. Im sogenannten Emscherbruch lebten robuste, kaltblutähnliche Wildlinge, im Volksmund wegen ihres urigen Aussehens „Dickköppe" genannt und in der Davert die etwas kleineren, ponyähnlichen „Davertnickels". Berühmt waren auch die wildlebenden Pferde des Duisburger Waldes und die des Senner Wildgestütes, die durch züchterische Einwirkung des Menschen starke Vollbluteinmischung erfuhren. Das letzte der Wildgestüte, der Merfelder Bruch bei Dülmen, besteht noch heute und ist weit über die Grenzen Westfalens hinaus bekannt. Das Aussehen dieser Wildlinge gleicht in vielen Merkmalen dem ausgestorbenen europäischen Wildpferd, dem Tarpan. Das Leben der Menschen in diesem Lande ist von Anbeginn viele Generationen hindurch vom Pferd begleitet und beeinflußt worden, und aufgrund dieser traditionellen „Pferdevergangenheit" liegen dem westfälischen Menschen die Pferdepassion und das Interesse für Pferdezucht im Blut. Das züchterische Geschehen aber hatte sich lange Zeit auf privater Ebene und nach den unterschiedlichen individuellen Vorstellungen vieler Züchter vollzogen, so daß von einheitlicher Zucht keine Rede sein konnte.

Im Vergleich zu anderen deutschen Landen entwickelte sich erst spät und ganz allmählich die Einsicht, der Zucht eine bestimmte Ordnung zu geben. Der

*Links: Das Rondell mit dem Gebäude für die Wohnung des Hauptsattelmeisters und der Kantine.*

59

Aufbau einer staatlich gelenkten und geförderten Landespferdezucht erfolgte fast hundert Jahre später als beispielsweise in Preußen oder Hannover. Nachdem Napoleon die europäischen Staaten durch viele nutzlose und überflüssige Feldzüge verwüstet und ausgeplündert hatte und nachdem er endgültig besiegt und entmachtet worden war, wurde das von ihm zwangsweise gegründete Königreich Westfalen im Jahre 1815 preußische Provinz. Zuversichtlich begann man mit dem Wiederaufbau, insbesondere auch der Landwirtschaft, die in jener Zeit natürlicherweise mit der Pferdezucht eng verbunden war. Die westfälischen Pferdezüchter, die sich nunmehr an der Preußischen Gestütverwaltung orientierten, beantragten die Errichtung von Landgestüten „zwischen Weser und Rhein".

Die Preußische Gestütverwaltung war zusammen mit dem Hofgestüt Trakehnen im Jahre 1732 gegründet worden und hatte bereits eine fast hundertjährige Erfahrung im Aufbau von Gestüten und in der Organisation des Gestütswesens gewonnen. Trakehnen, das zunächst nur Reit- und Wagenpferde für den Hof produzierte, wurde bald Hauptgestüt, und neben seiner ursprünglichen Aufgabe stellte es fortan vorwiegend den Beschälernachwuchs für die Landgestüte bereit.

Die Zusage des Oberstallmeisters von Jagow in Berlin für die Errichtung eines Landgestütes für die Rheinprovinz und Westfalen erfolgte schon 1816, die Verwirklichung aber sollte noch zehn Jahre auf sich warten lassen. Die Schwierigkeiten des Wiederaufbaues behinderten große Investitionen, so daß den einzelnen Regierungsbezirken zunächst nur wenige Junghengste aus den preußischen Hauptgestüten zur Verfügung gestellt werden konnten.

Der vom preußischen Oberstallmeister beauftragte Zuchtleiter für Westfalen und die Rheinprovinz war Heinrich Koehne, der dann auch die Leitung des im Jahre 1826 gegründeten Landgestütes Warendorf übernahm, das sowohl in der breiten Öffentlichkeit als auch an höchster Stelle starke Beachtung fand. 1827 wurde eine Körordnung erlassen, so daß seit dieser Zeit von einer planmäßigen Zucht in Westfalen gesprochen werden kann. Die ersten Beschäler waren 13 ostpreußisch gezogene Hengste, denen im Gründungsjahr 943 Stuten zugeführt wurden. Diese starke Beanspruchung erforderte eine Vergrößerung des Beschälerbestandes, im Jahre 1830 waren 50 und 1839 bereits 70 Hengste im Einsatz. Die ständig steigende Nachfrage machte 1839 die Einrichtung des Landgestütes Wickrath für die Rheinprovinz erforderlich, Warendorf war nun ausschließlich „Westfälisches Landgestüt". Im Jahre 1888 war der Bestand auf fast 100 Hengste angewachsen, so daß die Stallungen am Münstertor auf der linken Seite des Ems-Flusses nicht mehr ausreichten. Deshalb wurde am Stadtrand auf der rechten Emsseite in zweijähriger Bauzeit ein neuer Gebäudekomplex errichtet, der bis heute in mehrfach erweiterter Form die Landbeschäler beherbergt. Die alten Stallungen wurden erst 1977, nach anderweitiger Nutzung, abgebrochen.

*Besuchereingang des Landgestütes, der zunächst zum Rondell führt.*

Während der ersten 40 Jahre seines Bestehens befaßte sich das Landgestüt ausschließlich mit der Warmblutzucht, wohl mit der Absicht, Westfalen zu einer Remonteprovinz zu machen, die ständig Pferde für die Armee liefern und somit den Züchtern zu beträchtlichen Mehreinnahmen verhelfen sollte. Mit ausgesuchten edlen Hengsten versuchte man die groben bodenständigen Landschläge zu verbessern, um für die Armee ein brauchbares Pferd zu schaffen. Doch das Experiment war zum Scheitern verurteilt, weil andere preußische Zuchtgebiete aufgrund besserer Voraussetzungen, wie beispielsweise günstigere Aufzuchtbedingungen, weitaus bessere und preiswertere Pferde liefern konnten. Die 1837 ins Leben gerufenen Remonteämter und -märkte mußten kaum 20 Jahre später wegen mangelhaften Angebotes ihre Pforten schließen.

Der bodenverbundene westfälische Züchter verlangte ein schweres Warmblutpferd für die Arbeit im intensivierten Ackerbau, das ruhig und umgänglich und leicht zu handhaben war. Diesen Wünschen entsprechend stellte die Gestütsverwaltung neben einigen wenigen Vollblütern und Ostpreußen überwiegend schwere Warmbluthengste auf; Hannoveraner, Oldenburger und Ostfriesen prägten jetzt das Bild des Landgestütes. Die Vielfalt der Rassen aber verhinderte eine einheitlich ausgerichtete Zucht. Deshalb beschloß der Provinzialverband auf einer großen Versammlung im Jahre 1894 in Hamm, die Zucht vornehmlich auf das Oldenburger Pferd auszurichten. Eine größere Gruppe von Züchtern jedoch mochte diesem Beschluß nicht folgen, da sie mit Hannoveranern weitaus bessere Erfolge zu verzeichnen hatten, und die weitere Entwicklung sollte ihnen recht geben. Nach wenigen Jahren mußte man einsehen, daß man eine wenig sinnvolle Entscheidung getroffen hatte. Die Nachkommen der Oldenburger und Ostfriesen, denen die reiche Futtergrundlage der Marschböden und wohl auch die klimatischen Bedingungen fehlten, zeigten Degenerationserscheinungen. Einem weiteren Versuch, durch Anglo-Normänner-Hengste wieder Nerv, Trockenheit und Gangvermögen in die Zucht zu bringen, war ebenfalls kein dauerhafter Erfolg beschieden. Die Beschäler *Verrier, Famos* und *Franklin* konnten nur vorübergehend einen stärkenden Einfluß auf die westfälische Warmblutzucht ausüben. Der zusätzliche Einsatz von Traberhengsten zeigte keinerlei Erfolg. Die Entwicklung dieser experimentierfreudigen, damals so benannten „Edelzucht" – die Bezeichnung würde uns heute beim Anblick der relativ groben und unedlen Tiere befremden – endete mit dem Ersten Weltkrieg. Das Landgestüt besaß jetzt 90 Beschäler dieses Typs.

Mittlerweile war auch der Grundstein für die Kaltblutzucht in Westfalen gelegt worden, die gleich von Anbeginn weit folgerichtiger als die Warmblutzucht aufgebaut wurde und später Weltruhm erlangte. Zwar hatte man schon in früheren Jahren mit englischen Suffolk-Hengsten Kaltblutpferde gezüchtet, doch war keine klare Linie zu erkennen. Die Zuchtgrundlage war schmal, so daß ständig Importe nötig waren, um der Nachfrage gerecht zu werden. Dabei erfreuten sich eingeführte belgische Kaltblüter mit der Zeit zunehmender Beliebtheit. 1881 wurden die beiden Original-Belgierhengste *Flick* und *Flock* angekauft und im Landgestüt zum Einsatz gebracht. Die Blütezeit der Kaltblutzucht aber sollte in die erste Hälfte unseres Jahrhunderts fallen. Im Jahre 1920 standen etwa 120 Kaltblutbeschäler in den Stallungen, deren Zahl sich bis zum Ende des Zweiten Weltkrieges verdoppelte und damit den höchsten Stand in der Geschichte des Landgestütes erreichte.

Nach den vorausgegangenen Fehlschlägen in der Warmblutzucht faßte die Mitgliederversammlung des seit 1904 bestehenden Westfälischen Pferdestammbuches nach dem Ersten Weltkrieg den Entschluß, die Zucht in Zukunft auf hannoverscher Grundlage weiterzuführen. Die Nachkommen der Landbeschäler *Herrscher, Burgadler, Amadeus, Amaranth* und *Sonnenschein* erfüllten das damalige Zuchtziel eines gutmütigen und leichtfuttrigen, kräftigen und gängigen Arbeits-, Reit- und Wagenpferdes in hervorragender Weise und prägten zwischen den beiden Weltkriegen viele Jahre hindurch das Erscheinungsbild der westfälischen Warmblutzucht.

Der im Jahre 1888 bezogene neue Gebäudekomplex, bestehend aus dem Stall I mit dem parkähnlichen Rondell, dem Landstallmeisterhaus und dem Boxenstall, war mittlerweile wegen Raummangels mehrfach erweitert worden.

*Die einst weltweit bekannte Kaltblutzucht bevorzugt heute den mittelschweren, beweglichen Typ. Zwei Warendorfer Kaltblutbeschäler: der Braune ‚Tonus‘ (oben) und der Fuchshengst ‚Tory I‘ (unten).*

Oben links: Die Turm-
uhr von Stall I.
Oben rechts: Das Land-
stallmeisterhaus am
Rondell, links außerhalb
liegt das Verwaltungs-
gebäude.

Zu Beginn unseres Jahrhunderts wurden die Reithalle mit Stall II und im Verlauf der 30er Jahre der Stall III erbaut.

Am letzten Tag des Zweiten Weltkrieges im Mai 1945 waren die Landbeschäler, wie stets zu dieser Jahreszeit, auf ihren Deckstationen im Einsatz. Die im westlichen Zuchtgebiet stationierten Beschäler und auch die des Landgestütes Wickrath hatte man kurz vor Kriegsende wegen der näherrückenden Kampfhandlungen zunächst ins Landgestüt zurückgeholt und dann weiter in östlicher Richtung in Marsch gesetzt. Sie erreichten ihr Ziel, das Landgestüt Celle, aber nicht mehr, sondern wurden unterwegs vom Waffenstillstand überrascht. Fast alle Hengste hatten die Kriegsereignisse heil überstanden. Die Gestütanlage hingegen kam nicht ungeschoren davon, die Gebäude wurden vorübergehend als Unterkunft für ehemalige Kriegsgefangene genutzt, die für ihre täglichen Kochfeuer allmählich alle hölzernen Einrichtungen dezimierten, bis nur noch Rudimente der Wirtschaftsgebäude vorhanden waren. Die Rauhfutterbestände waren unbrauchbar geworden, denn man hatte sie zweckentfremdet als Polster für die Lagerstätten verwendet. Der Wagenpark ging vollständig verloren, und auch wertvolle Dokumente und die Bibliothek wurden ein Opfer der Nachkriegswirren. Anschließend wurde das Gestüt Durchgangslager für Ostvertriebene, bis schließlich gegen Ende 1947 ein Teil der Gebäude wieder seiner ursprünglichen Bestimmung zugeführt werden konnte.

Die allgemeine wirtschaftliche Not nach dem Krieg führte zu einer erheblichen Vergrößerung der Pferdebestände. Fahrzeuge und Maschinen, vor allem in der Landwirtschaft, waren knapp geworden und meist überaltert, und

Treibstoff gab es so gut wie gar nicht. Deshalb wurden in verstärktem Maße schwere Wirtschaftspferde gebraucht, die zu dieser Zeit wohl zum letzten Mal das Zuchtgeschehen bestimmten. Um 1950 erreichte namentlich die Kaltblutzucht einen nie dagewesenen Rekord, aber auch schwere Warmblutpferde waren stark gefragt. Zwischen 1945 und 1950 gingen etwa 230 Kaltblutbeschäler und 110 Warmbluthengste auf Station, ein Gesamtbestand von etwa 340 Pferden, der in der Geschichte des Gestütes bislang einmalig dastand. Dann aber gingen die Zahlen rapide zurück, die zunehmende Technisierung der Landwirtschaft verdrängte zuerst den Kaltblüter und dann auch das warmblütige Wirtschaftspferd, bis um die 60er Jahre der absolute Tiefstand erreicht war. Während die Warmblutzucht ein völlig neues Ziel anstrebte, setzte sich die fallende Tendenz der einst weltweit bekannten westfälischen Kaltblutzucht unaufhaltsam fort.

1957 wurde das Landgestüt Wickrath aufgelöst, das seit 1839 zur Entlastung Warendorfs für die Rheinprovinz zuständig gewesen war. Wickrath diente in den ersten 40 Jahren seines Bestehens zunächst hauptsächlich der Warmblutzucht mit einem bunten Gemisch von Landbeschälern verschiedener Rassen, unter ihnen nur wenige Kaltblüter. Erst um 1880 wurde es d a s Landgestüt für die Rheinische Kaltblutzucht, ein Begriff für Pferdekenner in aller Welt. Vor dem Ersten Weltkrieg besaß das Gestüt 210 Kaltbluthengste, die vorwiegend auf belgischer Grundlage gezogen waren, und einige Veredlerhengste. Mit der Auflösung Wickraths wurden die dort noch vorhandenen Beschäler nach Warendorf überwiesen, das nunmehr wie in seinen Gründungsjahren, wieder für Westfalen und das Rheinland zuständig ist. Heute stehen zehn Kaltbluthengste in Warendorf. Der Typ hat sich gewandelt, im Gegensatz zum ursprünglich großen, massigen Belgiermodell bevorzugt man nun den vom Schweden-Ardenner beeinflußten kleineren, leichteren und wendigen Kaltblüter mit flottem Gangvermögen, der nicht nur in der Land- und Forstwirtschaft und von den Brauereien gefragt ist, sondern auch neuerdings als unkompliziertes und umgängliches Freizeitpferd immer mehr Freunde findet. Außerdem hat sich der Minister für Ernährung, Landwirtschaft und Forsten des Landes Nordrhein-Westfalen, zu dessen Ressort das Landgestüt seit Kriegsende gehört, die Aufgabe gestellt, mit der Erhaltung des Kaltblüters in letzter Minute ein wertvolles Kulturgut vor dem Aussterben zu bewahren.

Im Gegensatz zur weiterhin absinkenden Kaltblutzucht erschien für die Warmblutzucht in den 60er Jahren ein Silberstreifen am Horizont. Der rasch populär werdende Reitsport gewann das Interesse breiterer Bevölkerungsschichten, und mit zunehmendem Wohlstand hatte auch der Zuschauer den Wunsch, selbst aktiv zu werden, und sei es nur, um in der Freizeit mit dem Partner Pferd Umgang zu pflegen und spazierenzureiten. Reiten war schon bald nicht mehr das exklusive Vergnügen weniger Privilegierter, sondern wurde zum Volkssport, der durch die in unserer Gesellschaft erweiterte Freizeit noch beträchtlich an Ausdehnung gewann. Um 1960 existierten in

Westfalen 242 Reitervereine mit zusammen 21 000 Mitgliedern, die insgesamt 80 Turniere veranstalteten; im Jahre 1977 waren die Zahlen auf 374 Vereine mit 70 250 Mitgliedern und 246 Turnierveranstaltungen angestiegen. Bei den Vereinsmitgliedern handelt es sich nicht nur um solche, die ihr eigenes Pferd im Vereinsstall in Pension stehen haben, sondern auch um jene, die, ohne ein eigenes Pferd zu besitzen, gegen Gebühr auf Verleihpferden ihrer Passion nachgehen. Außerdem muß die große Zahl von Freizeitreitern erwähnt werden, die ihr Privatpferd am Haus halten und meist keinem Verein angehören. Für die Warmblutzucht ergab sich daraus die Folgerung, ein vielseitig verwendbares Reitpferd zu schaffen, das breitgefächerten Ansprüchen genügt. Umgängliches Temperament und gutmütiger Charakter wurden wesentliche Merkmale des Zuchtzieles. Denn in den letzten Jahren hat sich erwiesen, daß nicht so sehr die weltbekannten Hochleistungs-Pferdestars, deren Zahl immer nur gering sein kann, die Existenzbasis für eine Zucht bilden, sondern vielmehr die befähigten Allroundpferde, mit denen auch weniger sachkundige Pferdefreunde umgehen können. Sie bilden die Masse der Pferdekäufer und bringen das Geld, das einer Zucht-Basis zum Leben verhilft.

Die westfälische Warmblutzucht orientierte sich an den neuen Notwendigkeiten und verbesserte die Rasse mit dosierter Einmischung von Veredlerhengsten. Der Erfolg war durchschlagend. Die Qualität der Warendorfer Beschäler und die der Hengste des Celler Landgestütes steht heute auf gleichem Niveau.

Die Gestütleiter im Verlauf der Geschichte des Landgestütes Warendorf, die immer auch in zuchtpolitischer Hinsicht mit den in ihrem Zuchtgebiet zahlen-

*Das reiterliche Niveau im Landgestüt Warendorf kann vor allem im Dressurreiten als erstklassig bezeichnet werden. Vorbildlich ist die zwanglose, leichte Zügelführung beider Reiter. „Die Pferde tragen sich selbst", ein Ausbildungsstadium, das für viele Reiter nur ein schöner, unerfüllter Traum bleibt.*
*Links: Der Dunkelfuchs ‚Adlerfels', geb. 1968, von ‚Adlerfarn', unter Obersattelmeister Kukuk in der Piaffe.*

mäßig stark vertretenen Privathengsthaltern zu rechnen hatten, waren in zeitlicher Folge seit der Gründung bis heute:

von 1826 bis 1841 Gestütaufseher Koehne

von 1841 bis 1847 Landstallmeister von Schwichow

von 1847 bis 1849 Rechnungsführer Boehme (kommissarische Leitung)

von 1849 bis 1877 Gestütdirektor Brenken

von 1877 bis 1887 Gestütdirektor von Heuser

von 1887 bis 1892 Gestütdirektor von Bonin

von 1892 bis 1899 Gestütdirektor von Saldern

von 1899 bis 1901 Gestütdirektor Graf von Sponeck

von 1901 bis 1919 Landstallmeister Frhr. von Schorlemer
（anschließend Gestütleiter in Dillenburg)

von 1919 bis 1929 Landstallmeister Holtmann-Hamerle

von 1929 bis 1935 Oberstallmeister Frhr. von Nagel

von 1935 bis 1939 Landstallmeister Stapenhorst
（anschließend Gestütleiter in Dillenburg)

von 1939 bis 1966 Landstallmeister Bresges
（zuvor Gestütleiter in Dillenburg)

seit 1966 Landstallmeister Dr. Lehmann, gleichzeitig Direktor der
Deutschen Reitschule
Stellvertreter Regierungs-Amtsrat Sangmeister
Technische Leitung Hauptsattelmeister Freye

*Rechts: Landbeschäler ‚Hirschberg‘, geb. 1969, von ‚Hirschfänger‘, unter Hauptsattelmeister Freye im Schultrab.*

*Ein Lehrgang der Deutschen Reitschule auf dem Rondell. Im Hintergrund die Kantine und Stall I.*

Warendorf ist heute, nach der Schließung Wickraths, das einzige staatliche Landgestüt in Nordrhein-Westfalen. Das Gestütsgelände ist ringsum von Wohnsiedlungen eingeschlossen, der Eingang für das Publikum liegt versteckt in einer Seitenstraße, so daß der ortsunkundige Besucher zumeist erst einmal vorbeiirrt, obwohl dezente Hinweisschilder den Weg deuten. Ist der Zugang aber gefunden, so bietet sich dem erstaunten Betrachter ein hübscher kleiner, sehr gepflegter Park mit alten Bäumen und farbenfrohen Ziersträuchern, ringsum begrenzt vom Verwaltungsgebäude, dem Boxenstall, der alten Reithalle, dem Beschälerstall I mit der Turmuhr, der Kantine und dem Landstallmeisterhaus. Ein Sand-Rundlauf ist für die Bewegungsarbeit der Hengste angelegt. Rechterhand führt ein Tor zum großen Paradeplatz, der von der Reithalle, den Ställen II und III und der Schmiede eingefaßt wird. Der gepflegte Gesamteindruck verstärkt sich beim Gang durch die Stallungen, die zu jeder Zeit sauber und aufgeräumt wirken. Dem Publikum sind die öffentlichen Besuchszeiten täglich von 9–12 Uhr und 15–18 Uhr außer samstags und sonntags empfohlen. Doch auch an diesen beiden Tagen wird der passionierte Pferdeliebhaber nicht vor verschlossenen Türen stehen, eine Stallwache ist gern zu Auskünften bereit. Während der Decksaison von Mitte Februar bis Mitte Juli ist im Gestüt eine Deckstation mit zehn Hengsten besetzt, auch zu dieser Zeit sind Besucher willkommen.

Der Landstallmeister verfügt über 74 Mitarbeiter, die Angehörigen der Deutschen Reitschule, das Büropersonal und die handwerklichen Dienste eingeschlossen. Die offiziellen Rangfolgebezeichnungen im Gestütsdienst sind: Hauptsattelmeister, Obersattelmeister, Sattelmeister, Landgestüthauptwärter, Landgestütoberwärter, Landgestütwärter und Landgestüthilfswärter. Im

*Landgestüt Warendorf. Landbe-
schäler ‚Damokles' im Mitteltrab unter
einem der jüngsten Mitglieder der
Gestütsmannschaft, dem 16jährigen
Willi Horsthemke.*

69

Landgestüt Warendorf,
Hengstparade.

Oben: Der Sechserzug
vor der Postkutsche
(Mail Coach) im flotten
Trab.

Links: Die Koppel der
acht Kaltbluthengste.

Gestüt stehen insgesamt 126 Beschäler, und zwar 102 Warmbluthengste, zwölf Vollblüter, zwei Araber, zehn Kaltblüter und einige für die Deckzeit geliehene Hengste.

Ein vergleichender Rückblick auf den Beschälerstand im Verlauf der Entwicklung des Gestütes illustriert den Umfang des Zuchtgeschehens in den jeweiligen Zeitabschnitten:

| Jahr: | Warmbluthengste und Veredlerhengste | Kaltbluthengste | insgesamt |
|---|---|---|---|
| 1826 | 13 | – | 13 |
| 1830 | 50 | – | 50 |
| 1840 | 70 | – | 70 |
| 1850 | 80 | – | 80 |
| 1860 | 75 | – | 75 |
| 1870 | 75 | – | 75 |
| 1880 | 99 | – | 99 |
| 1890 | 85 | 16 | 101 |
| 1900 | 52 | 59 | 111 |
| 1910 | 97 | 90 | 187 |
| 1920 | 90 | 121 | 211 |
| 1930 | 80 | 150 | 230 |
| 1940 | 99 | 207 | 306 |
| 1945 (Höchstbestand) | 95 | 238 | 333 |
| 1950 | 112 | 218 | 330 |
| 1955 | 67 | 107 | 174 |
| 1960 | 70 | 70 | 140 |
| 1965 | 68 | 54 | 122 |
| 1970 | 95 | 20 | 115 |
| 1975 | 115 | 11 | 126 |
| 1977 | 116 | 10 | 126 |

Hinzu kommen einige von privaten Züchtern geliehene Hengste.

In der Zeit von Mitte Februar bis Mitte Juli stehen die Landbeschäler für fünf Monate auf 50 vom Gestüt unterhaltenen Deckstationen, die über das gesamte Land Nordrhein-Westfalen verteilt sind. Auch im Gestüt selbst ist eine Station eingerichtet. Durch die weiträumige Verteilung der Deckstellen sollen den Züchtern zeitraubende Anmarschwege für den Stutentransport erspart bleiben, zudem hat sich erwiesen, daß die Befruchtungsrate der Stuten durch die Aufregung auf längeren Transporten sinkt. Die Gestütsbeamten sind zumeist seit vielen Jahren schon auf ihren angestammten Deckstationen tätig. Der Stutenbestand und die lokalen Verhältnisse ihres Bezirkes sind ihnen wohlvertraut, und sie genießen das Ansehen der Züchter, denen sie in allen züchterischen Situationen mit Rat und Tat zur Seite stehen. Die hervorragende reiterliche Ausbildung befähigt die Gestütsbeamten zudem, nach Feierabend in den umliegenden örtlichen Reitervereinen als Reitlehrer zu wirken, so daß das Landgestüt auch auf diesem Gebiet seinen fördernden Einfluß im Lande ausübt. Neben dem Landgestüt besteht in Nordrhein-Westfalen außer den

*Der dunkelbraune Hengst ‚Donnersberg‘, geb. 1974, von ‚Douglas‘ – die Mutter ist eine Tochter von ‚Frühling‘ – ist frei von Veredlerblut in der ersten Generation. Dennoch lassen ihn seine Größe, sein Rahmen, sein Bewegungsablauf und seine Knochenstärke, verbunden mit der gewünschten Trockenheit, dem angestrebten Idealtyp recht nahe kommen.*

*Der braune Veredler ‚Angelo xx‘, geb. 1962, von ‚Olivieri‘, gilt heute als der erfolgreichste Vollblut-Leistungsvererber in der deutschen Warmblutzucht. Seine Nachkommen waren in schweren Prüfungen aller reitsportlichen Disziplinen siegreich.*

*Der schwarze Veredlerhengst ‚Garamond‘, geb. 1963, von ‚Gabriel‘, ist Trakehner und der Spitzenvererber im Rheinland.*

staatlichen noch eine Anzahl privater Deckstationen mit insgesamt etwa 150 Warmbluthengsten und 25 Vollblütern.

Nachdem alle Hengste von den Deckstellen ins Landgestüt zurückgekehrt sind, beginnen einige Wochen später, nach der Urlaubszeit der Gestütsangehörigen, die Vorbereitungen für die alljährlichen Hengstparaden, die dreimal, jeweils am Donnerstag und dem darauffolgenden letzten Sonntag im September und am ersten Sonntag im Oktober, stattfinden. Die Hengstparade, die sich nach dem Ersten Weltkrieg aus der Hengstvorführung für Züchter zur Großveranstaltung entwickelte, ist weit über die Grenzen des Landes hinaus bekannt. Viele Zuschauer kommen von weither angereist, und auffallend ist die hohe Besucherzahl aus den westlichen Nachbarländern, wobei im Trubel des Geschehens die holländische Sprache überwiegt. 20 Programmnummern geben

*Unten: Warendorfer Hengstparade. Aktionstraber neben galoppierendem Hengst, vom Reiter geführt.*

*Random, ein äußerst schwierig zu fahrendes Dreiergespann voreinander, das großes Können des Fahrers und absoluten Gehorsam der Hengste voraussetzt und daher auf öffentlichen Schauen recht selten zu sehen ist.*

dem Fachmann einen Überblick über die Qualität der Beschäler und das allgemeine Ausbildungsniveau von Pferd und Reiter bzw. Fahrer. Für den pferdeinteressierten Laien sind die farbenfrohen und rasanten Schaubilder ein nicht alltägliches Erlebnis, das auch auf diese Weise dem durch das Landgestüt begründeten Ruf der Stadt Warendorf, die „Stadt des Pferdes" zu sein, eine nachhaltige Wirkung verleiht. In der Programmfolge verdienen die Vorführungen im Dressurreiten der Klassen M und S und die Große Dressurquadrille besonderen Respekt, das Ausbildungsniveau der Warendorfer Mannschaft und der Pferde dürfte unter den Staatsgestüten der Bundesrepublik auf diesem Sektor wohl den ersten Rang einnehmen. Auch das urwüchsige Bild der Kaltblüter-Koppel wird stets von besonders lautem Jubel begleitet, und als eine der Attraktionen vermittelt die exakt durchgeführte Zweispännergalopp-quadrille in ihrem flüssigen Tempo den Eindruck eines fröhlichen Wagen-rennens. Ausschnitte aus der Hengstparade des Landgestütes werden auch außerhalb des Heimatortes vorgeführt und sind als Rahmenvorführungen auf großen hippologischen Veranstaltungen des In- und Auslandes ein gefragter Höhepunkt.

Das Landgestüt Warendorf verfügt nicht über ein eigenes Hengstaufzuchtgestüt wie beispielsweise Celle, alle Nachwuchshengste werden auf dem freien Markt erworben. Deshalb vergibt das Westfälische Pferdestammbuch seit 1970 für wertvolle Hengstfohlen, die Beschälerqualitäten erwarten lassen, eine Aufzuchtprämie mit der Verpflichtung, daß die Hengste im Alter von 2½ Jahren zur Körung vorgestellt werden. Das Landgestüt zahlt bei Ankauf der Hengste gute Preise. Sie sind so bemessen, daß sie für den Züchter ein echter Anreiz sind, sich mit der Hengstaufzucht zu befassen. Die große Zahl der alljährlich im Zuchtgebiet Nordrhein-Westfalen vorgestellten Junghengste (etwa 250, angekört annähernd 30) spricht für den Erfolg und ermöglicht eine wirkungsvolle Auswahl, denn nur aus einer erstklassigen, möglichst breiten Basis kann sich letztendlich eine dauerhaft hohe Qualität ergeben.

Die 2½ jährigen Junghengste werden alljährlich im Oktober auf den mit der Hauptkörung verbundenen Hengstmärkten in Münster (Westfalen) und Langenfeld (Rheinland) angekauft, und gelegentlich interessiert sich die Gestütsleitung auch für besonders hervorragende Hengste auf dem hannoverschen Hengstmarkt in Verden/Aller. Die im In- und Ausland erworbenen Vollblut-

hengste müssen die gesetzlich vorgeschriebene Mindestleistung auf der Rennbahn nach dem Generalausgleichsgewicht erbracht haben und sind deshalb bereits volljährig (vier, fünf oder sechs Jahre alt). Für den Ankauf aller Hengste sind Abstammung, Exterieurmerkmale und die zu erwartende Leistungsfähigkeit die entscheidenden Kriterien. Die jährlich angekauften etwa 10–15 Remonten werden einer seit vielen Jahren erprobten, nunmehr auch gesetzlich vorgeschriebenen Leistungsprüfung unterzogen, die sich mit Unterbrechungen über einen Zeitraum von zwei Jahren erstreckt. Zunächst aber müssen sich die Neulinge physisch und psychisch an die völlig neuen Fütterungs- und Haltungsbedingungen gewöhnen, denn bislang führten sie in den meisten Fällen ein freies Weideleben, das nun abrupt sein Ende findet. Nach etwa drei Monaten, Anfang Januar, werden die Junghengste behutsam angeritten und schon in der zweiten Februarhälfte auf den Deckstationen schonend eingesetzt. Nach ihrer Rückkehr wird ab Mitte August die reiterliche Ausbildung fortgesetzt und zur Hengstparade zeigen sie dem Publikum als „junge Remonten" unter dem Reiter die ersten Gehorsamkeitsübungen. Im Oktober folgt dann die Zugleistungsprüfung und daran anschließend über zwei Wochen

*Oben: Im Juni und Juli werden alle in Westfalen geborenen Fohlen auf öffentlichen Schauen vorgestellt, bewertet und mit dem Brandzeichen versehen. Der Leiter des Landgestütes, Landstallmeister Dr. Lehmann (zweiter von rechts), hat als Mitglied der Kommission die Möglichkeit, schon jetzt die Hengstfohlen zu beurteilen und seine erste Auswahl von Beschälerkandidaten zu treffen.*

hin die zweispännige Ausbildung vor dem Ackerwagen, zuerst mit einem älteren, bereits ausgebildeten Hengst als Beipferd und dann zusammen mit einem Altersgefährten. Den Winter über steigert sich die dressurmäßige Ausbildung, und nebenher wird das Springen geübt. Ende Januar findet für die jetzt vierjährigen Hengste Teil II der Leistungsprüfung statt, und anschließend beginnt die zweite Deckperiode auf den Stationen im Lande. Im Herbst werden die nunmehr „alten Remonten" auf der Hengstparade in der geschlossenen Dressurabteilung und im Springen vorgeführt. Im Spätherbst endet die Leistungsprüfung mit der dritten Teilaufgabe und dem abschließenden Trainingsprotokoll. Aufgrund des vielgestaltigen und weit auseinandergezogenen Prüfungsverfahrens ist den Richtern eine fünfmalige Beurteilung der Hengste in verschiedenen Entwicklungsstadien möglich, damit ergibt sich ein umfassendes Bild eines jeden Tieres, und eine gute oder schlechte Tagesform fällt kaum ins Gewicht. Später werden die Hengste bei vorhandener Veranlagung zwischen den Deckperioden in der klassischen Dressurausbildung weiter gefördert, so daß einige bereits die Grand-Prix-Reife, andere das S-Klasse-Niveau und mehrere jüngere bislang die M-Dressur erreichen konnten.

*Ein junger Landbeschäler in der Hengstleistungsprüfung während des Geländerittes.*

Die Hengstleistungsprüfung des Landgestütes Warendorf gliedert sich in vier Teilabschnitte und stellt folgende Anforderungen:

*1. Teil:* Im Oktober die Zugleistungsprüfung vor dem Zugschlitten für dreijährige Hengste, die im Herbst des Jahres zuvor im Alter von 2½ Jahren angekauft wurden.

*2. Teil:* Im folgenden Jahr Ende Januar–Anfang Februar für die nun vierjährigen Hengste die Rittigkeitsprüfung: Reiten in der Abteilung und Einzelvorstellung auf dem Viereck 20 × 40 m im Schwierigkeitsgrad der Dressurklasse A, außerdem Freispringen.

*3. Teil:* Im folgenden Oktober für die immer noch vierjährigen Hengste (zusammen mit der Zugleistungsprüfung der Dreijährigen des neuen Jahrganges) die Reitpferdeprüfung Klasse L mit Mindestleistung gemäß LPO. Über gesonderte Streckenabschnitte werden dabei Schritt-, Trabritt- und Galoppsprunglänge gemessen. Sodann folgen die Tierärztliche Verfassungsprüfung sogleich nach der Galoppteilprüfung und abschließend das Springen im Parcours der Klasse L.

*4. Teil:* Am letzten Tag der Prüfung muß der Prüfungskommission das Trainingsprotokoll eines jeden Hengstes vorgelegt werden, das über den gesamten Prüfungszeitraum hinweg folgende Eigenschaften in Einzelnoten bewertet: Temperament, Charakter, Konstitution, Futteraufnahme und Futterverwertung, Arbeitswilligkeit, Rittigkeit, Springanlage, Manier bei der Arbeit und allgemeine Leistungsfähigkeit.

In der deutschen Pferdezucht wird die Zuchtfolge durch sogenannte Hengstlinien dokumentiert. Alle männlichen Nachkommen (nur Deckhengste) eines Linienbegründers sind lückenlos verzeichnet und geben einen Überblick über die Erbfolge. Ein Linienbegründer ist ein Beschäler, der einer Zucht erstmalig eine besonders durchschlagende Charakteristik verliehen und weitervererbt hat.

Das westfälische Warmblutpferd ist heute ein Hauptrepräsentant der Zucht des „Deutschen Reitpferdes". Die größere Zahl der Warendorfer Beschäler geht auf hannoversche Hengstlinien zurück, einige neue Linien wurden durch andersrassige Hengste begründet. Einige der bedeutendsten Hengstlinien der Warmblutzucht in Nordrhein-Westfalen sind:

*Flick – Fling*-Linie (Hannoveraner)

*Devil's own xx – Detektiv*-Linie (Hannoveraner)

*Adeptus xx – Alderman*-Linie (Hannoveraner)

*Goldschaum xx – Goldfisch*-Linie (Hannoveraner)

*Rittersporn xx – Ramzes*-Linie (Anglo-Araber)

*Tempelhüter*-Linie (Trakehner)

*Dampfroß*-Linie (Trakehner)

und mehrere Vollblüter-Linien, wie

*Der Löwe xx, Dark Ronald xx, Ferro xx, Teddy xx* und andere.

*Ein großer züchterischer Erfolg war ‚Radetzky‘, geb. 1951, Sohn des berühmten Anglo-Arabers ‚Ramzes‘, der im Hengstbestand des Landgestütes 14 Nachkommen hinterließ, unter ihnen die Landbeschäler ‚Realist‘, DLG-Siegerhengst 1970, und ‚Romadour II‘, DLG-Siegerhengst 1976.*

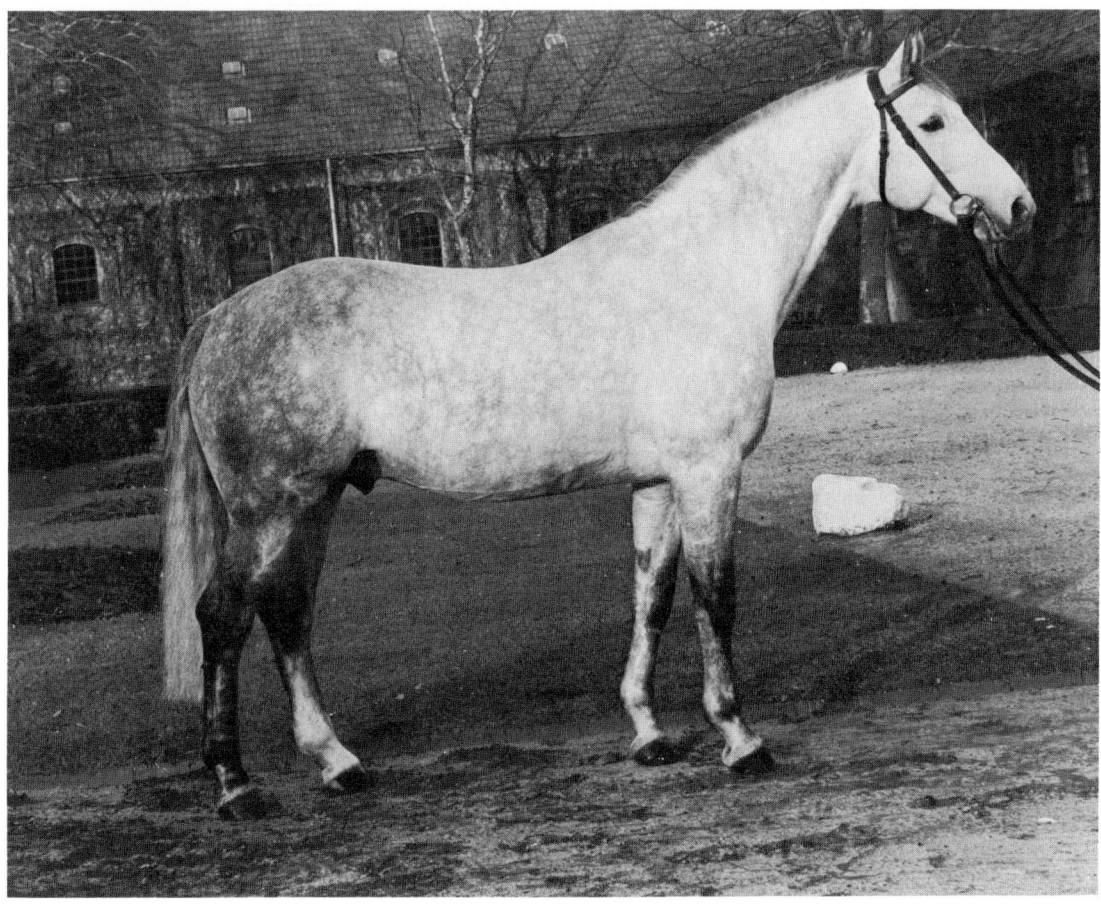

*Von arabischer Prägung ist der ‚Radetzky‘-Sohn ‚Riesling‘, geb. 1970; die Mutter ist eine Tochter von ‚Grünspecht‘. Aufgrund seiner hohen reiterlichen Veranlagung und seiner Vererberqualität zählt er zu den Spitzenbeschälern des Landgestütes.*

*Drei Söhne von ‚Radetz-ky' im Landgestüt: ‚Ravel', ‚Rendant' und ‚Riesling'.*

Das gesamte Zuchtgebiet wird vom Westfälischen Pferdestammbuch e. V. in Münster und vom Rheinischen Pferdestammbuch e. V. in Bonn betreut. In beiden Bereichen zusammen sind etwa 12 000 Zuchtstuten eingetragen, damit ist Nordrhein-Westfalen nach Niedersachsen das zweitgrößte geschlossene Warmblutzuchtgebiet in der Bundesrepublik. Voraussetzung für die erfolgreiche Entwicklung einer Landeszucht ist die gedeihliche Zusammenarbeit zwischen dem Landgestüt und den Zuchtverbänden, die in Nordrhein-Westfalen als optimal bezeichnet werden kann und sich höchster fachlicher Anerkennung erfreut. Anläßlich der DLG-Schau in München 1976, auf der die westdeutschen Zuchtgebiete mit Ausnahme von Schleswig-Holstein und Rheinland-Pfalz vertreten waren, konnte Nordrhein-Westfalen große Erfolge verzeichnen. Von zehn zu vergebenden Ia-Preisen fielen fünf an Kinder von Warendorfer Hengsten. Darüber hinaus stellte das Landgestüt mit dem Westfalen *Romadour II* den Siegerhengst in der Gruppe „Deutsches Reitpferd". Die hohe Auszeichnung des Max-Eyth-Preises für die beste Ausstellungskollektion wurde dem Westfälischen Pferdestammbuch zuerkannt. An zweiter Stelle rangierte die Sammlung des Rheinischen Pferdestammbuches. Neben dem Siegerhengst *Romadour II* stellte das Landgestüt für Westfalen den Dunkelbraunen *Regreß,* für das Rheinland den Rappen *Pasternak* und für das

*Einer der bedeutendsten Vererber der Westfälischen Warmblutzucht war der dunkelbraune Landbeschäler ‚Grünspecht‘, geb. 1944, von ‚Gründer‘; hier im Alter von 23 Jahren.*

*Der dunkelbraune Hengst ‚Frühling‘, geb. 1960, von ‚Frühschein‘, hinterließ sein Erbe gleichermaßen durchschlagend in Zucht- und in Leistungspferden. Acht Söhne und Enkel befinden sich im Warendorfer Hengstbestand; herausragendes Turnierpferd war ‚Minister‘, Vizemeister der deutschen Springpferde 1977.*

*Ein Spitzenbeschäler des Landgestütes ist der Dunkelbraune ‚Romadour II‘, geb. 1969, von ‚Romulus‘, Siegerhengst der Rassengruppe „Deutsches Reitpferd“ der DLG-Schau in München 1976.*

*Der dunkelbraune Vollblut-Veredler
,Windesi xx', geb. 1970, von
,Frontal', verkörpert das Ideal-
modell eines Vollblutbeschälers für
die Reitpferdezucht (Widerristhöhe
166 cm, Brustumfang 193 cm und
Röhrbeinstärke 20,8 cm). Er war
DLG-Siegerhengst der Spezialrassen
in München 1976.*

Direktorium für Vollblutzucht und Rennen den Dunkelbraunen *Windesi xx*
aus, den die Fachleute für den besten Hengst der Spezialrassen hielten.

In der langen Geschichte der DLG-Ausstellungen war es bisher noch keinem
Landgestüt gelungen, eine derart qualitätsvolle, ausgeglichene Hengstkollek-
tion zu zeigen. Die Krönung des Erfolges war der Sieg der westfälischen
Mannschaft in der DLG-Gebrauchsprüfung für Reitpferde.

So wie das Niedersächsische Landgestüt Celle mit seiner Hengstprüfungsanstalt Adelheidsdorf verfügt auch Warendorf über eine für die Bundesrepublik
beispielgebende Besonderheit: Die Deutsche Reitschule. Der Initiator für die
Gründung dieses Instituts war der ehemalige Landstallmeister Bresges, der in
einer Zeit des Niederganges der deutschen Reiterei mit Passion für die
Erhaltung und Pflege der Grundsätze und Methoden der klassischen Reitkunst
eintrat. Mit dem Versuch, die Beschäler außerhalb der Decksaison für die
fortgeschrittene reiterliche Ausbildung bereitzustellen und umgekehrt den
Hengsten eine dressurmäßige Ausbildung angedeihen zu lassen, wurde 1955
zunächst die „Höhere Reit- und Fahrschule" am Landgestüt ins Leben gerufen. Diese Schule ging 1959 in der „Deutschen Reitschule" auf, die vorerst
vom Deutschen Olympiade-Komitee für Reiterei verwaltet und 1968 dann
dem Landgestüt angegliedert wurde. Zielsetzung ist die Pflege und Verbreitung der klassischen Reitkunst und anderer Reitsportdisziplinen auf überregio-
naler Ebene, vornehmlich für die Ausbildung von Berufsreitern und Turnierfachleuten und in Sonderlehrgängen für qualifizierte Amateure. Zu allen
Lehrgängen sind männliche und weibliche Teilnehmer zugelassen.

Der halbjährlich erscheinende Lehrplan sieht folgende Ausbildungsfächer vor:
1. Ausbildung und Fortbildung sowie Prüfung von Berufsreitern
   (Bereiter, Reitlehrer, Reitmeister)
2. Förderung qualifizierter Amateure (Dressur, Springen, Amateurreitlehrer)
3. Schulung und Prüfung von Turnierfachleuten
   (Turnierrichter, Parcoursgestalter, Hilfspersonal)

Leiter der Deutschen Reitschule ist Reitmeister (FN) Dr. W. Hölzel. Die praktische und theoretische Ausbildung in allen Fachgebieten der Reiterei wird vom Ausbildungsleiter, anerkannten Fachkräften und qualifizierten Gestütsbeamten durchgeführt. Für die Ausbildung stehen etwa 40 schuleigene Reitpferde zur Verfügung, Gestütshengste kommen nur in besonderen Lehrgängen zum Einsatz. Privatpferde können von den Lehrgangsteilnehmern mitgebracht werden. Für die Unterbringung männlicher Teilnehmer steht ein Internat zur Verfügung, weibliche Teilnehmer finden in nahegelegenen Gasthöfen preiswerte Unterkunft. Die Schule betreut etwa 500 Schüler im Jahr und ist damit bis an die Grenze ihrer Leistungsfähigkeit ausgelastet. Das Ausbildungsniveau der Deutschen Reitschule liegt zwischen dem der Landesreitschulen und dem des Deutschen Olympiade-Komitees für Reiterei und nimmt damit auf nationaler Ebene einen ersten Rang ein.

*Unten: Die offiziellen Brandzeichen der Pferdezuchtverbände in Nordrhein-Westfalen.*

Warendorf liegt 30 km östlich von Münster entfernt, die Postanschrift des Landgestütes lautet: Nordrhein-Westfälisches Landgestüt, Sassenberger Straße 11, 4410 Warendorf.

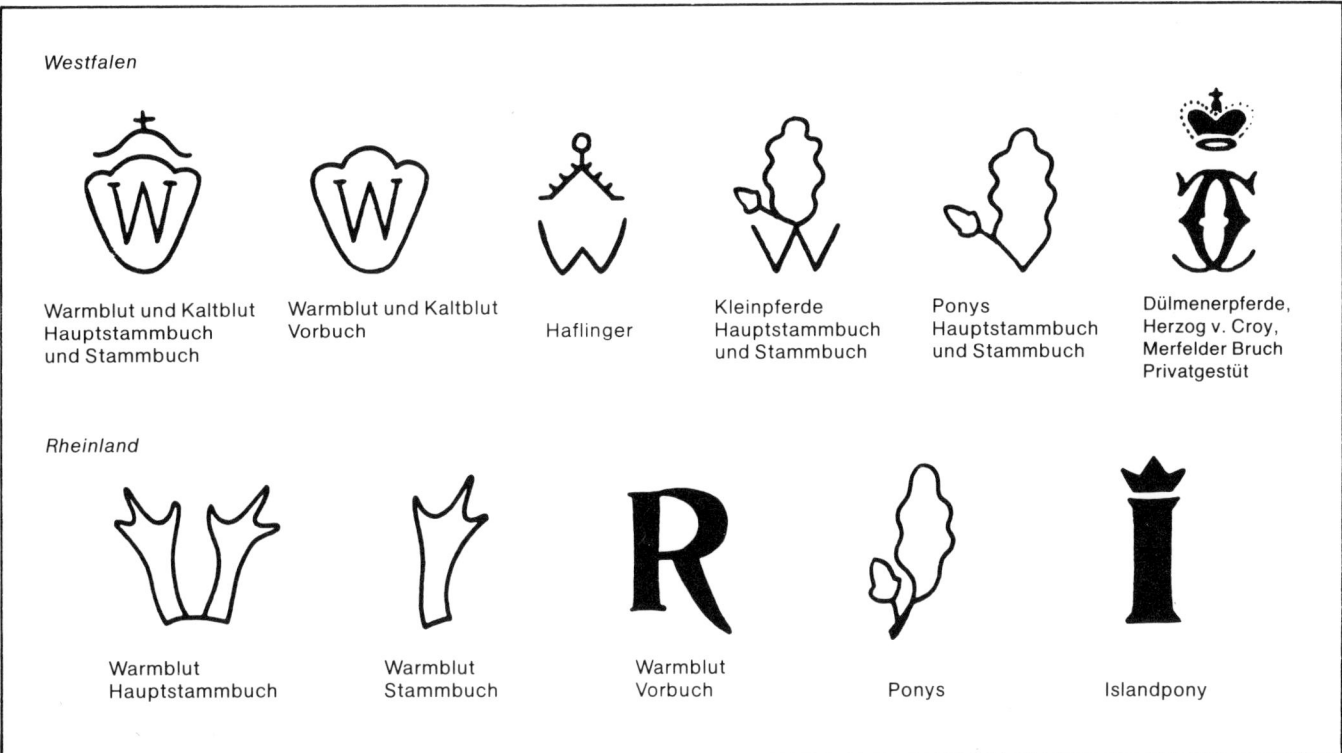

Westfalen

Warmblut und Kaltblut Hauptstammbuch und Stammbuch

Warmblut und Kaltblut Vorbuch

Haflinger

Kleinpferde Hauptstammbuch und Stammbuch

Ponys Hauptstammbuch und Stammbuch

Dülmenerpferde, Herzog v. Croy, Merfelder Bruch Privatgestüt

Rheinland

Warmblut Hauptstammbuch

Warmblut Stammbuch

Warmblut Vorbuch

Ponys

Islandpony

# Hessisches Landgestüt Dillenburg

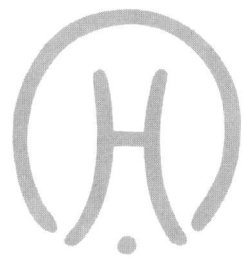

D ie in prähistorischer Zeit in Europa lebenden Wildpferde bevorzugten natürlicherweise Lebensräume, die ihnen klimatisch und bodenmäßig die günstigsten Lebensbedingungen boten. Als der Mensch die natürliche Umwelt durch Kultivierung entscheidend veränderte und die Pferde einerseits domestizierte und andererseits jagdlich dezimierte, drängte er die verbleibende, ständig sinkende Zahl der wilden Pferde in zunächst nicht beanspruchte Enklaven zurück. Sofern sie nicht gestört wurden, vermochten die Restherden der Wildpferde meist in jenen Landstrichen am besten zu überdauern, in denen sie schon in der Urzeit die günstigsten Überlebenschancen hatten. Aber die Wildpferde-Dorados wurden immer kleiner, und der Mensch kontrollierte die Wildgestüte, indem er die wildlebenden Pferde durch wechselnd beigegebene Hengste andersartiger Rassen zu veredeln versuchte. Diese von altersher in ihren angestammten Lebensräumen verbliebenen, wenn auch vom Menschen züchterisch veränderten Pferde bezeichnet man als bodenständige Landrassen. Sie waren nach heutigen Begriffen manchmal recht unedel und unharmonisch, weil häufig Kreuzungsversuche unternommen wurden, die aufgrund verschiedener Urabstammung der Pferde nicht ineinander aufgehen konnten. Regionen, in denen wenig vermischte bodenständige Landschläge beheimatet waren, wurden später oftmals zusammenhängende Pferdezuchtgebiete, die berühmte Kulturrassen hervorbrachten.

Das alte, überwiegend konstante Erbgut der Landschläge, die seit Urzeiten unter denselben klimatischen Bedingungen und auf derselben Scholle lebten, konnte im Verein mit der geglückten Veredlung durch eine Rasse, die genetisch harmonisierte, Pferde von relativ einheitlichem Erscheinungsbild hervorbringen. Besonders treffende Beispiele hierfür sind die ostpreußische Zucht, die weitgehend auf dem Landschlag der ponyähnlichen „Schweiken", einem Tarpanabkömmling, basiert, und das Englische Vollblut, das neben orientalischen Pferden seine Leistungsfähigkeit und Ausdauer wie auch seine vornehmlich braune Fellfarbe nicht zuletzt dem bodenständigen Exmoorpony verdankt.

*Links: Die Wilhelmstraße in stadtauswärtiger Richtung mit den Gebäudefronten von Stall I (vordere Ecke), der alten Reithalle und Stall III. Rechts und links der Reithalle die beiden Einfahrtstore zum „Brunnenhof" (vorn) und in den „Wirtschaftshof" (hinten).*

Ein anderes Beispiel für die Existenz wildlebender Pferde, die seit alter Zeit bis in die Gegenwart hinein überlebten, ist Westfalen.

Im benachbarten Hessen-Nassau vermochten wildlebende Pferde nicht zu überdauern, und wahrscheinlich waren sie auch nie in großer Zahl vorhanden, denn bis auf einige wenige, in zeitgenössischen Dokumenten erwähnte Landstriche schienen die Bodenverhältnisse für Pferde nicht besonders günstig zu sein, und vielleicht auch wurden sie frühzeitig ausgerottet. Aber es gibt Hinweise, daß Wildpferde in nassauischen Landen einst vorhanden waren. Als frühes historisches Dokument ist ein Bericht von Bonifatius an den Papst überliefert, in dem er um 720 bemängelte, daß die Einwohner des Landes sich noch immer vom Fleisch wilder Pferde ernährten; eine Sitte, die der Christianisierung nicht ins Konzept paßte, weil Pferde für die Germanen Opfertiere waren, in denen das heidnisch-kultische Brauchtum fortlebte. In einer weiteren Überlieferung wird das Stift Fulda um 821 als Besitzer von wilden Pferden erwähnt, und noch im Mittelalter gab es Verbote und ausdrücklich privilegierte Rechte für das Fangen wilder Pferde. Um der bäuerlichen Pferdezucht Vorschub zu geben, bedachte Papst Urban II. um 1095 die arbeitenden Ackerpferde mit Gottes Segen, und sogar Pfarrer wurden angewiesen, Beschäler für die Zucht zu halten.

Zuchthistorisch gesehen aber waren die bäuerlichen Zuchten bedeutungslos und von mangelhafter Qualität. Eine züchterische Planung oder gar ein bestimmtes System gab es nicht. Nach der Feldarbeit entließen die Bauern die Stuten einfach in die freie Gemarkung der Gemeinde, wo sie ihr Futter suchen mußten und der gemeindeeigene Hengst sie im Fall der Rossigkeit deckte. Erst viel später erfuhren die wildlebenden Bauernpferde aufgrund des fürstlichen Bedeckungszwanges durch Marstallhengste eine allmählich zunehmende Veredlung. Aber einen nachhaltigen Einfluß, wie beispielsweise die tarpanähnlichen Schweiken in Ostpreußen oder die unverkreuzten Exmoorponys in England, haben die typlosen hessischen, bodenständigen Landschläge in den Edelzuchten nicht hinterlassen. Die Grafen von Nassau experimentierten anfangs unabhängig von der bodenständigen Zucht, die ihnen nicht genügte, mit importierten Pferderassen verschiedenster Art ausschließlich für den eigenen Bedarf, und Dokumente aus der Zeit zwischen 1460 und 1570 belegen, daß alle guten Deckhengste im Besitz des Fürstenhauses waren.

Offenbar schien die Kreuzungszucht der fremden Pferderassen, die untereinander ähnliches Erbgut aufwiesen, von Erfolg gekrönt gewesen zu sein, denn in der ersten Hälfte des 16. Jahrhunderts war Nassau für die Zucht seiner Reit- und Kutschpferde berühmt. Ausländische Stallmeister kamen von weither angereist, um auf nassauischen Märkten Pferde für fremde Fürstenhöfe einzukaufen. Die verwandtschaftliche Bindung des Nassauer Geschlechtes mit dem niederländischen Haus Oranien bewirkte, daß andalusische Pferde, die von den Spaniern nach Holland gebracht worden waren, nach Nassau gelangten und großen Einfluß auf die Zucht ausübten. Die zu dieser Zeit außerordentlich

*Landgestüt Dillenburg, Hengstparade.*

*Rechts oben: Sechserzug vor der Mail-Coach in Englischer Anspannung, Fahrer Obersattelmeister Kunzemann.*

*Rechts unten: Ein Fuchsquartett aus der großen Dressurquadrille mit insgesamt 16 Hengsten.*

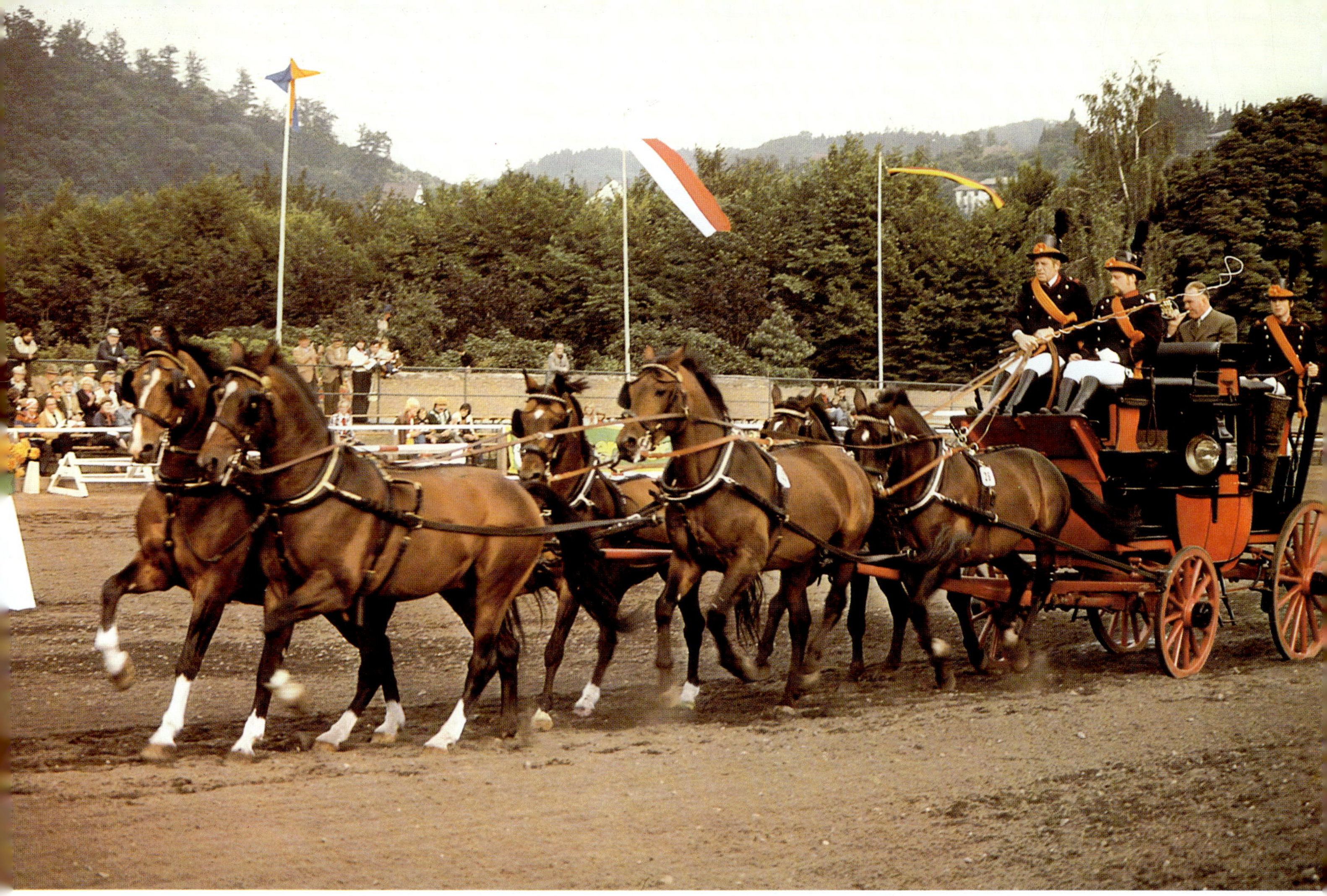

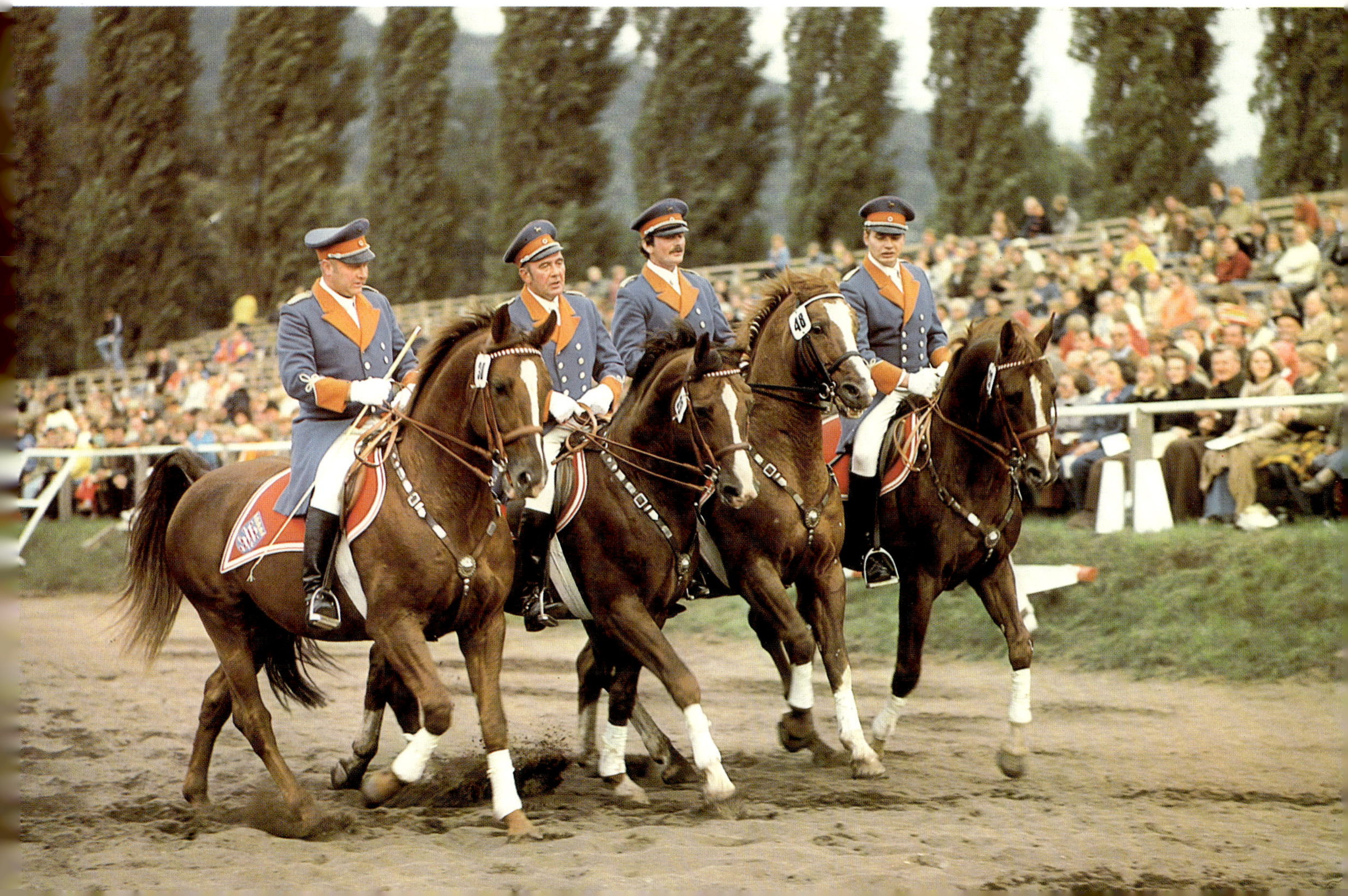
48

begehrten, sogenannten „Dillenburger Ramsnasen" waren Ergebnisse aus Kreuzungen dänischer und holsteinischer Stuten mit neapolitanischen, spanischen und orientalischen Hengsten. Als im Jahre 1567 ein spanisches Heer unter Führung des Herzogs Alba die Niederlande besetzt hatte, gelang es der nassauischen Befreiungsarmee unter Wilhelm von Oranien, im Verlauf der Kämpfe zahlreiche spanische Pferde zu erbeuten, die wiederum zur Verbesserung der nassauischen Pferdezucht beitrugen.

Die gräflichen Hengste deckten um 1615 gelegentlich auch die Stuten der Bauern im Lande, denn es wird von einer blühenden Pferdezucht in dafür geeigneten Gebieten im Westerwald berichtet. Dennoch wäre es verfrüht, hier von einer Landespferdezucht zu sprechen, die Hengste stammten alle aus dem direkt am Dillenburger Schloß gelegenen Hofgestüt und Marstall der Grafen von Nassau oder aus den Niederlanden, und derartige züchterische Unternehmungen wurden meist nur durchgeführt, um den Bedarf des Marstalls zu decken, der um diese Zeit bereits über 100 Pferde besaß.

Während des Dreißigjährigen Krieges, von 1618 bis 1648, wurde der Pferdebestand des Landes stark dezimiert. Mit dem Recht des Stärkeren requirierten durchziehende Truppen immer wieder alle Pferde, deren sie habhaft werden konnten. Die Bauern waren nicht in der Lage, die Verluste zu ersetzen, und verwendeten deshalb zunehmend Ochsen für die landwirtschaftliche Arbeit, die für militärische Dienste unbrauchbar waren und kaum beschlagnahmt wurden und mit denen weder Steuerabgaben noch Frohndienste verbunden waren. Das Hofgestüt blieb ebensowenig verschont wie der Züchter im Lande, so daß der Hof nicht selten gezwungen war, von den Bauern Pferde auszuleihen, sofern überhaupt noch welche irgendwo verborgen waren. Nach dem Westfälischen Frieden von 1648 besserte sich die allgemeine Situation während der zweiten Hälfte des 17. Jahrhunderts kaum. Hannoversche und westfälische Truppen hatten das Dillenburger Land besetzt und zwangen die Bevölkerung zu hohen Abgaben. Wiederholte Unwetterkatastrophen und Trockenheitsperioden hatten Futtermangel und Viehsterben zur Folge. Im letzten Jahrzehnt beschlagnahmten durchziehende Söldnerheere fast alle Viehherden, die übriggeblieben waren, und vernichteten die Erntebestände. Zwischenzeitlich sorgten Mäuseplagen für die Dezimierung der Getreidevorräte. Dennoch erholte sich die Pferdezucht, die durch fürstliche Maßnahmen eine straffe Lenkung erfuhr. Im Westerwald und in der Nähe von Dillenburg wurden Aufzuchthöfe für Pferde eingerichtet und großflächige Weiden eingezäunt. Die mittlerweile sehr verbreitete Ochsenhaltung belegte der Landesherr – wie zuvor schon die Pferdehaltung – mit Steuerabgaben, so daß jene ihren finanziellen Reiz verloren und die Bauern dann doch wieder die besser zu verwendenden Pferde bevorzugten.

In den geschichtlichen Annalen ist verzeichnet, daß Fürst Heinrich von Nassau und nachfolgend sein Sohn Wilhelm (zweite Hälfte 16. Jahrhundert bis 1724) „die Pferdezucht und das Landgestüt abermals zu hoher Blüte"

*Links:*
*Landgestüt Dillenburg,*
*Hengstparade.*
*Der Hannoveraner*
*Fuchshengst „Senator",*
*geb. 1960, von „Sender",*
*unter „einem Reiter*
*des 18. Jahrhunderts".*

89

brachten, was besagen will, daß die anfänglich nur periodisch und örtlich angeordnete Bedeckungspflicht bäuerlicher Stuten durch Marstallhengste nun zu einer ständigen Einrichtung wurde. Unter dem Begriff Landgestüt verstehen wir heute eine staatliche Institution, die ausschließlich für die Züchter im Lande arbeitet und sich weitgehend nach deren Wünschen beziehungsweise denen des Zuchtverbandes richtet und mit diesen Hand in Hand das Zuchtgeschehen bestimmt, das wiederum von den Wünschen der Käufer des freien Marktes abhängig ist. Das damalige „Landgestüt" hingegen war in Wirklichkeit das „Fürstlich-Oranien-Nassauische Hofgestüt zu Dillenburg", das in schlitzohriger Weise und unter Zwang über den bäuerlichen Züchter seinen Stutenbestand kostenlos erweiterte und die anfallenden guten Fohlen meist zu festgesetzten Billigpreisen erwarb. Eine Gepflogenheit, die unter den Landesherren der damaligen Zeit durchaus üblich und weit verbreitet war. Ein Trost für die Bauern war die Erlaubnis, daß Fohlen, die dem Marstall nicht genügten, auf dem freien Markt angeboten werden durften und dort meist einen guten Preis erzielten, weil sie im Vergleich zum allgemeinen Standard noch immer respektabel waren. Vornehmlich diese Tatsache begründete den guten Ruf der nassauischen Pferdemärkte, auf denen in den besten Zeiten vor 1735 etwa 400 Pferde überwiegend an ausländische Käufer veräußert wurden.

Die fürstlichen Gesetzesvorschriften für das „Landgestüt" sind aufschlußreich und eindeutig:

1. Die Stuten der Bauern durften nur von Marstallhengsten gedeckt werden.
2. Die Bauern durften ihre Stuten, die immerhin ihr Eigentum waren, nur in nichtträchtigem Zustand und auch dann nur mit behördlicher Genehmigung ins Ausland verkaufen. Bei Mißachtung beider Vorschriften war eine hohe Geldbuße fällig.
3. Jedes Fohlen mußte sogleich nach der Geburt dem Stallmeister des Hofgestütes gemeldet werden.
4. Stuten und Fohlen mußten alljährlich im Oktober im Dillenburger Hofgestüt vorgeführt werden, wo unter Ausübung des Vorkaufsrechtes die besten Fohlen für den Fürsten ausgewählt wurden. Weigerte sich ein Züchter, dieser Anordnung Folge zu leisten, so wurden seine Pferde beschlagnahmt.

Die „hohe Blüte der Pferdezucht" kam also vor allem der fürstlichen Schatulle zugute, und nur der Ausschuß blieb für die Züchter. Dennoch muß angenommen werden, daß die Bauern einigermaßen zufrieden sein konnten, in Eigeninitiative hätten sie niemals Deckhengste vergleichbarer Qualität erwerben können. Aber das „Landgestüt" blieb eine Zwangsmaßnahme, und daß die Bauern keineswegs freiwillig den Anordnungen folgten, geht aus der Tatsache hervor, daß die einstmals berühmte Pferdezucht völlig in Verfall geriet, als mit dem Regierungswechsel die strenge Gestütordnung ihre Wirkung verlor. Der neue Herrscher Fürst Christian, der von 1724 bis 1739 regierte, zeigte keinerlei Interesse für Pferde. Nichtfachleute wurden mit züchterischen Aufgaben betraut, und ungeeignete Beschäler mit fremdem Erbgut veränderten den bislang vorherrschenden Typ. Die Bauern mißachteten – als Extrem zum vorhergehenden Zwang – züchterische Regeln in grober Weise, und schließlich war die Zucht von derart minderer Qualität, daß sich keine Käufer mehr fanden, obwohl die Pferde zu niedrigsten Preisen angeboten wurden. Mit dem Tod Christians im Jahre 1739 starb die Dillenburger Linie des Nassau-Oranischen Herrscherhauses aus, und mit ihr versank die einstmals so berühmte Dillenburger Pferdezucht in der Vergangenheit.

In den folgenden beiden Jahrzehnten bis zum Siebenjährigen Krieg (1756–1763) wurden Maßnahmen verschiedener Art getroffen, um die Zucht wieder zu beleben, aber das frühere Niveau konnte nicht wieder erreicht werden. Der neue Landesherr, Prinz Wilhelm IV. von Oranien, ließ zunächst mehrere Gutachten von Fachleuten im Lande und aus Den Haag über den Zustand der Zucht erstellen. Die Mißstände wurden genau ermittelt, aber es fehlte an zuverlässigen und fähigen Männern, die notwendige Zielsetzungen durchsetzen und eingebürgerte Unsitten beheben konnten. Vor allem waren neu eingeführte Beschäler englischer und türkischer Abstammung die Ursache für ein falsch angesteuertes Zuchtziel. Ihre Nachkommen waren zu grob und zu schwer, sie zeigten Mangelerscheinungen und zu geringes Wachstum während der harten Weideaufzucht und mußten kostspieliges Zufutter erhalten, um in gutem Zustand zu bleiben. Niemand wollte sie kaufen, weil sie zuwenig Temperament zeigten und nur „als Karrengäule gut waren". Man erkannte nunmehr, daß Spanier, Neapolitaner und Holsteiner die geeigneten Hengste für die Dillenburger Zucht gewesen waren, denn die Nachkommen hatten sich vorzüglich als Reit- und Wagenpferde bewährt.

Für den Wiederaufbau der Zucht mußte zuerst eine geeignete Unterkunft für die Pferde gefunden werden. Die Stallungen am Schloß waren größtenteils „dünstig, dümpfig und feucht", was der Gesundheit der Tiere höchst abträglich war. Deshalb entschied man sich für die Aufzuchtstätte „Altes Haus" in der Nähe Dillenburgs, die über Tränke, Pferdeschwemme und nahegelegene Weiden verfügte. Der Hof war bereits 1658 von Graf Ludwig Heinrich für die Pferdezucht erbaut und genutzt worden und auch unter der Bezeichnung „Ludwigsborn" bekannt. Sodann wurde eine neue Gestütsordnung erlassen, die gegenüber dem früheren, strengen Erlaß einige Neuerungen aufwies, aber noch mehr Zwang beinhaltete. Zu den neuen Einrichtungen zählten vier Beschälstationen, die Einführung eines Stutbuches und das Markieren der Zuchtstuten durch Brandzeichen. Die Bestimmungen der alten Gestütsordnung wurden übernommen mit dem Zusatz, daß nur vom Hofgestüt nicht beanspruchte Hengstfohlen frei verkauft werden durften, der Handel mit weiblichen Pferden aber, ganz gleich welchen Alters, verboten war. Der neu ernannte Hof- und Landstallmeister von Ungern-Sternberg aus Den Haag hatte neun vorzügliche Neapolitaner-Hengste aus Dänemark eingeführt, und die Deckgebühren waren niedriger als je zuvor. Doch die Bauern weigerten

*Wilhelm V. von Oranien, der 1766 die Regierung übernahm, auf einer „Dillenburger Ramsnase". Diese Bezeichnung wäre anderenorts mit „Spanischer", „Neapolitaner", „Lipizzaner" oder „Holsteiner Ramsnase" ebenso zutreffend gewesen, denn alle Pferde dieser Zuchten waren Nachfahren importierter altspanischer Pferde, die als unverwechselbares Kennzeichen unter anderem einen ausgeprägten, schlanken, edlen Ramskopf hatten.*

sich, dem Zwang zu gehorchen. Sie zogen es vor, ihre Stuten im Ausland von weit weniger guten Hengsten decken zu lassen, um minderwertige Fohlen zu erhalten, was durchaus beabsichtigt war, denn mangelhafte Fohlen durften ins Ausland verkauft werden. Die Mißachtung der Gestütsordnung zugunsten des freien Handels läßt den Rückschluß zu, daß die Bauern trotz schlechter Qualität ihrer Pferde höhere Erlöse erzielten als bei Befolgung der Anordnungen des „Landgestütes", das noch immer vorrangig für das Privatinteresse des Hofes arbeitete.

Wilhelm IV. starb 1751 und für den noch minderjährigen Nachfolger Wilhelm V. nahm eine Vormundschaftskommission die Regierungsgeschäfte wahr. Sie lockerte die Bestimmungen der Gestütsordnung und gestattete den freien Verkauf von Stuten und Stutfohlen im In- und Ausland. Sogleich zeigten die Bauern ihren guten Willen, mit der Obrigkeit zusammenzuarbeiten, indem sie die Qualität der Pferde verbesserten und vermehrt züchteten, so daß auch der Hof seinen Nutzen davon hatte.

Im Jahre 1754 brach eine Epidemie (wahrscheinlich der hochinfektiöse Rotz) unter den Dillenburger Pferden aus, die trotz tierärztlicher Maßnahmen ein ganzes Jahr anhielt und viele Tiere dahinraffte, darunter eine größere Zahl wertvoller Beschäler. Kronprinzessin Anne von Großbritannien, Mutter und Vormund des jungen Prinzen, ersetzte sie 1757 durch sechs Neapolitaner-Hengste und eine Anzahl weiterer Pferde. In einem zeitgenössischen Bericht ist von „Tieren mit krummer Nase" die Rede, also von dem die spanische und neapolitanische Rasse kennzeichnenden typischen Ramskopf. Während des Siebenjährigen Krieges, im Jahre 1760, wurde das Dillenburger Schloß von den Franzosen belagert und zerstört, und die besten Pferde wanderten als Kriegsbeute nach Frankreich. Die restlichen Marstallpferde fanden schließlich nach einigen Irrfahrten in den Ställen des Dillenburger Gasthauses „Zur Krone" (heute „U-Boot"), die für 100 Pferde ausreichten, eine Unterkunft, wo sie dann über zehn Jahre blieben. Die Beschäler des Marstalls wurden in Ludwigsborn („Altes Haus") bei den übrigen Deckhengsten stationiert.

Um die Pferdezucht wieder zu beleben, wurde unmittelbar nach dem Siebenjährigen Krieg eine neue Gestütsordnung erlassen, die anfangs den freien Handel mit Stuten verbot. Da sich die Bauern aber äußerst renitent zeigten, wurden die Bestimmungen bald derart gelockert, daß nunmehr nur trächtige und im Stutbuch verzeichnete Stuten von der Einschränkung betroffen waren. In Holstein wurden fünf hervorragende Beschäler angekauft, und die Zucht erhielt, dank der Sachkenntnis und des nimmermüden Einsatzes von Ungern-Sternbergs, bald wieder einen guten Ruf. Er war auch der Initiator für den Neubau eines Marstalls am Fuße des Schloßberges an der Westseite der Wilhelmstraße, in dem heute das Landgestüt untergebracht ist. Der Grundstein wurde 1769 gelegt, die Bauzeit der einzelnen Gebäude, die aus den Trümmern des Schlosses errichtet wurden, zog sich über drei Jahre hin, so daß der Stallmeister, der 1771 starb, die Fertigstellung nicht mehr erlebte. Direkt neben den Stallgebäuden erhielt das Wohnhaus für die Prinzen seinen Standort, dessen Park an der Hinterseite sich bis zum Schloß hinauf erstreckt. Wilhelm V. von Oranien, der seit 1766 regierte, stiftete Züchterprämien und Ehrungen anderer Art, um das Interesse an der Pferdezucht zu heben, die zwischen 1770 und 1780 wiederum einen Höhepunkt erreichte. Von den Marstallhengsten wurden jährlich etwa 500 Stuten gedeckt. Doch schon im nächsten Jahrzehnt ging die Zucht stark zurück. Die Regierung hatte abermals, wider besseres Wissen, den freien Handel mit Stuten verboten, so daß die

Bauern nur geringe Erlöse erzielten oder aber gar nichts verkauften. Zudem hatte eine unfähige Gestütsleitung durch falsche Hengstwahl grobe Charakterfehler und gravierende Exterieurmängel in die Zucht einfließen lassen, so daß man im Ausland an Dillenburger Pferden nicht mehr interessiert war. Jedoch konnte um 1790 noch das große Reithaus des Marstalles errichtet werden. Der Beginn der Napoleonischen Kriege schließlich führte zum Ende der Dillenburger Zucht, die Beschäler wurden ins Ausland verkauft, geraubt oder beschlagnahmt, und mit dem Jahr 1806 hatte das Hofgestüt aufgehört zu existieren. Während der französischen Besetzung versuchte Murat, der als Großherzog von Berg eingesetzte neue Landesherr, um 1807 das Gestüt erneut in Gang zu bringen; doch schon im nächsten Jahr wurde er nach Italien versetzt und nahm alles mit, was im Gestüt nicht niet- und nagelfest war. Daraus wird deutlich, daß für die angebliche Neugründung der Zuchtstätte ausschließlich eigennützige Motive des Besatzungsherrn ausschlaggebend waren. Nach dem Krieg, von 1815 bis 1818, war Dillenburg vorübergehend noch einmal

*Oben: Ausfahrt des Reitplatzes über die Wilhelmstraße in die Einfahrt zum ,,Brunnenhof'', eine vorsichtgebietende Passage, da die öffentliche Straße zeitweise stärker von Kraftfahrzeugen befahren ist.*

Beschälstation, und damit endete die erste Epoche der wechselvollen Geschichte des Dillenburger Gestütswesens.

Das gesamte Gebiet Hessen-Nassau war damals in mehrere Fürstentümer aufgeteilt, und die einzelnen Landesherren unterhielten jeweils eigene Pferdezuchten in Privatbesitz mit mehr oder weniger eigennützigen, gelegentlich aber auch uneigennützigen Gestütsordnungen. In der Regel versorgten die privaten Hofgestüte die Marställe mit Gebrauchspferden, und hin und wieder wurden auch den bäuerlichen Züchtern im Lande einige Beschäler zur Verfügung gestellt, doch hatte das Zuchtgeschehen fast stets einen Gewinn für die herrschaftliche Schatulle abzuwerfen. Erst um 1810, als der Remontenbedarf für das Militär sprunghaft anstieg und die Hofgestüte die Nachfrage nicht mehr befriedigen konnten, waren die Landesherren in Hessen, aber auch anderenorts in Deutschland, gezwungen, von den Hofgestüten getrennte Landgestüte einzurichten, die ausschließlich der Landespferdezucht dienten.

In den nun folgenden 50 Jahren nach den Napoleonischen Kriegen und der Auflösung des Dillenburger Gestütes übten in Hessen-Nassau vier neu gegründete Landgestüte ihre Funktion aus. Das Landgestüt Kassel der Landgrafen von Kurhessen war das älteste, denn schon seit 1737 wurden von dem derzeitigen Hofgestüt Beschäler im Lande aufgestellt. Während der Napoleonischen Kriege hatte das Gestüt stark gelitten, und erst 1818 sah Kurfürst Wilhelm II. die Möglichkeit, eine Landespferdezucht aufzubauen. 1825 standen bereits 54 Beschäler auf 16 Stationen, die etwa 3000 Stuten deckten. Ein großer Teil der Hengste war unterschiedlicher Herkunft, neben mittelschweren Warmblutpferden aus Mecklenburg, Pommern, Hannover, Holstein und Oldenburg fanden einige Vollblüter und Halbblüter aus England Verwendung. Ein Drittel aller Hengste aber stammte aus dem privaten Hofgestüt Beberbeck

*Das hessische Landeswappen am Eingang des Verwaltungsgebäudes.*

des Kurfürsten, das bereits eine sehr alte Tradition aufzuweisen hatte. Ursprünglich begann die Zucht um 1490 auf der Basis wildlebender, bodenständiger Pferde im Reinhardswald in der Umgebung der Sababurg, früher Zapfenburg, durch konsequente Veredelung mit importierten Hengsten. Zum Schutz der Stutenherde ließ Landgraf Wilhelm IV. zwischen 1581 und 1591 ein etwa 130 ha großes Wald- und Wiesengelände mit einer drei Meter hohen Mauer umgeben, das bis heute als der berühmte „Mauerpark von Sababurg" erhalten ist. Jetzt macht man hier den Versuch, seltene und aussterbende Tierarten aus früherer Zeit wie Przwalskipferd, Tarpan, Exmoorpony, Wisent, Auerochs und einige Hirscharten zum Teil in Rückzüchtungen zu halten, um sie dem interessierten Beobachter in Ursprünglichkeit und relativer Freiheit vorzustellen, ein in seiner Großzügigkeit und Sachkenntnis vorbildliches Unterfangen. Nach dem Dreißigjährigen Krieg war die Zucht so stark dezimiert, daß sie im Freileben nicht mehr gelingen wollte. Deshalb ließ Landgraf Karl I. den ehemaligen Klosterhof Beberbeck zum Gestüt für 80 Pferde ausbauen und den Restbestand der Stuten dorthin überführen. Kurfürst Wilhelm II. verbesserte das Hofgestüt zu einer mustergültigen Zuchtstätte, die den Bedarf an Landbeschälern für die Landeszucht stellte und eine Isabellenzucht für den Marstall betrieb. Die edlen Beberbecker Halbblüter genossen einen so ausgezeichneten Ruf, daß die Anstalt im Jahre 1876 von der Preußischen Gestütverwaltung als Hauptgestüt übernommen und erst 1929 aufgelöst wurde.

Das Landgestüt Weilburg, nicht weit von Dillenburg gelegen, wurde 1811 von den Nassauern Herzog Friedrich August und Fürst Wilhelm gegründet. Es verfügte in der Anfangszeit nur über acht Hengste, die von 1815 bis 1818 im Dillenburger Gestüt auf Beschälstation waren. Einige Jahre später standen etwa 20 Beschäler, Warmblutpferde aus Norddeutschland und England, auf fünf Deckstationen in Taunus und Westerwald. Nach der Auflösung des Gestütes im Jahre 1866, als das Herzogtum preußisch wurde, gingen alle Hengste zunächst an das Landgestüt Wickrath. 1871 wurden 17 der Weilburger Hengste dann von dem inzwischen wieder eingerichteten Landgestüt Dillenburg übernommen.

Das Landgestüt Arolsen im Fürstentum Waldeck, von Fürst Friedrich ebenfalls im Jahre 1811 gegründet, lag in einem der bedeutendsten Pferdezuchtgebiete Hessens, dessen Tradition bis in das 17. Jahrhundert zurückreichte. Da aber die Anfänge der Zucht mit andalusischen und arabischen Hengsten, deren Nachkommen für die gestellten Anforderungen zu leicht gerieten, mißlangen, wurde 1852 eine Neugründung des Gestütes in Korbach mit schwereren Hengsten aus Mecklenburg und Hannover notwendig, die Pferde von ausreichendem Kaliber für die Landwirtschaft lieferten. 1868 mußte das Gestüt aufgrund finanzieller Schwierigkeiten aufgelöst werden, die Beschäler gingen an das Landgestüt Kassel.

Das Landgestüt Darmstadt, gegründet 1821 für das Großherzogtum Hessen, war später eine parallele Institution zu Dillenburg. Bis zu seiner Auflösung im

Zuge der allgemeinen Pferderezession zum Ende der 1950er Jahre betreute es den südlichen Teil Hessens. In den ersten dreißig Jahren seines Bestehens, bis etwa 1850, wurde es vornehmlich mit Beschälern aus dem Hauptgestüt Ulrichstein im Vogelsberg der Großherzöge von Hessen versorgt. Das um 1700 gegründete Hauptgestüt lieferte die Marstallpferde für den Hof und unterhielt außerdem sechs herrschaftliche Deckstationen für die Landeszucht. Die sogenannten „Ulrichsteiner Rappen" mit starker orientalischer Bluteinmischung waren als harte und ausdauernde Kavalleriepferde bekannt. Das Hauptgestüt wurde 1849 als unrentabel aufgegeben, die Beschäler übernahm das Landgestüt Darmstadt.

Im Jahre 1866 wurde Hessen-Nassau von Preußen annektiert. Die gesamte Verwaltungsstruktur erfuhr eine Änderung und führte unter anderem auch zu einer Neugliederung der Pferdezucht, die in diesen Jahren zumindest auf staatlichem Sektor ein recht stiefmütterliches Dasein fristete. Das Landgestüt Kassel, das mittlerweile nicht mehr am Schloß Wilhelmshöhe, sondern im Marstall eines kleinen, älteren Schlosses an der „Schönen Aussicht" in der

*Unten: Der „Brunnenhof" direkt hinter dem Stallgebäude I.*

*Das ehemalige Prinzen-
haus, heute Sitz
der Gestütsverwaltung.*

Stadt untergebracht worden war, hatte mit großen Schwierigkeiten zu kämpfen. Die Stallungen waren arbeitstechnisch äußerst unpraktisch und zudem baufällig geworden. Es fehlte ein Reitplatz zum täglichen Bewegen der Hengste, und die Gestütwächter wohnten weit entfernt, so daß in Notsituationen keine ausreichende Hilfe zur Stelle war. Vor allem der fehlende Reitplatz war der Anlaß für ständige Fehden zwischen dem Landstallmeister von Unger und der kurfürstlichen Verwaltung, die keinerlei Verständnis und Entgegenkommen zeigte. Die Hengste mußten gezwungenermaßen auf öffentlichen Straßen und Wegen im nahegelegenen Park „Karlsaue" geritten werden, was hin und wieder zu Unfällen, häufiger Gefährdung der Fußgänger und empörten Protesten in der Bevölkerung führte. Das Reiten auf öffentlichen Wegen war also schon damals ein Problem und ist auch heute vielerorts wieder von höchster Aktualität.

1868 erwog die Preußische Gestütverwaltung eine Verlegung des Landgestütes Kassel nach Dillenburg, Baron von Maltzan aus Berlin und Landstallmeister von Unger informierten sich am Ort. Die größte Schwierigkeit bereitete die Verlegung des Hauptsteueramtes, das seinen Sitz im Prinzenhaus und in der Reithalle des Gestütes hatte, die als Büro und Lagerhalle dienten. 1869 waren die Hindernisse dank einer finanziellen Beteiligung der Stadt Dillenburg überwunden, und die ersten Beschäler konnten 1870, nach der Decksaison, ihre Stallungen beziehen. Zunächst trafen die besten Hengste aus den Landgestüten Korbach und Kassel in Dillenburg ein, die weniger guten Tiere hatte man zuvor versteigert. Im nächsten Jahr folgten noch einige Hengste aus Marburg, die den Studenten als Schulpferde gedient hatten, und die vorerwähnten 17 Weilburger Yorkshire-Coach-Hengste, die in den vergangenen vier Jahren in Wickrath stationiert waren. Somit hatte die Zusammenfassung der Beschäler aus Kassel, Weilburg und Arolsen-Korbach zur Wiedergeburt eines „Königlich Preußischen Hessen-Nassauischen Landgestütes Dillenburg" geführt, das im Jahre 1871 bereits über 80 Landbeschäler verfügte. Landstallmeister von der Marwitz wurde der erste Gestütsleiter der neuen Ära, der ehemalige Kasseler Landstallmeister von Unger übernahm die Leitung des Landgestütes Celle in Niedersachsen. Das Landgestüt Darmstadt betreute als selbständige Institution den südlichen Teil Hessens bis zu seiner Auflösung 1958, dann wurden auch diese Hengste nach Dillenburg überführt, das zu jener Zeit für den Norden, nämlich Kurhessen und Hessen-Nassau, zuständig war. Die Dillenburger Gestütsanlage wurde erweitert, um 1880 konnten der Stall III südlich des Reithauses und 1901 Stall IV auf der anderen Seite der Wilhelmstraße bezogen werden. Der große Reit- und Paradeplatz neben diesem Stall wurde erst 1927 angelegt.

Bis etwa 1890 wurde in Hessen-Nassau ein mittelschweres Warmblutpferd gezüchtet, das als Reit- und Wagenpferd verwendet werden konnte und deshalb von der Heeres-Remontekommission angekauft wurde. Die Herkunft der Beschäler des Landgestütes war äußerst unterschiedlich, die Vielfalt der Rassen glich einer bunten Palette: Araber, Vollblüter, englische und deutsche

*Bábolna-Araberhengst ‚Ali Baba‘, geb. 1963 in Ungarn, von ‚Gazal VII‘, ein außergewöhnlich schönes Pferd.*

Halbblüter, Hannoveraner, Mecklenburger, Ostpreußen, Beberbecker, Graditzer, Oldenburger und einige Kaltblüter wurden zur Zucht eingesetzt. Aus diesem Rassengemisch konnte keine einheitliche Zuchtlinie entstehen, und so stellte folgerichtig die Remontekommission 1891 die Ankäufe ein, um ihren Bedarf fortan bei den qualitätvolleren Zuchten in Hannover und Ostpreußen zu decken. Für die Züchter wurde die Warmblutzucht damit uninteressant, und sie wendeten sich mehr und mehr der Produktion von schweren Arbeitspferden für die Landwirtschaft zu, für die eine große Nachfrage bestand. Zunächst bevorzugte man den kalibrigen Oldenburger und ging dann allmählich zum Kaltblutpferd über.

Das Landgestüt hatte 1879 erstmalig drei belgische Kaltbluthengste angekauft, und ihre Zahl vergrößerte sich bald, so daß sich das anfängliche Verhältnis ins Gegenteil verkehrte: Um 1900 standen schon 71 Kaltbluthengste und 63 Warmbluthengste in den Stallungen, um 1912 hatte sich die Zahl auf 130 Kaltblüter gegenüber 30 Warmblütern erhöht und um 1918 waren es 135 Kaltblüter, während die Warmblüter auf zehn Hengste reduziert worden waren. Die vorübergehende Gepflogenheit, Warmblutstuten von Kaltbluthengsten decken zu lassen, wurde vom Gestütsleiter nicht gern gesehen, da auf diese Weise die Zuchtlinien verwässert wurden. Der Trend zur Kaltblutzucht hielt unvermindert an, und nach dem Ersten Weltkrieg wuchs auch wieder der Bedarf an schweren Warmblutpferden, so daß vom Landgestüt 30 Oldenburger und sieben Hengste der ostfriesischen Rasse angekauft wurden, die sich in Hessen schon früher vorzüglich bewährt hatten.

Das Hauptinteresse der hessischen Bauern galt zwischen den beiden Weltkriegen der Kaltblutzucht, die einen beträchtlichen Aufschwung zu verzeichnen hatte und innerhalb der Preußischen Gestütverwaltung die siebente Stelle einnahm. Allerdings basierte die Zucht vornehmlich auf Beschälern, die fortwährend aus den Hochzuchtgebieten Rheinland, Westfalen, Belgien und Holland eingeführt wurden, nur wenige waren in Hessen gezogen. Bis zum Ende des Zweiten Weltkrieges pendelte der Bestand, mit einer stärkeren Schwankung vor dem Krieg nach unten, zwischen 130 und 140 Kaltblutbeschälern, hinzu kamen etwa 30 schwere Warmbluthengste aus Oldenburg und Ostfriesland. 1948 erreichten die Bedeckungsziffern mit nahezu 11 500 gedeckten Stuten ihren Höchststand. Das Gestüt hatte kaum unter Kriegseinwirkungen zu leiden, jedoch gingen nach Kriegsende die Akten über die Entwicklungsgeschichte des Gestüts verloren.

Von 1946 bis 1950 wurde Gustav Rau die Gestütsleitung übertragen, der im Krieg im Oberkommando des Heeres als Koordinator der Gestüte in den besetzten Ostgebieten tätig war. Sein Interesse galt weniger dem Dillenburger Zuchtgeschehen als vielmehr dem Wiederaufleben des deutschen Reitsportes, für dessen Aufbau er bereits in den 20er Jahren mit großem Engagement eingetreten war. So ließ er denn die Zucht, wenn nötig, lediglich durch Beschäler der bewährten Blutlinien ergänzen, gründete aber 1947 das Deut-

*Zwei Dillenburger Land-
beschäler mit stark
orientalischem Einschlag.*

sche Olympiadekomitee für Reiterei und eine zentrale Kommission für Pferde-
leistungsprüfungen. Dillenburg wurde vorübergehend ein Treffpunkt der deutschen Reiterelite. Die berühmte Stute Halla, mit der H. G. Winkler seine
internationalen Springerfolge errang, erhielt hier ihre erste Ausbildung.

In den 50er Jahren ging die Zahl der Kaltblutbeschäler allmählich zurück,
1960 deckten noch 72 Hengste, 1970 gingen nurmehr acht Beschäler auf
Deckstation, und gegenwärtig ist kein Kaltblüter mehr in den Stallungen zu
finden. Parallel zur Kaltblutzucht wurde auf eine qualitativ hochstehende
Auswahl Oldenburger und ostfriesischer Hengste Wert gelegt, jedoch genügte
dieser Typ bald nicht mehr den Anforderungen der Reiter. Mit der Zunahme

des Reitsportes wurde um 1960 mit einer Umstellung auf einen geeigneteren Reitpferdtyp begonnen, die ersten Vollblüter, Trakehner und Hannoveraner wurden als Deckhengste eingestellt.

Die grundlegende Änderung des Beschälerbestandes im Hinblick auf die Zucht eines „Deutschen Reitpferdes" erfolgte ab 1962, als Landstallmeister Holzrichter die Gestütsleitung übernahm. Während seiner Amtszeit bis 1976 wurden alle Kaltblüter und schweren Warmblüter abgeschafft und statt dessen Trakehner, Hannoveraner und Westfalen als Deckhengste angekauft. Einige Vollblüter und Araber dienten zur ständigen, dosierten Veredlung der Zuchtlinien. Mit dem Bau einer neuen großen und modernen Reithalle verabschiedete sich der Gestütsleiter von seinem Amt. Die Zucht des „Deutschen Reitpferdes" in Hessen wird von der gegenwärtigen Gestütsleitung trotz gravierender Umstellung in relativ kurzer Zeit als geglückt angesehen und kontinuierlich weitergeführt. Folgende Landstallmeister leiteten die Geschicke des Landgestütes Dillenburg seit seiner Wiederinbetriebnahme im Jahre 1870:

von 1870 bis 1896 von der Marwitz
von 1896 bis 1903 von Nathusius
von 1903 bis 1907 von Auerswald
von 1907 bis 1910 von Prittwitz und Gaffron
von 1910 bis 1919 Bieler
von 1919 bis 1921 Frhr. von Schorlemer
                (zuvor Gestütsleiter in Warendorf)
von 1921 bis 1922 von Reinersdorff
von 1923 bis 1926 Reuter
von 1926 bis 1935 Wachs
von 1935 bis 1939 Bresges (anschließend Gestütsleiter in Warendorf)
von 1939 bis 1941 Stapenhorst (zuvor Gestütsleiter in Warendorf)
von 1941 bis 1944 Grieffenhagen
von 1944 bis 1945 Wachs
von 1946 bis 1950 Dr. Rau
von 1950 bis 1962 Dr. Dencker
von 1962 bis 1976 Holzrichter
seit 1976 Dr. Wedekind
             Stellvertreter Rendant Kopp
             Technische Leitung Obersattelmeister Kunzemann
             Obersattelmeister Persch

Seit der Auflösung des Landgestütes Darmstadt im Jahre 1958 und der Überführung der dortigen Beschäler nach Dillenburg ist dieses das einzige staatliche Landgestüt in Hessen. Das Gestütsareal umfaßt eine Fläche von etwa 6,5 ha und ist ringsum von Wohnhäusern und einer verkehrsreichen Ausfallstraße umgeben. Außerdem führt die zuweilen recht belebte, öffentliche

*Rechts oben: Obersattelmeister Persch bei reiterlicher Ausbildung eines jüngeren Hengstes und rechts unten: in der praktischen Instruktionsstunde für die Gestütsbeamten.*

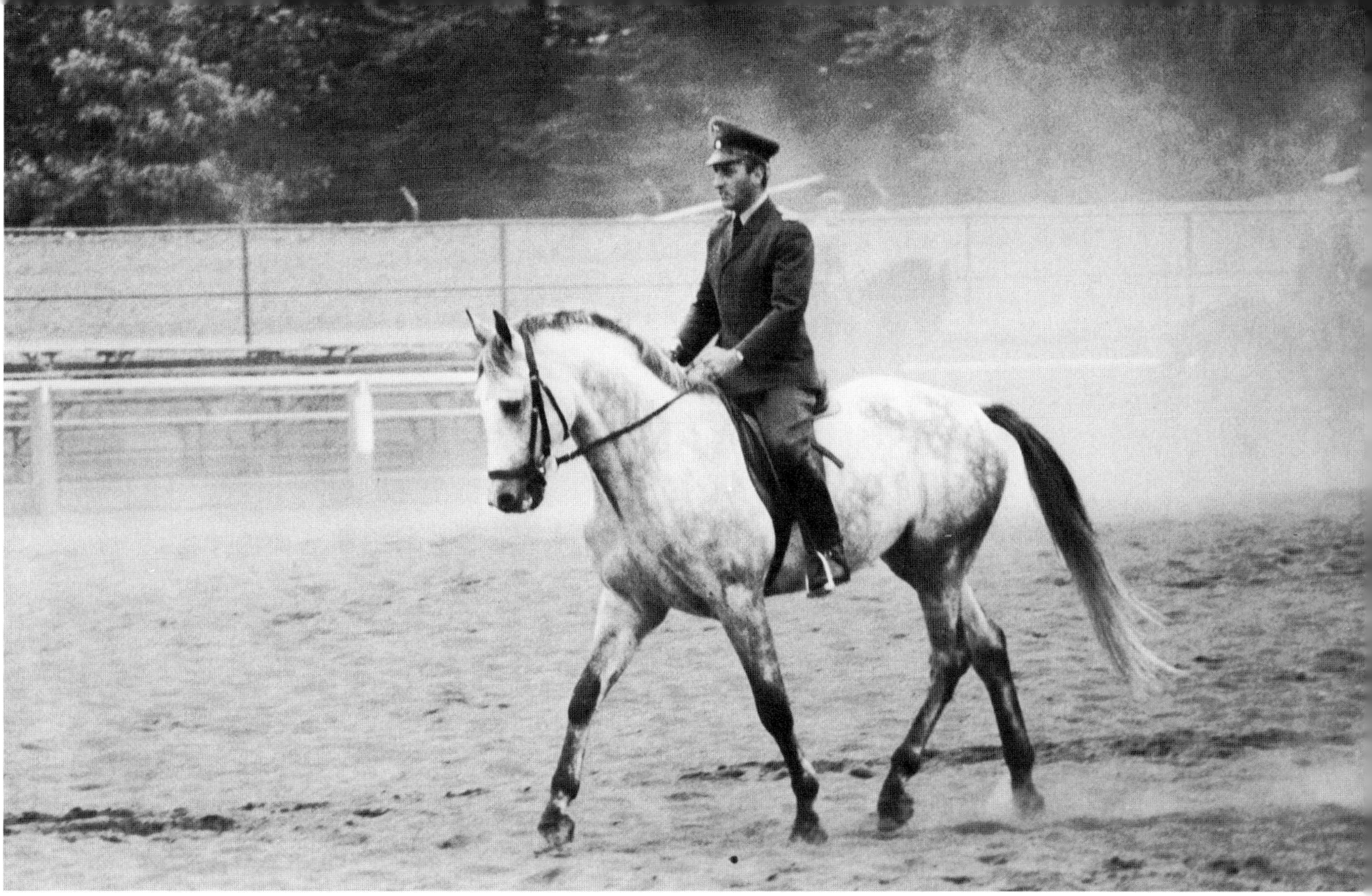

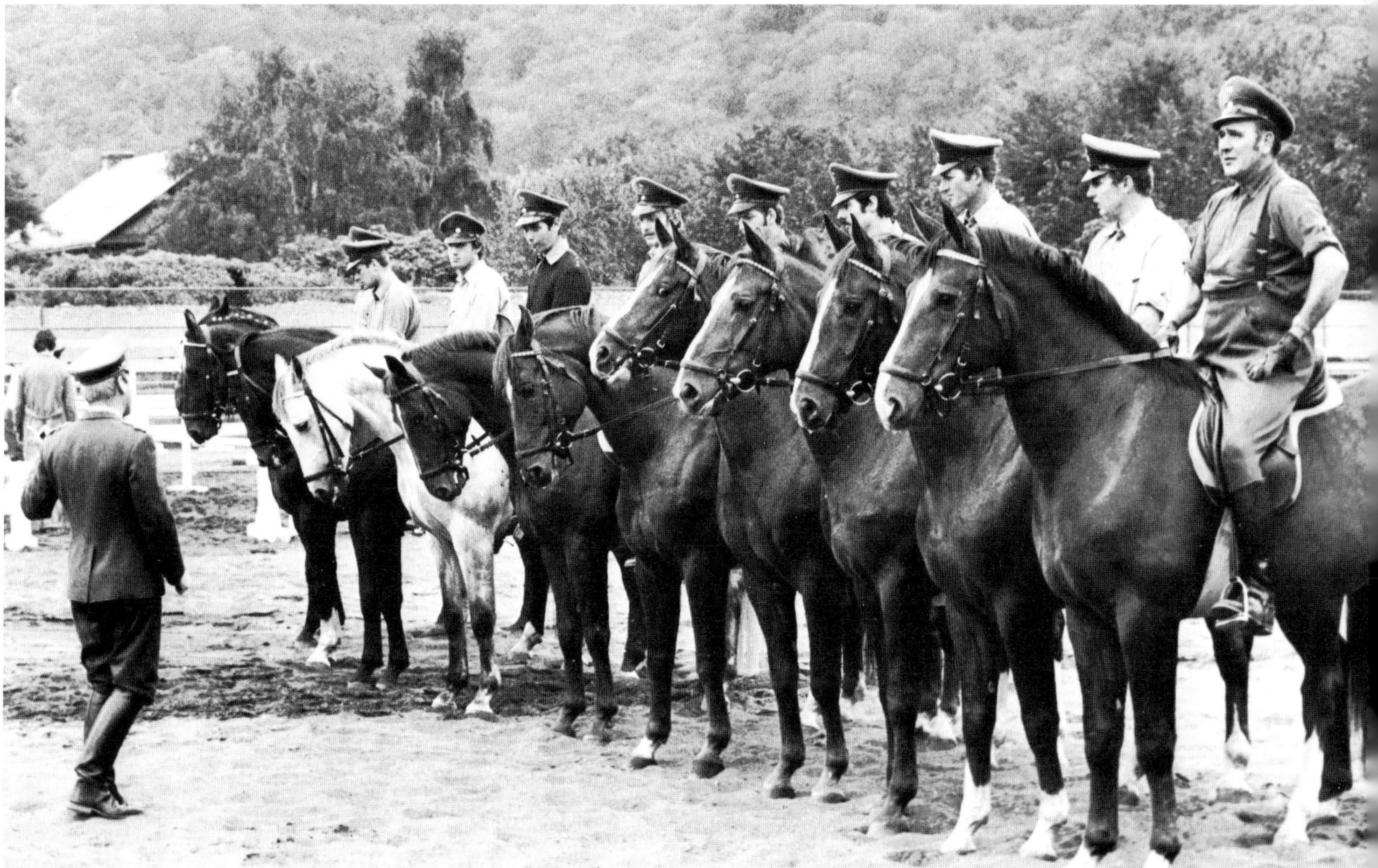

Wilhelmstraße durch die Mitte des Gestütsgeländes. Beide Gegebenheiten stellen letztlich eine erhebliche Behinderung des Gestütsbetriebes dar, der Besucher kann sich des Eindruckes einer drangvollen Enge nicht ganz erwehren und möchte der Gestütsmannschaft einen größeren Platz für Ausweichmöglichkeiten ohne Verkehrsbehinderungen wünschen. Die meisten Gestütsgebäude liegen an der Westseite und direkt an der Wilhelmstraße, in ihrer Anordnung ein langes, schmales Rechteck bildend, das in der Mitte vom querstehenden alten Reithaus durchteilt wird, so daß zwei kleine Höfe mit zwei Eingängen gebildet werden. Diese beiden viel begangenen Tore führen über die Straße zum Reitplatz und zum Stallgebäude IV mit der großen Scheune. Einen Hauch von Nostalgie vermittelt der hübsch angelegte nördliche, von historischen Gebäuden umgebene Gestütshof mit dem ständig plätschernden Brunnen. Von außen betrachtet bieten die spätbarocken Gebäude einen architektonisch gelungenen Anblick, der durch die Enge der Örtlichkeit etwas beeinträchtigt wird. Bemerkenswert ist die großzügig bemessene innere Höhe der Stallungen, die teilweise vier bis fünf Meter beträgt und sowohl die Grundlage für eine ausgezeichnete Belüftung darstellt als auch die so schädliche Schwitzwasserbildung weitgehend verhindert.

In den vier Stallgebäuden mit 63 Boxen und 17 Ständen sind zur Zeit 65 Hengste untergebracht, die verschiedenen Rassen angehören. Die Warmbluthengste teilen sich in 26 Hannoveraner, 13 Hessen und vier Westfalen, einige von ihnen stehen ausschließlich für den Dienst in der Landes-Reit- und Fahrschule zur Verfügung und werden nicht zum Decken benutzt. Zum

*Vollbluthengst ‚Märchenwald xx‘, geb. 1958, von ‚Waldspecht xx‘, mit seinem Stallgefährten ‚Zwergziege‘, der ständig bei ihm in der Box weilt und der sein unentbehrlicher Freund ist. Würde man die Ziege auch nur kurze Zeit seinem Blickwinkel entziehen, wäre er äußerst ungehalten.*

*Landgestüt Dillenburg.*
*Der Hannoveraner*
*Fuchshengst ‚Lotse‘,*
*geb. 1960, von*
*‚Lugano‘, ist der Linien-*
*begründer der hessischen*
*Reitpferdezucht.*

105

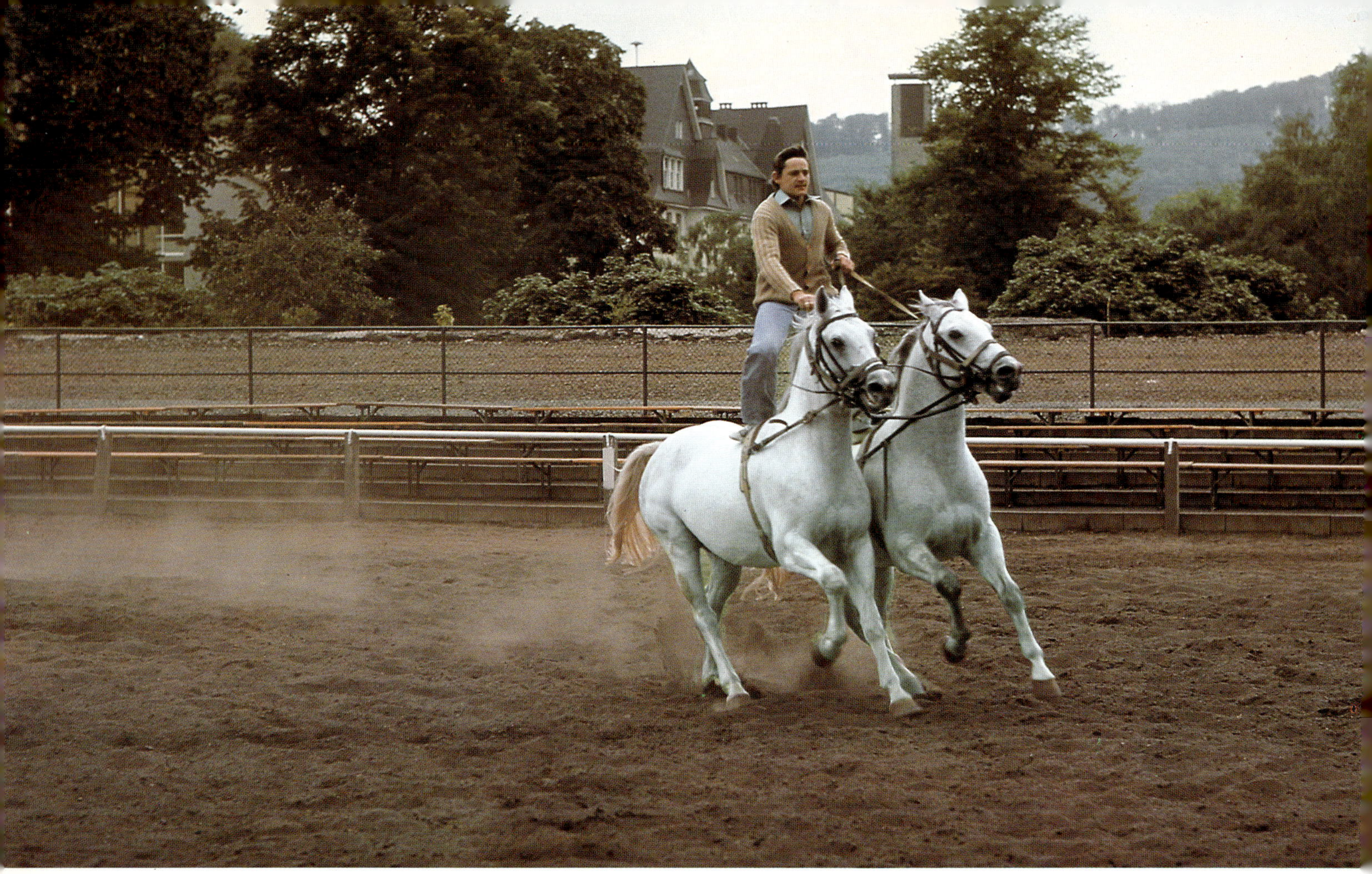

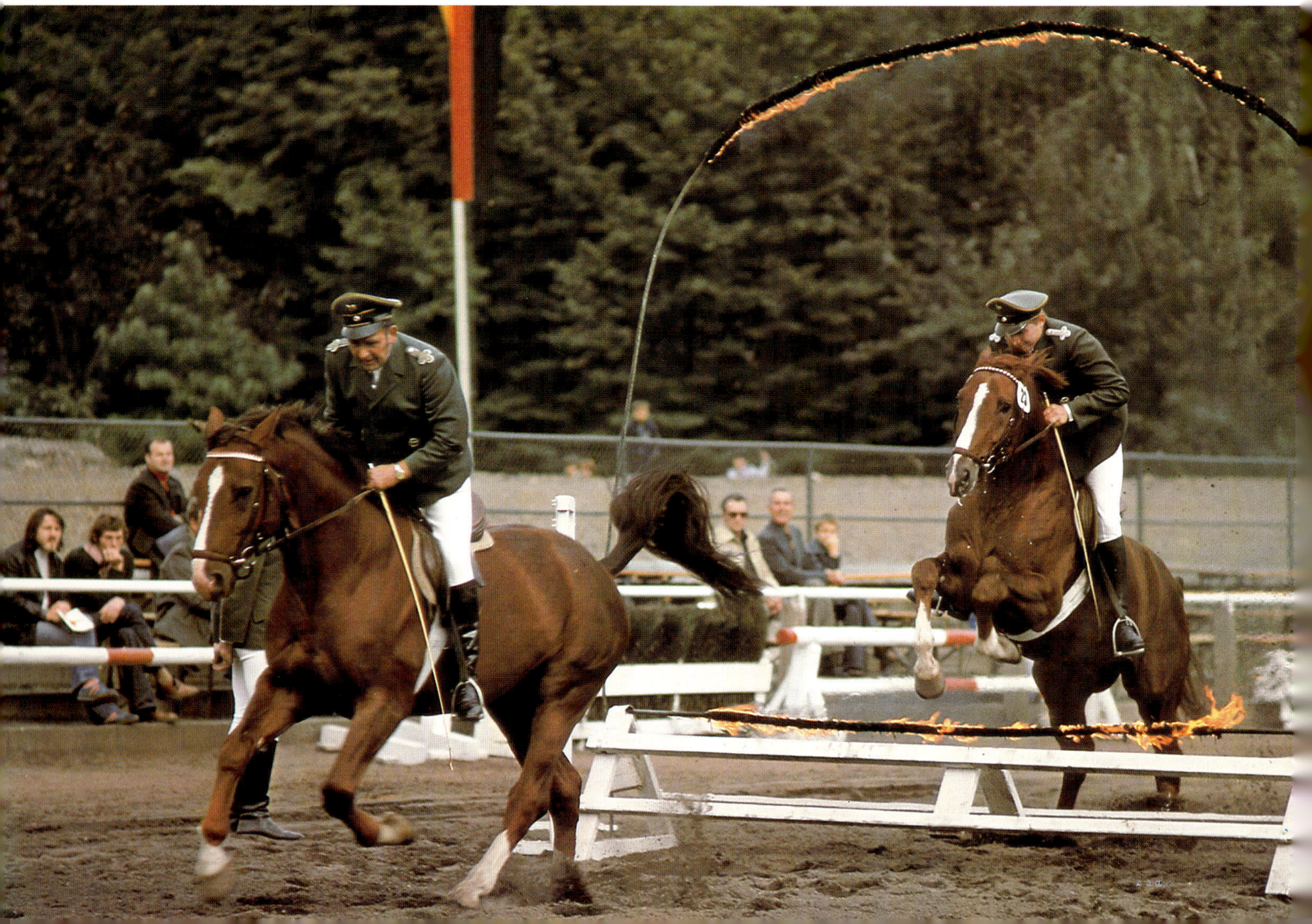

Bestand gehören als Veredler außerdem 16 Trakehner, drei Vollblüter und drei Araber. Die Gestütsmannschaft besteht aus 34 Personen, von denen 28 im technischen Gestütsdienst tätig sind. Die Rangfolgebezeichnungen lauten Obersattelmeister, Gestütoberwärter, Gestütwärter und Gestüthilfswärter. Für Besucher sind die Tore montags bis freitags von 9–11.30 Uhr und von 14–16.30 Uhr geöffnet, samstags und sonntags nur nach vorheriger Anmeldung. Die Hengste befinden sich während der Decksaison von Anfang März bis Ende Juli auf 25 Deckstationen im Lande, 21 Deckstellen sind mit Gestütsbeamten besetzt, die jeweils zwei bis vier Hengste betreuen, und vier Stationen sind private Leihhengsthaltungen. Drei Deckstationen, nämlich Ziegenhain, Hadamar im Westerwald und Lörtzenbach im Odenwald, sind Eigentum des Gestütes; auf dem Gestütsgelände selbst ist ebenfalls eine Deckstation eingerichtet.

Als Linienbegründer der jungen hessischen Reitpferdezucht gilt der 1960 geborene Hannoveraner Fuchshengst *Lotse*, ein Sohn von *Lugano* aus der „*Der Löwe xx*-Linie". Der Hengst ist ein talentiertes Dressurpferd und der bislang bedeutendste Vererber, von dem bereits drei Söhne als Beschäler im Landgestüt stehen. Das Zuchtgeschehen im Lande Hessen wird in enger Zusammenarbeit zwischen dem Landgestüt und dem Verband hessischer Pferdezüchter e. V. in Kassel koordiniert, dessen 2800 Mitglieder 3700 eingetragene Zuchtstuten besitzen. Die hessischen Züchter haben in den letzten Jahren auf DLG-Ausstellungen und Turnieren beträchtliche Erfolge aufzuweisen und dürften mittlerweile in der Rangfolge der deutschen Pferdezuchtgebiete nach Niedersachsen und Westfalen den dritten Platz einnehmen. Die Reitpferdeauktion des Verbandes, als Parallelveranstaltung zum niedersächsischen Verden, vermittelt alljährlich im Herbst im Reiterhof Kranichstein bei Darmstadt den Verkauf von Nachwuchspferden für Sport und Freizeit. Die Nachwuchsbeschäler für das Landgestüt werden im Alter von 2½ Jahren auf verschiedenen Hengstmärkten vorwiegend von privaten Züchtern angekauft und nach der ersten Decksaison zur gesetzlich vorgeschriebenen, dreimonatigen Eigenleistungsprüfung in die Hengstprüfungsanstalt Adelheidsdorf des Landgestütes Celle gegeben.

In jedem zweiten Jahr, und zwar dem mit der ungeraden Jahreszahl, tritt das Landgestüt mit einer Hengstparade an die Öffentlichkeit, um den Züchtern eine vergleichende Beurteilung der Hengste zu ermöglichen und dem größeren Publikum eine abwechslungsreiche, farbige Show zu bieten. Die Veranstaltung wird in der Zeit von Ende September bis Anfang Oktober dreimal wiederholt. Die Hengstparade als Show größeren Umfanges ist 1927 von Landstallmeister Wachs eingeführt und später von Gustav Rau noch erweitert worden, vordem wurden lediglich die Züchter vom Gestütsleiter alljährlich im Herbst zur Begutachtung der Hengste eingeladen. Das heutige Programm ist vielgestaltig und erhält durch die farbenfrohen historischen Uniformen den Charakter eines Volksfestes. Jeder Hengst ist mit einer Nummer gekennzeichnet, so daß er mit

*Links oben: Landgestüt Dillenburg. Die stets mit großem Beifall begrüßte Schaunummer „Ungarische Post" wird auf den Hengstparaden in Dillenburg und Celle gezeigt und stellt eine Konzession an die Sensationsfreude des Publikums dar, denn die für den Reiter ziemlich gefährliche Übung widerspricht den reiterlichen Grundregeln. Der im Dressurreiten angestrebte, federnde Spannungsbogen wird hier gebrochen, indem der Reiter den Pferderücken mit der zu kleinen Fußfläche punktuell fast schmerzhaft belastet und zugleich zwangsläufig den Pferdekopf hochzieht, so daß sich der Spannungsbogen im Pferd mit dem durchgedrückten Rücken und der aufgebogenen Kopf-Halspartie ins Gegenteil des reiterlich Gewollten verkehrt.*

*Links unten: Der „Sprung durchs Feuer", eine Gehorsamsübung in der Springquadrille.*

Oben: Formationsübung für die Dressurquadrille.

Links: Werbeplakat für die in zweijährigem Turnus (Jahre mit ungerader Zahl) stattfindende Hengstparade.

Rechts: Trabender neben galoppierendem Hengst. Die sogenannten Aktionstraber besitzen ein überdurchschnittlich weiträumiges Trabvermögen, deren Tempo von weniger befähigten Pferden nur im Galopp gehalten werden kann.

Hilfe des Programmheftes von jedermann sogleich identifiziert werden kann. Hervorzuheben sind der Sechser- und Zehnerzug vor schweren Kutschen, die Dressurquadrille und als Besonderheiten die reifenspringenden Hengste sowie die Pyramide auf galoppierenden Hengsten, die mit diesen Übungen ihre Gelassenheit, Vertrautheit und Folgsamkeit dem Menschen gegenüber demonstrieren. Außerdem muß die Leistung des fortwährenden Einsatzes der Männer und Pferde anerkannt werden, die aufgrund ihrer geringen Zahl vier- bis fünfmal auftreten und entsprechend viele Lektionen beherrschen müssen, bis alle Shownummern bewältigt sind.

Hengstparaden erfreuen sich großer Beliebtheit, sowohl die Dillenburger als auch die Warendorfer und Celler Veranstaltungen sind regelmäßig im vorhinein ausverkauft. Der Grund für den regen Zuspruch der Pferdefreunde liegt – wie häufig aus dem Publikum zu hören ist – im wettbewerbsfreien, streßlosen Charakter der Darbietung im Gegensatz etwa zum Parcours-Springen, das mit seinem Leistungsdruck die Zuschauer einerseits an den Streß des Alltags erinnert und andererseits durch seine gleichförmige Wiederholung allmählich

*Oben: Eine Attraktion der Dillenburger Hengstparade sind die „Reifenspringenden Hengste". Diese Übung setzt besonderen Springwillen, Gehorsam und Gelassenheit des Hengstes voraus, denn die kurz geschnallten Ausbindezügel, die ein Davonstürmen verhüten sollen, behindern den Sprung erheblich.*

Langeweile aufkommen läßt; und in der Tat ist auf derartigen Wettbewerben eine zunehmende Publikumsmüdigkeit zu verzeichnen.

Dem Landgestüt ist die von der Deutschen Reiterlichen Vereinigung (FN) als Fachschule anerkannte „Hessische Landes-Reit- und Fahrschule" angeschlossen, die bereits seit 1929 besteht. Schüler ab 15 Jahren können an Ferienlehrgängen und Anfänger und Fortgeschrittene an Lehrgängen während des ganzen Jahres teilnehmen. Reitwarten und Amateurreitlehrern ist die Möglichkeit einer Abschlußprüfung gegeben, und alle Lehrgangsteilnehmer können die Prüfung für das Deutsche Reit- und Fahrabzeichen ablegen. Die Teilnehmer werden auf Wunsch im schuleigenen Internat im Nordflügel des Verwaltungsgebäudes (Prinzenhaus) untergebracht, als Lehrer der Schule wirken eigens für ihre Aufgabe ausgebildete Gestütsbeamte.

Dillenburg liegt auf halber Strecke zwischen Wetzlar und Siegen, die Postanschrift des Landgestütes lautet: Hessisches Landgestüt, Wilhelmstraße 24, 6340 Dillenburg.

**Haupt- und Landgestüt**
**Zweibrücken**

112

# Rheinland-Pfälzisches Landgestüt Zweibrücken

Das Landgestüt für den Bereich des Zuchtverbandes Rheinland-Pfalz-Saar ist heute das kleinste der bundesdeutschen Staatsgestüte, aber das ist nicht immer so gewesen. Zweibrücken hat eine bedeutende Vergangenheit als ehemaliges Haupt- und Landgestüt aufzuweisen, das einst wegen seiner edlen Pferde weit über seine Grenzen hinaus bekannt und geschätzt war. Die frühesten Überlieferungen über gesetzliche Förderungsmaßnahmen für die Pferdezucht im Herzogtum Zweibrücken stammen aus dem 16. Jahrhundert, als die Klöster Hornbach und Wörschweiler angehalten waren, den Pferdenachwuchs für den Marstall des Hofes zu liefern; eine aus dem Mittelalter überkommene Dienstleistung der meist wohlhabenden Klostergüter an den Lehnsherrn, die zu jener Zeit noch vielerorts üblich war. Die Gründung des Hofgestütes Zweibrücken erfolgte um das Jahr 1755 durch Herzog Christian IV., einen kunstsinnigen und vielen Neuerungen aufgeschlossenen, versierten Pferdekenner, der durch gesetzliche Verordnung auswärtige Deckstationen auf den herzoglichen Gütern Kusel, Jägersburg, Nohfelden und Pettersheim einrichten ließ. Die herzoglichen Hengste deckten die Stuten der Bauern im Lande, der Nachwuchs aber war, sofern er den Ansprüchen genügte, kaum für den freien Verkauf, sondern in erster Linie laut Gesetzeskraft für den Marstall des Hofes vorgesehen, dessen Stallungen in der Nähe der Residenz noch bis zum Ersten Weltkrieg am selben Ort bestanden hatten. Für die zahlreichen, von den bäuerlichen Züchtern durch den Marstall erworbenen Fohlen wurden in den Gründungsjahren Aufzuchtstätten in den zu Gestütshöfen umgebauten Hofgütern Eichelscheid und Holzhausen eingerichtet. Die Zucht des Hofes basierte auf Hengsten orientalischer und spanischer Abstammung und englischen Vollblut- und Halbblutstuten, die später nach gelungener Vereinheitlichung als Zweibrücker Rasse weithin berühmt wurde. Die Pferde waren von mittelgroßem, regelmäßigem Wuchs und zeigten ein lebhaftes Temperament, große Zähigkeit und Ausdauer; aus heutiger Sicht würden sie etwa dem Anglo-Araber entsprechen. Die Qualität der Rasse war bald so bckannt, daß ausländische Gestüte ihre Zuchtpferde in Zweibrücken erwarben, und sogar das Preußische Hauptgestüt Trakehnen um 1783 allein etwa 150 Hengste ankaufte, denn Erbmerkmale und Blutlinien beider Zuchten griffen beinahe nahtlos ineinander.

Die beiden bedeutendsten Beschäler der Gründungsjahre waren der englische Vollbluthengst *Baudy* von *Darleys Arabian* und einer Stute von *Byerly Turk,* und der originale Araberhengst *Vezir,* der als Schenkung aus Wien an den Herzog ging. Der Araber deckte zunächst, weil man nicht viel von ihm hielt, die gewöhnlichen Landstuten und erst später im Hofgestüt. Seine Nachkommen waren von so hoher Qualität, daß sein Sohn *Empereur* einer der hervorragendsten Beschäler des Gestütes und sein Enkel *Herkules* der Stammvater der Zweibrücker Kutschpferderasse wurde. Die hochqualitativen, edlen Beschäler waren anfangs nur für das Hofgestüt vorgesehen, der Herzog beschaffte deshalb für die bäuerliche Zucht eigens Hengste aus Mecklenburg, Dänemark, Spanien und der Normandie; später traten dann selbstgezogene Beschäler an deren Stelle. Die Verwendung guter Hengste und die strenge Durchführung kategorischer Zuchtverordnungen hob die Qualität der bäuerlichen Pferdezucht innerhalb kurzer Zeit, so daß nach etwa 30 Jahren bereits 2000 Landstuten von einheitlichem Rassetyp vorhanden waren. Dabei stellt sich allerdings die Frage, wie weit die Bauern am Gewinn des fortschrittlichen Zuchtgeschehens beteiligt wurden.

Die besten Pferde des Hofgestütes stammten von orientalischen und spanischen Hengsten ab, sie eigneten sich vorzüglich als Jagd-, Schul- und Wagenpferde und waren von guter Mittelgröße, elegantem Körperbau und besaßen ein kräftiges Fundament. In der herrschenden Gesellschaftsschicht waren sie sowohl zur Zucht als auch für den Dienstgebrauch überaus gefragt. Alle herzoglichen Hengste wurden auf den Parforcejagden auf Kraft und Ausdauer hin erprobt. Tiere, die sich nicht bewährten, wurden nicht zur Zucht zugelassen und kastriert. Dieser Gebrauchstest kann bereits als das frühe Beispiel einer Hengstleistungsprüfung angesehen werden.

Um 1780 wurden im Marstall Zweibrücken und in den herzoglichen Besitztümern Karlsberg bei Homburg, Jägerburg, Eichelscheiderhof, Birkhausen, Pettersheim und Holzhauserhof bei Nohfelden an der Nahe, die alle der Gestütsverwaltung unterstanden, zusammen etwa 1050 Pferde im Besitz des Herzogs gezählt, und um 1790 deckten die herzoglichen Hengste etwa 2000 ausgewählte Stuten der Bauern im Lande, eine für damalige Verhältnisse beachtliche Zahl.

Die französischen Revolutionskriege bereiteten der fürstlichen Pferdezucht ein jähes Ende, als 1793 das Herzogtum Zweibrücken von französischen Truppen besetzt und der gesamte Pferdebesitz des Hofes beschlagnahmt und nach Frankreich überführt wurde. Dort errichtete man in Rosières bei Nancy – heute heißt das Gestüt „Rosières aux Salines" – mit den Zuchtpferden ein neues Gestüt. Der private und persönliche Pferdebestand der Bevölkerung des

*Oben: Hengste der Zwei-brücker Rasse im Typ des Anglo-Arabers im französischen Gestüt Rosières in der ersten Hälfte des 19. Jahr-hunderts.*

Zweibrücker Landes wurde fast gänzlich von der Besatzungsarmee requiriert oder aufgekauft.

Um das Gestüt nicht im Stich zu lassen, war der damalige Gestütsleiter, Stallmeister Struberg, mit seinen Pferden zusammen nach Rosières gegangen. Er war aber nichtsdestoweniger im Einklang mit der Zweibrücker Administration ständig bemüht, eine Rückführung der Pferde nach Zweibrücken zu erwirken. Einige Ereignisse sollten ihm dabei zu Hilfe kommen. Napoleon hatte in den Kämpfen von Eylau und Wagram einen Zweibrücker Hengst namens *Fayoum* geritten, der ihm aufgrund seiner Ausdauer, Wendigkeit und Schnelligkeit ausnehmend gut gefiel. Das Tier zeigte trotz großer Strapazen kaum Ermüdungserscheinungen. Außerdem war dem Kaiser ein Kavallerie-regiment mit Zweibrücker Pferden aufgefallen, das sich durch Wendigkeit und Leichtigkeit der Manöver während der Gefechte besonders auszeichnete. Immer wieder, bei den verschiedensten Gelegenheiten, wurde er auf die Vorzüge dieser Rasse absichtlich oder unabsichtlich hingewiesen, bis letztend-lich ein Gespräch mit König Maximilian von Bayern, der anführte, daß die Zucht dieser Pferde nur in ihrer angestammten Heimat so vorzüglich gedeihen könne, den Ausschlag für die Erfüllung von Strubergs Wunsch gab. Napoleon veranlaßte 1806 die Rückführung des Gestütes von Rosières nach Zweibrük-ken, bestätigte dessen Besitztum und fügte sogar noch Grundstückserweiterun-gen hinzu. Zweibrücken wurde nun zum Gestüt erster Klasse ernannt mit der Bezeichnung „Haras Impérial de Deux-Ponts" (zu deutsch Kaiserliches Gestüt von Zweibrücken). Gestütsleiter blieb Heinrich Georg Struberg, der in Rosiè-

115

res so beharrlich die Rückverlegung betrieben hatte. Das Gestütsgelände war schon damals das gleiche wie heute. Nachdem Napoleon den Fortbestand des Gestütes durch Verordnungen und Schenkungen gesichert hatte, sorgte er auch für eine Erweiterung und Verbesserung des Zuchtmaterials. In von ihm besetzten Ländern ließ er wertvolle Tiere beschlagnahmen und nach Zweibrücken überführen. So kamen Pferde aus der Sababurg im Reinhardswald (des Hauptgestütes Beberbeck), Ungarn, Spanien und aus Norddeutschland ins Gestüt, das nunmehr fast 200 Hengste beherbergte und die Gebiete an der Saar, am Niederrhein und an der Mosel mit Beschälern zu versorgen hatte.

Der verheißungsvolle Aufbau sollte aber nicht von Dauer sein. Im Befreiungskrieg 1814 wurde Napoleon an allen Fronten geschlagen, seine Macht war endgültig gebrochen, und die französischen Truppen mußten sich aus den von ihnen besetzten Gebieten zurückziehen. Während des Rückzuges beschlagnahmten die Franzosen alles, was ihnen wertvoll erschien und transportiert werden konnte. Als die Besatzungstruppen pfälzisches Gebiet räumten, wurde auch der Stallmeister angewiesen, sich mit einem großen Teil der Pferde nach Frankreich in Marsch zu setzen. Nach vorübergehenden Aufenthalten in den Gestüten Fontainebleau und Pompadour erhielt Struberg schließlich die Order, mit seinen Pferden abermals nach Rosières zu gehen. Schon nach kurzer Zeit machte der Vormarsch der deutschen Truppen eine Rückverlegung nach Paris notwendig, unterwegs jedoch wurde das Gestüt bei Auxerre von österreichischen Kürassieren eingeholt und beschlagnahmt. Die Österreicher

*Anglo-Normänner im großen Reitpferdtyp in der ersten Hälfte des 19. Jahrhunderts. Ein in den Befreiungskriegen von österreichischen Truppen erbeuteter Hengst ähnlichen Typs wurde Stammvater der ungarischen ‚Nonius'-Rasse.*

selektierten die besten Pferde, unter ihnen den in der Normandie geborenen Halbbluthengst *Nonius,* der später als Stammvater der ungarischen Noniusrasse Berühmtheit erlangte, und schickten sie nach Wien; der Rest wurde versteigert. Als preußische Truppen die Pfalz besetzten, requirierten sie jene allerdings weniger wertvollen Pferde, die in Zweibrücken zurückgeblieben waren. Marschall Blücher, der Befehlshaber dieser Armee, veranlaßte, daß sie als Kriegsbeute in den Besitz des Gestütes Neustadt an der Dosse übergingen. Im Jahre 1815, als die Pfalz in den bayerischen Staat einbezogen wurde, erhielt das Gestüt Zweibrücken durch König Maximilian I. seine Eigentumsrechte zurück, verwaltungsmäßig unterstand es jedoch der pfälzischen Kreisverwaltung. Für den Wiederaufbau der Zucht mußten zunächst neue Pferde beschafft werden, denn weder Österreicher noch Preußen waren gewillt, die beschlagnahmten Pferde zurückzugeben. Die Gestütsleitung suchte im Lande zusammen, was an Hengsten übriggeblieben war, und einige Beschäler wurden aus München zur Verfügung gestellt. Als die Zucht auf einen schweren Typ verlagert wurde, importierte man Halbbluthengste aus der Normandie, Vollblüter aus England und einige Araberhengste, die direkt aus dem Orient kamen. Zeitgenössische Akten vermitteln ein anschauliches Bild von der Überführung jener fünf Araberhengste, die im Jahre 1826 von dem damaligen Gestütsdirektor Baron von Failly über ein italienisches Handelshaus in Livorno angekauft worden waren. Ein äußerst geschäftstüchtiger französischer Konsularagent hatte die Hengste in Damaskus beschafft, und die Verhandlungen schleppten sich über zwei Jahre hin, bis die wertvollen Tiere, sie kosteten die stattliche Summe von insgesamt 15 000 Franken, endlich nach 70tägiger Seereise wider Erwarten in Livorno eintrafen, wo sie von zwei Gestütsbeamten aus Zweibrücken 1828 in Empfang genommen wurden. Nach sechswöchiger Quarantäne stiegen die Männer in den Sattel und setzten sich heimwärts in Marsch. In regelmäßigen Abständen berichteten sie dem Gestütsleiter unterwegs brieflich von dem Zustand der Pferde und ihren Reiseerlebnissen. Der Ritt führte über Pisa, Pistoya, Modena, Mantua, Bozen, Innsbruck, Ulm, Stuttgart und Germersheim, und nach 70 Tagen erreichten die Pferde ihre neue Heimat. Die beiden Reiter hatten eine beachtliche Leistung vollbracht, zumal eine derart weite Reise zu jener Zeit nicht ungefährlich war, sei es, daß die Pferde gesetzlosen Räubern in die Hände fielen oder aber Unfälle den Verlust der Tiere zur Folge haben konnten. Einer der Hengste war bei der Ankunft krank und wurde ausgemustert. Drei von ihnen bewährten sich in der Zucht ganz und gar nicht, sie vererbten gravierende Gebäudemängel, die das Leistungsvermögen stark beeinträchtigten. Der letzte Hengst, *Choueiman,* war ein echtes Pferd der arabischen Wüste und zeugte mit guten Stuten vortreffliche Nachkommen. Gestütsdirektor von Failly aber bewies wenig Geschick in züchterischen Fragen, er mißachtete die verbliebenen Reste der einst so vorzüglichen Zweibrücker Zucht und glaubte, mit neuen Arabern und Vollblütern allein in kurzer Zeit eine Zucht aufbauen zu können, was natürlich nicht gelingen konnte.

 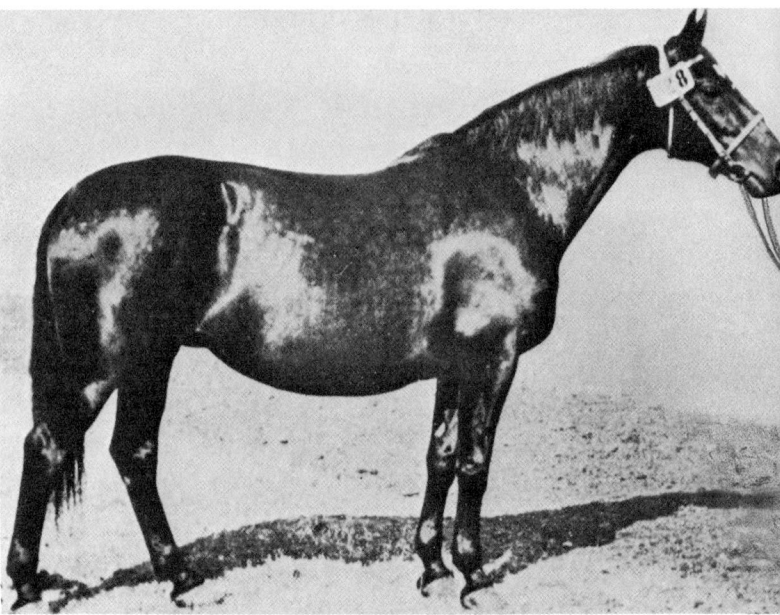

Oben links: Bábolna-Araberhengst ,O'Bajan', geb. 1887, der von 1890 bis 1895 in Zweibrücken als Beschäler wirkte.
Oben rechts: Zweibrücker Stute ,Cosima' im edlen Reitpferdtyp, die auf der DLG-Ausstellung 1927 in München den Ia-Preis erhielt.

Außerdem verbannte er alle Schimmel, auch die besten, aus der Zucht, allein weil er ihre Farbe nicht mochte.

Nach seinem Tode dann leiteten zuweilen Männer die Geschicke des Gestütes, die ihrer Aufgabe nicht immer gewachsen waren, oder gar Nichtfachleute, die über wenig Sachkenntnis verfügten. Zahl und Qualität der Hengste verminderten sich, ohne durch Besseres ersetzt zu werden. Die wesentliche Ursache für die fortschreitende Verwahrlosung des gesamten Gestütes aber war der chronische Geldmangel der Kreisverwaltung, weshalb sich der bayerische Staat genötigt sah, das Institut 1890 in seine Verwaltung zu übernehmen. Mit der Umwandlung zum Haupt- und Landgestüt erhielt Zweibrücken eine neue Aufgabe, und dem neuen Gestütsdirektor Bauwerker wurden größere Geldmittel für die Instandsetzung und den Ausbau der Gebäude und Koppeln zur Verfügung gestellt.

Der Pferdebestand betrug jetzt 68 Landbeschäler für die bäuerliche Zucht, vier Hauptbeschäler und 55 Zuchtstuten für das Hauptgestüt sowie 125 Fohlen verschiedenen Alters und 20 Wirtschaftspferde. Das Zuchtziel des Hauptgestütes war ein kräftiges Halbblutpferd, das als Reit- und Wagenpferd und für den Militärdienst geeignet war. Aus Bábolna wurden 1890 die Araberhengste *Ferriz-Bey*, *O'Bajan* und, für den Ausfall des letzteren, 1896 *Gazlan-Shagya* angekauft und außerdem ein englischer Vollbluthengst zusätzlich zu dem bereits vorhandenen angeschafft. Unter den Mutterstuten befanden sich noch zehn Tiere, deren Abstammung auf jenen Araberhengst *Choueiman* zurückging, der einst von Livorno nach Zweibrücken trabte. Die Landbeschäler waren auf 31 Deckstationen verteilt, wo sie 2500 Stuten deckten.

Um 1900 besaß das Gestüt etwa 60 Landbeschäler, von denen Bábolna-Araber, Hannoveraner und Anglo-Normänner den größten Einfluß ausübten. Die gestütseigenen 55 Mutterstuten standen im Hauptgestüt (Stammgestüt)

Birkhausen, und Eichelscheiderhof diente als Aufzuchtstätte für den Nach-wuchs.

Den Ersten Weltkrieg überstand das Gestüt unbeschadet, lediglich der Beschälerbestand wurde geringfügig vermindert, weil die Zahl der bäuerlichen Stuten durch Aufkäufe des Heeres stark zurückgegangen war. Nach dem Krieg wurde, wie allenthalben, das Zuchtziel dem Bedarf der Landwirtschaft und Industrie entsprechend auf ein mittelschweres Warmblutpferd umgestellt, und um diesen Wandel möglichst schnell zu erreichen, wurden auch Ardenner Kaltbluthengste auf die Deckstationen geschickt.

Da Zweibrücken nahe der französischen Grenze liegt, verlegte man die etwa 100 Gestütspferde zu Beginn des Zweiten Weltkrieges per Eisenbahn in die bayerischen Gestüte Schwaiganger und Achselschwang, von wo sie nach Been-digung des Frankreichfeldzuges 1940 zurückkehrten. Doch 1944, als die Front der Alliierten sich der deutschen Grenze näherte, mußten die Pferde abermals evakuiert werden, dieses Mal nach Achselschwang und Ansbach, wo sie bis zum Kriegsende blieben. Während eines schweren Bombenangriffs auf Zwei-brücken im März 1945 wurde die Stadt fast gänzlich zerstört, und auch das Gestüt erlitt schwere Schäden, die Stallgebäude brannten völlig aus, und das Gelände war von tiefen Bombentrichtern übersät. 1946 kehrten die Gestüts-pferde zurück und wurden zunächst in Birkhausen und Eichelscheiderhof außerhalb Zweibrückens untergebracht, nach Errichtung eines Stallgebäudes bezogen die Beschäler nach der Deckperiode 1947 wieder im Zweibrücker Gestüt ihr Quartier. Während der nachkrieglichen Wirtschaftsmisere bis 1950 stieg die Zucht noch einmal an, 45 Warmbluthengste und 15 Kaltblutbeschäler deckten etwa 4000 Stuten im Lande. Zu Beginn der 50er Jahre wurden ein zweites Stallgebäude und Wohnhäuser für die Gestütswärter errichtet, das Gelände eingeebnet und der Bau der Reithalle und weiterer Gebäude in

Angriff genommen. 1955 war Zweibrücken noch immer Haupt- und Landgestüt mit insgesamt 40 Hengsten, 20 Zuchtstuten, 50 Fohlen, eigener Hengstaufzucht und den Stammgestüten Birkhausen und Eichelscheiderhof.

Aber dann kam, wie überall, der Niedergang der Pferdezucht. 1960, während der größten Flaute, wurden nur noch 235 Stutenbedeckungen registriert.
Das Hauptgestüt mußte aufgelöst und Zuchtstuten und Fohlen verkauft werden, der Hengstbestand wurde stark reduziert. Zweibrücken ist nunmehr
Landgestüt ohne Aufzuchtstätte, also ausschließlich Hengstdepot, das bis
heute noch 23 Warmblutbeschäler beherbergt, die Kaltbluthengste sind 1971
ausgeschieden. Das Vorwerk Birkhausen wurde als Aufzuchtgestüt an den
Trakehnerverband verpachtet, etwa 100 Pferde sind dort untergebracht. Die
Domäne Eichelscheiderhof steht als originelles barockes Gestütsbauwerk
unter Denkmalschutz und ist ebenfalls vermietet.

*Oben: Der hufeisen-
förmige Barockbau
Eichelscheiderhof,
erbaut um 1757. Die
Räumlichkeiten über der
Toreinfahrt dienten
Herzog Christian IV.
(1740–1775) zeitweilig
als Wohnung.*

120

Folgende Stallmeister oder Landstallmeister besorgten bis heute die Geschäfte des Gestütes Zweibrücken:

von 1755 bis 1769 Oberstallmeister von Stetten
von 1769 bis 1791 Karl Heinrich Konrad Struberg
von 1791 bis 1814 Johann Heinrich Georg Struberg
von 1814 bis 1832 Baron Gustav von Failly
von 1832 bis 1841 Tierarzt Friedrich Steuer
von 1841 bis 1851 Martin Probstmayer
von 1851 bis 1855 Johann Nepomuk Graeff
von 1855 bis 1881 Karl von Rad
von 1881 bis 1887 Peter Adam (anschließend Gestütsleiter in Landshut)
von 1887 bis 1914 Karl Bauwerker
von 1914 bis 1938 Dr. Emil Ehrensberger
von 1938 bis 1943 Albert Sonn
von 1943 bis 1945 Oberlandstallmeister Wucherer, München,
      in Vertretung (vormals Gestütsleiter in Landshut)
von 1945 bis 1949 Oskar Stübinger
von 1949 bis 1960 Dr. Walter Frase
seit 1960 Amtsinspektor Semmelroth (kommissarische Leitung),
      fachlicher Leiter Ministerialrat Grelle, Tierzuchtreferent im Ministerium für Landwirtschaft, Weinbau und Umweltschutz Rheinland-Pfalz in Mainz

Zweibrücken ist das einzige staatliche Gestüt in Rheinland-Pfalz, die Flächenausdehnung des mitten im Stadtgebiet liegenden Gestütsgeländes beträgt etwa 2,5 ha. Es hat die Form eines leicht überschaubaren Rechteckes, an einer Längsseite flankieren der Hengststall und das Hauptgebäude und an einer Schmalseite im Winkel dazu die Reithalle und ein weiteres Stallgebäude den großen Reitplatz. Die Gestütsmannschaft besteht aus insgesamt acht Personen, die 23 Beschäler unterteilen sich in zehn Trakehner, neun Hannoveraner, drei Westfalen und einen Vollblüter. Die Decksaison beginnt am 15. Januar und endet am 31. Juli, während dieser Zeit sind etwa 16 Hengste auf 14 Deckstationen verteilt, von denen nur eine mit einem Gestütswärter besetzt ist, die übrigen sind als private Leihhengststationen eingerichtet. Eine Deckstelle mit sechs bis acht Hengsten befindet sich im Gestüt. Die Gestütsleitung registriert etwa 1200 Stutenbedeckungen je Saison. Das Gestüt, in dem auch der Reit- und Fahrverein Zweibrücken untergebracht ist, kann nach vorheriger Anmeldung das ganze Jahr über besichtigt werden.

Hengstparaden, wie zum Beispiel in Celle, finden nicht statt, Hengstvorführungen an der Hand und unter dem Sattel für Züchter und interessierte Besucher sind jedoch möglich. Auf dem Gestütsgelände werden Stutenschauen und Reitpferdeauktionen des Pferdezuchtverbandes Rheinland-Pfalz-Saar e. V. veranstaltet, der eng mit der Gestütsleitung zusammenarbeitet und der sich als

Auktionspferde

*Die Reitpferdeauktionen des Zuchtverbandes finden stets auf dem Gelände des Landgestütes statt.*

Dachverband der regionalen Bezirksverbände Pfalz-Saar, Bad Kreuznach und Rheinland-Nassau, Koblenz versteht. Im Gesamtverband sind etwa 1500 Stuten eingetragen. Die offizielle Bezeichnung der Zucht ist „Zweibrücker Warmblut" mit dem Zuchtziel „Deutsches Reitpferd". Neben den staatlichen Beschälern decken noch etwa 20 private Warmbluthengste im Lande. Die Nachwuchspferde für das Landgestüt werden auf den Hengstmärkten in Verden/Aller und Neumünster im Alter von 2½ Jahren angekauft, die Jungheng-

*Landbeschäler ‚Elfen-prinz‘, Trakehner, geb. 1974, von ‚Pad-paradscha‘, seit 1977 in Zweibrücken.*

*Landbeschäler ‚Dukat‘, Hannoveraner, geb. 1968, von ‚Duft II‘, seit 1971 in Zweibrücken.*

ste absolvieren die staatliche vorgeschriebene Eigenleistungsprüfung in der Hengstprüfungsanstalt Adelheidsdorf. Im Landgestüt Zweibrücken können keine Reit- oder Fahrkurse für Außenstehende durchgeführt werden.

Zweibrücken liegt 35 km östlich von Saarbrücken entfernt, die Postanschrift des Landgestütes lautet: Rheinland-Pfälzisches Landgestüt, Gutenbergstr. 16, 6660 Zweibrücken.

# Bayerisches Landgestüt
# Landshut

**B**ayern ist gegenwärtig das einzige Bundesland, das zwei staatliche Gestüte besitzt – wenngleich nur noch für kurze Zeit. Das Stammgestüt Schwaiganger im Süden des Landes produziert als landwirtschaftlicher Zuchtbetrieb mit ausgewählten Zuchthengsten und Mutterstuten den Beschälernachwuchs für das Landgestüt Landshut im Norden, das als Hengstdepot ausschließlich Landbeschäler beherbergt und für ganz Bayern zuständig ist.

Der Beginn des staatlichen Gestütwesens in Bayern, also einer staatlich gelenkten und geförderten Landespferdezucht, geht auf das Jahr 1754 zurück, als die privaten fürstlichen Hofgestüte und Marställe nicht mehr in der Lage waren, den ständig wachsenden Bedarf an Militärpferden zu decken. Deshalb sollten nunmehr Produktion und Remontierung auf breiter Basis über die bäuerlichen Züchter im Land erfolgen. Die benötigten Beschäler wurden vom Staat zur Verfügung gestellt. Die Anfänge eines Pferdezuchtgeschehens in der Stadt Landshut sind für das Jahr 1750 belegt, als aus dem fürstlichen Gestüt Schleißheim im Norden Münchens 30 Fohlen zur Aufzucht in die Landshuter Residenz überstellt wurden.

1768 befanden sich bereits 38 sogenannte Etalonen (von étalon, franz. = Zuchthengst) aus dem Hofgestüt Rohrenfeld auf den beiden ersten Deckstationen Weihmörting und Hörgertsham, die Niederbayern zur Verbesserung der Landespferdezucht zu versorgen hatten. Während des Winters zwischen den Deckperioden standen die Hengste in den Stallungen der Residenz von Landshut. Die Unterbringung der Staatshengste im früheren herzoglichen Stallgebäude dürfte den im Volksmund gebräuchlichen Ausdruck „Hofstaller" in Umlauf gebracht haben, der älteren Züchtern dieser Gegend auch heute noch geläufig ist.

Die Landbeschäler waren Neapolitaner, Mecklenburger und Holsteiner Hengste mit orientalisch-spanischer Blutführung, die Kurfürst Maximilian III. Joseph zur Anhebung der allgemeinen Zuchtqualität und für die Erzeugung brauchbarer Militärpferde importiert hatte. Um den bäuerlichen Züchtern

*Links: Innenhof der Residenz Landshut. In den Stallungen unter den Arkaden sollen zur Anfangszeit des Landgestütes die Landbeschäler gestanden haben.*

125

einen Anreiz zu geben, wurde keine Decktaxe erhoben, doch durften nur besonders ausgesuchte Stuten für die Zucht verwendet werden.

Seit 1771 veranstaltete man öffentliche Stutenmusterungen, auf denen für die besten von einem Landbeschäler stammenden dreijährigen Stuten Prämien und Preise vergeben wurden. Der erfolgreiche Züchter erhielt als besondere Auszeichnung eine silberne Gedenkmünze mit kurfürstlicher Prägung. Die Ausfuhr von Pferden war strikt verboten, sie durften nur innerhalb der Landesgrenzen gehandelt werden. Zu jener Zeit züchtete man im bayerischen Oberland und im Alpengebiet ein kaltblütiges Arbeitspferd, den Noriker, und im Rottal (die Rott ist ein Nebenfluß des Inn), also in Niederbayern, ein leichteres, edleres Pferd für reiterlichen Gebrauch und für den leichten Wagen.

Aufgrund der großen Nachfrage erweiterte sich die Hengsthaltung im Laufe der Jahre, und damit stieg auch die Zahl der Beschälstellen. 1838 standen etwa 70 Hengste auf 16 in Niederbayern verteilten Deckstationen, und auch in Landshut war eine Deckstelle mit fünf Hengsten eingerichtet. Das Personal des Gestütes bestand mittlerweile aus abkommandierten Soldaten der Kavallerieregimenter, die Gestütsleitung wurde von aktiven Reiteroffizieren wahrgenommen.

Zu Beginn des 19. Jahrhunderts wurden in Frankreich erstmalig Normännerhengste angekauft und dem Landgestüt zugeteilt, die neben den Halbbluthengsten aus dem Hofgestüt großen Einfluß auf die Landespferdezucht ausübten. Der erzielte edle Pferdetyp eignete sich vorzüglich für die Erfordernisse der Kavallerie, genügte aber nicht den Anforderungen von Landwirtschaft und

*Rechts: ‚Ninus‘, um 1824, ein Hengst im edlen, leichten Reitpferdtyp aus dem Hofgestüt Rohrenfeld.*

Gewerbe, die für ihre Zwecke ein mittelschweres bis schweres Warmblutpferd benötigten. Deshalb wurde das Landgestüt angewiesen, zusätzlich englische Halbblüter, Cleveländer und in verstärktem Maße Oldenburger Hengste aufzustellen, die in Niederbayern einen besonders nachhaltigen Einfluß ausübten und, wie aus einem amtlichen Bericht 1871 hervorgeht, einen leichten und schweren Wagenschlag schufen, der alle übrigen Zuchten Bayerns an Qualität überragte. Die Hengsthaltung der Kaltblutzucht lag damals ausschließlich in Privathand, der erste staatliche Kaltblutbeschäler für Niederbayern wurde 1884 vom Landgestüt angekauft. Fünf Jahre später standen bereits 20 Kaltblüter der Rassen Belgier, Clydesdale und Shirehorse auf den Deckstationen. Der Versuch, Traberhengste in die Rottaler Warmblutzucht einzukreuzen, mißlang und mußte aufgegeben werden. Sie hinterließen jedoch die Grundlage für eine gefestigte, später erfolgreiche Traberzucht in Bayern.

Der staatliche Beschälerstall in der Residenz Landshut, Ländgasse 127, hatte sich aufgrund der räumlichen Enge schon immer als wenig zweckmäßig erwiesen, es wurde „daselbst ein Krankenstall und ein Tummelplatz vermißt“, und mit der steigenden Beschälerzahl reichten die Stallungen mit 48 Standplätzen nicht mehr aus. Daher beschloß die Königlich Bayerische Landgestütverwaltung 1859 die Errichtung eines neuen Landgestütes in Landshut. Das vorgesehene Gelände am Rande der Stadt war völlig versumpft und von wildem Gehölz überwuchert und mußte durch Rodung, Trockenlegung und Kanalisierung erst bebauungsreif gemacht werden. Das Gestütsareal ist bis heute das gleiche geblieben. Das Hauptgebäude mit den beiden Stallflügeln wurde 1861

*Eingang zum Hauptgebäude mit Landeswappen.*

erbaut und 1888 durch rechtwinklig angesetzte Stallungen erweitert, so daß insgesamt 144 Hengste untergestellt werden konnten.

Nachdem in der Vergangenheit stets ein Offizier den Posten des Gestütsleiters besetzt hatte, wurde 1887 erstmalig ein Zivilist mit dieser Aufgabe betraut. Landstallmeister Peter Adam, zuvor Gestütsleiter des Landgestütes Zweibrücken, war approbierter Tierarzt mit reichen Erfahrungen in seinem Beruf und fundierten Kenntnissen im Gestütswesen, die er sich auf zahlreichen Reisen in österreichisch-ungarischen, norddeutschen und französischen Staatsgestüten erworben hatte. Adam war ein ideenreicher Mann, der bei seinem Amtsantritt gegen fest eingefahrenen Konservativismus und schwerfällige Amtsschimmelei ankämpfen mußte. Doch mit der Zeit gewann er das Vertrauen der Züchter, und das nach seiner Vorstellung verwirklichte Zuchtziel eines gängigen, mittelschweren Warmblutpferdes fand Anerkennung im In- und Ausland. Durch seine Initiative wurde der Verein zur Förderung der Traberzucht in Bayern ins Leben gerufen und in Pfarrkirchen eine moderne Trabrennbahn angelegt. Nachdem sein Wunsch, das Landgestüt nach Pfarrkirchen zu verlegen, am Veto des Landtages gescheitert war, widmete er sich mit aller Kraft dem weiteren Ausbau des Gestütes. Sein Wissen, das sich auch in zahlreichen Veröffentlichungen niederschlug, machte ihn in Fachkreisen zu einer bekannten und geschätzten Persönlichkeit.

Warmblut

Süddeutsches
Kaltblut

Stammgestüt
Achselschwang
(Gestüt aufgelöst)

Stammgestüt
Schwaiganger

Rottal

Haflinger

Ponys

*Die offiziellen Brand-*
*zeichen der Pferdezucht-*
*verbände in Bayern.*

Mit dem Ende des Ersten Weltkrieges ergab sich die Notwendigkeit nicht nur des Wiederaufbaues, sondern auch einer gravierenden Umstellung der Pferdezucht in Bayern. Die Lösung dieses Problems, von dem auch viele andere deutsche Zuchten betroffen waren, verlangte eine Ausrichtung der Zucht auf die Belange der Landwirtschaft und des Gewerbes, denn der militärische Bedarf der Vorkriegszeit war nicht mehr vorhanden. Deshalb wurden im Landgestüt nunmehr hauptsächlich Warmbluthengste schweren Kalibers und Kaltbluthengste verschiedenen Typs für die Erzeugung von Wirtschaftspferden eingesetzt. 1930 standen insgesamt 68 Hengste auf 22 Deckstationen, die etwa 3000 Stuten belegten, damit war der absolute Tiefpunkt nach dem Ersten Weltkrieg erreicht. Doch dann lebte das Zuchtgeschehen wieder auf, und der Hengstbestand verlagerte sich zahlenmäßig zugunsten der Kaltblüter, so daß beispielsweise 1948 von den insgesamt 187 Landbeschälern 155 Hengste der Kaltblutrasse angehörten. Zur Festigung einer verbesserten und vereinheitlichten Kaltblutzucht beschlossen die 1916 gegründeten bayerischen Pferdezuchtverbände in Zusammenarbeit mit dem Landgestüt im Jahre 1921 die Bildung eines fest und klar umrissenen Zuchtzieles mit der Bezeichnung „Norisches Pferd", das den Bedürfnissen der Landwirtschaft gerecht werden sollte.

Seit Jahrhunderten züchtete man den Noriker vorwiegend im Süden und Südosten Bayerns in zwei verschiedenen Versionen. Der „Oberländer" war ein leichtes Kaltblutpferd des Gebirges, das sich durch Inzucht, karge Aufzuchtbedingungen und als Folge von Veredelungsversuchen im 19. Jahrhundert zu einem kleinen und wendigen Arbeitspferd von trockener und gefälliger Form entwickelt hatte. Der Begriff „Pinzgauer" hingegen bezeichnete den schweren Noriker, der ursprünglich aus dem Pinzgau und dem Pongau stammte und letztlich vor allem im Chiemgau heimisch geworden war. Aufgrund seines hohen Leistungsvermögens war er für die Landwirtschaft und den schweren Fuhrdienst sehr geschätzt, wenngleich sein Körperbau vornehmlich in der Hinterhand gewisse Mängel aufzuweisen hatte, die dem Züchter mißfielen. Die züchterische Absicht verfolgte eine Verschmelzung beider Schläge, die eine Verstärkung des Oberländers und eine Formverbesserung des Pinzgauers ergeben sollte. Das Experiment gelang durch strenge Auslese geeigneter Zuchtpferde, das Ergebnis war ein mittelschweres Arbeitspferd von relativ einheitlichem Typ, das nach dem Zweiten Weltkrieg nicht mehr Noriker hieß, sondern in „Süddeutsches Kaltblut" umbenannt wurde. Der Lieferant für die Kaltblutbeschäler des Landgestütes war vor allem das Stammgestüt Schwaiganger.

Die Zucht des schweren Rottaler Warmblutpferdes, die letztlich vorwiegend vom Oldenburger geprägt worden war, erlebte ihre Blütezeit um die Jahrhundertwende und ging nach dem Ersten Weltkrieg wegen der raschen Zunahme der Kaltblutzucht stark zurück, um vor dem Zweiten Weltkrieg noch ein letztes Mal anzusteigen.

In der Zeit zwischen den beiden Weltkriegen leitete Landstallmeister Wucherer, ebenfalls ein Tierarzt, das Landgestüt Landshut. Seine Amtszeit war in züchterischer Hinsicht vom Aufschwung und der Koordinierung der Kaltblutzucht und dem vorübergehenden Niedergang der Warmblutzucht geprägt. Durch die Auflösung der Landgestüte Erding und Augsburg wurde der Aufgabenbereich von Landshut erheblich erweitert, da nunmehr auch jene Bezirke von hier aus mit Beschälern versorgt werden mußten. Außerdem kam 1922 der Gestütsamtsbezirk Oberpfalz und 1936 die staatlichen Zuchthengste aus Oberbayern hinzu, so daß Landshut in dieser Zeit über insgesamt 158 Beschäler verfügte. Wucherer förderte die Kaltblutzucht durch Zukauf hervorragender norischer Hengste aus Österreich, die bewährte Blutlinien hinterließen, und verhinderte mit Erfolg die Einfuhr einer fremden, nicht bodenständigen und ungeeigneten Kaltblutrasse. Auch die Einrichtung einer Reit- und Fahrschule im Landgestüt im Jahre 1925 für die Ausbildung der Landjugend ist seiner Initiative zu verdanken. Die Züchter bewiesen ihr Vertrauen zu ihrem Landstallmeister mit seiner Berufung zum Vorsitzenden des Pferdezuchtverbandes Niederbayern-Oberpfalz. 1938 wurde Wucherer als Oberlandstallmeister und Leiter der gesamten staatlichen Pferdezucht Bayerns nach München versetzt.

*Oben: Eine Koppel von Noriker-Hengsten des Landgestütes auf der Landwirtschaftsausstellung in München 1954. Zu dieser Zeit ging die Epoche des warmblütigen und auch des kaltblütigen Wirtschaftspferdes ihrem endgültigen Ende entgegen.*

In den ersten Jahren nach dem Zweiten Weltkrieg war die Nachfrage nach Arbeitspferden unvermindert hoch, denn der Krieg hatte das Land verarmt, die landwirtschaftlichen Geräte waren überaltert und es fehlte vor allem an Zugmaschinen. Erst in den 50er Jahren setzte wie allerorts auch in Bayern der große Rückgang der Pferdezucht ein, 1955 standen nur noch etwa 80 Beschäler im Landgestüt. 1959 mußte das für die Regierungsbezirke Ober-, Mittel-, Unterfranken und Schwaben zuständige Landgestüt Ansbach seine Pforten schließen, die Hengste fanden in Landshut eine neue Heimat. Seitdem ist das Landgestüt Landshut das einzige Hengstdepot Bayerns und mithin für das gesamte Bundesland zuständig. Die Kaltblutzucht wurde bedeutungslos, denn der Traktor hatte die Aufgabe der schweren Arbeitspferde übernommen, und die Rottaler Warmblutzucht war ebenfalls nicht mehr gefragt. Das schwere Warmblutpferd eignete sich nicht für den Reitsport, der Anfang der 60er Jahre allenthalben aufblühte.

Seit der Gründung der Königlich Bayerischen Landgestütverwaltung im Jahre 1844 waren folgende Landstallmeister mit der Leitung des Landgestütes Landshut beauftragt worden:

von 1844 bis 1847 Otto Frhr. von Magerl
von 1847 bis 1849 Alexander Graf von Jenison-Walworth
von 1849 bis 1870 Constantin Frhr. von Podewils
von 1870 bis 1887 Wilhelm Graf von Leiningen-Westerburg
von 1887 bis 1906 Peter Adam (zuvor Gestütsleiter in Zweibrücken)
von 1907 bis 1921 Sigmund Beichhold
von 1921 bis 1938 Hans Wucherer (später vertretungsweise
                 Gestütsleiter in Zweibrücken)
von 1938 bis 1942 Dr. Karl Knoerzer
von 1942 bis 1958 Dr. Max Gareis
von 1958 bis 1967 Dr. Franz Sonnleitner
von 1967 bis 1976 Dr. Oscar Riel
seit 1976 Landwirtschaftsrat Wolfgang Kühn
          Technische Leitung Sattelmeister Sterr

Die staatlich gelenkte Pferdezucht Bayerns befaßte sich von Anbeginn nahezu ausschließlich mit der Erzeugung von Warmblutpferden, da nur diese von den Landesherren zur Entfaltung ihrer Macht erwünscht und für den Militärdienst für tauglich befunden wurden.

Historische Hinweise besagen, daß die Rottaler Warmblutzucht neben der ostfriesischen eine der ältesten sein soll. Nach der Schlacht auf dem Lechfeld können zurückgelassene hunnische Beutepferde ihren züchterischen Einfluß in den Rottaler Pferden hinterlassen haben. Im 11. Jahrhundert, zur Zeit der Kreuzzüge, wird der „Rottaler Fuchs" als besonders brauchbares Reitpferd gepriesen, und um die Mitte des 15. Jahrhunderts, als Bayernherzog Albrecht V.

Deckhengste an die Zuchten der Klosterhöfe verteilte, ist ebenfalls von der Qualität dieser Rasse die Rede. Wie viele andere Zuchten hat auch das Rottaler Pferd längere Zeiträume hindurch in Anpassung an die jeweils gewünschten Erfordernisse bestimmte Umwandlungen erfahren. Die älteste Grundlage der Zucht dürften die alten, bodenständigen norischen Pferde sein, die anfangs durch römische Pferde und dann durch arabische, ungarische und siebenbürgische Hengste frühzeitig ein eigenes Gepräge erhielten. Von 1770 bis 1800 wurden hauptsächlich Holsteiner Hengste eingeführt, die in ihrem Blutaufbau durch spanische und neapolitanische Herkunft geprägt und aufgrund ihres harmonischen Körperbaues, ihrer Größe und ihres stattlichen Halsaufsatzes besonders unter den Herrschenden sehr beliebt waren, weil diese hohen Pferde ihren Reitern ein denkmalähnliches Image und eine hehre Größe verliehen, die sie von anderen Reitern auf den üblicherweise kleineren Pferden in angenehmer Weise unterschied.

In der ersten Hälfte des 19. Jahrhunderts wurden dann Halbblüter der Norfolkrasse aus England, Araber, Anglo-Araber, Normänner und Zweibrücker Hengste im Landgestüt aufgestellt. Außerdem erwarb man bald auch bodenständig gezogene Hengste der Landeszucht, sofern sie Nachkommen von Landbeschälern waren. Das Zuchtziel war jetzt ein leichtes Reit- und Wagenpferd, das sich vor allem durch seine Schnelligkeit und Ausdauer für den Militärdienst qualifizierte. Die hoch im Blut stehenden Pferde eigneten sich infolge ihres lebhaften Temperamentes und ihres geringen Gewichtes aber nicht für die landwirtschaftliche Arbeit. Um 1850 erhielt die Zucht durch die nunmehr ins Leben gerufene Landgestütsverwaltung eine einheitliche Zielrichtung.

Zur Verstärkung der mittlerweile zu leicht geratenen Nachzucht kaufte das Landgestüt kräftigere Hengste englischer Herkunft. Der Cleveland Bay, so

*Oben links: Neunjähriger Oldenburger Hengst des kleineren, gedrungenen Typs Ende des 19. Jahrhunderts, der in der niederbayerischen Warmblutzucht bevorzugt wurde und das Erscheinungsbild des Rottalers entscheidend prägte.*
*Oben rechts: Zum Vergleich ein dreijähriger Oldenburger Hengst im größeren Karossier-Typ, der vornehmlich als Kutschpferd gefragt war.*

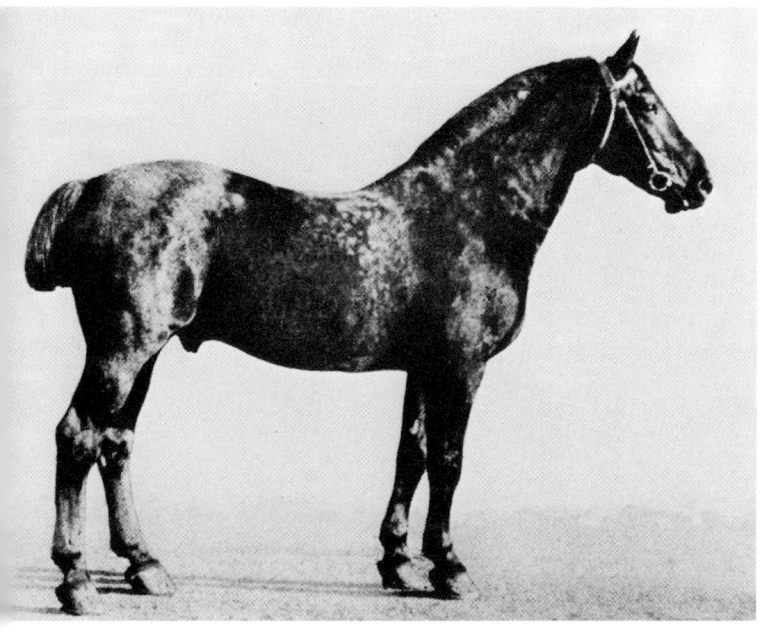

hieß diese Rasse, war der schwere Warmblut-Karossier Englands mit raum-
greifender Aktion und von meist brauner Fellfarbe. Die Cleveländer bewiesen
durchschlagende Vererbungskraft und verbesserten die Zucht in der gewünschten Richtung. Um 1857 wurden erste Versuche mit Oldenburger Hengsten unternommen und 1870 einige Beschäler aus der Normandie eingeführt.
Bald stellte sich heraus, daß die Oldenburger vorzüglich einschlugen, und so
fanden Hengste dieser Rasse seit 1874 in verstärktem Maße Verwendung. In
Oldenburg war zu dieser Zeit der hochgewachsene Karossier mit viel Aufsatz
und schwungvoller Aktion beliebt, während der kleinere, gedrungene, kurz-
beinige Typ als Arbeitspferd gute Dienste leistete, und gerade diesen bevorzugte man in der bayerischen Zucht, da er vielseitig verwendbar war. Um die
Jahrhundertwende war das Rottaler Warmblutpferd ein beliebtes und gesuch-
tes schweres Warmblutpferd für Kutsche und Acker, das als vielseitiger,
starkknochiger, tief und harmonisch gebauter Wirtschaftstyp mit hervorragender Gangmechanik bis in die ersten Jahre nach dem Zweiten Weltkrieg seine
überzeugten Anhänger hatte.

Im Gegensatz zu den Warmblutpferden, deren Zucht in Bayern nahezu ausschließlich auf den Einfluß importierter, fremdrassiger Pferde zurückgeht, ist
das Kaltblut eine seit alter Zeit bodenständige Rasse des Alpen- und Vor-
alpengebietes, die schon von den Römern erwähnt oder vielleicht sogar von
ihnen eingeführt wurde. Sie verwendeten neben dem leichten Reitpferd ein
massiges Pferd für den Trag- und Zugdienst, das in der römischen Provinz
Noricum, dem heutigen Ober- und Niederösterreich, Kärnten, Steiermark,
Osttirol, Salzburg und dem bayerischen Chiemgau, bereits im 2. Jahrhundert
heimisch wurde. Ob zuvor schon eine einheimische, bodenständige Rasse
bestand, mit der sich das schwere Römerpferd hätte vermischen können, ist
nicht sicher nachgewiesen. Wie dem auch sei, die in Österreich und Bayern

beheimatete Kaltblutrasse wurde nach der einstmals römischen Provinz „Norisches Pferd" benannt. Zur Zeit Karls des Großen war die Existenz dieser Rasse schon eine geschichtliche Tatsache.

Der Schwerpunkt der norischen Zucht lag von altersher in Österreich, in den abgelegenen Tälern des Pinzgaues und Pongaues im Umkreis des Großglockners. Von hier aus wurden bereits seit Jahrhunderten Pferde in das benachbarte südliche Bayern eingeführt. Der Noriker fand hier die gleichen Umweltbedingungen wie in seiner engeren Heimat und wurde wegen seiner Genügsamkeit, Widerstandsfähigkeit und Ausdauer sehr geschätzt. Der ursprüngliche Typ hat sich in seiner reinsten Form im Salzburger Land erhalten, wo die in Salzburg residierenden Erzbischöfe sich mit besonderer Hingabe bereits um 1576 mit der Zucht des Norikers befaßten und mehrere Gestütshöfe errichten ließen. Der Noriker ist ein echtes Gebirgspferd, das sich im Laufe der Zeit durch unterschiedliche Umweltbedingungen in zwei Typen teilte, nämlich in den größeren, schwereren, wahrscheinlich schon immer mehr in Talnähe gezüchteten Pinzgauer und den kleineren, leichteren und höher im Gebirge lebenden Oberländer.

Bis etwa zum Ersten Weltkrieg erweckte das äußere Erscheinungsbild des Norikers mit seinem plumpen, schweren Kopf, dem kurzen, tief angesetzten Hals, dem langen Senkrücken, dem flachrippigen Rumpf, der abschüssigen Kruppe mit tief angesetztem Schweif, den fehlerhaften Gliedmaßen und den breiten, flachen Hufen den Eindruck eines recht unedlen und unharmonischen Pferdes, dessen Ursache zum Teil in einer äußerst lieblosen und mangelhaften

*Noriker-Hengst ‚Vuldux‘, geb. 1943, ein besonders typschöner Landbeschäler.*

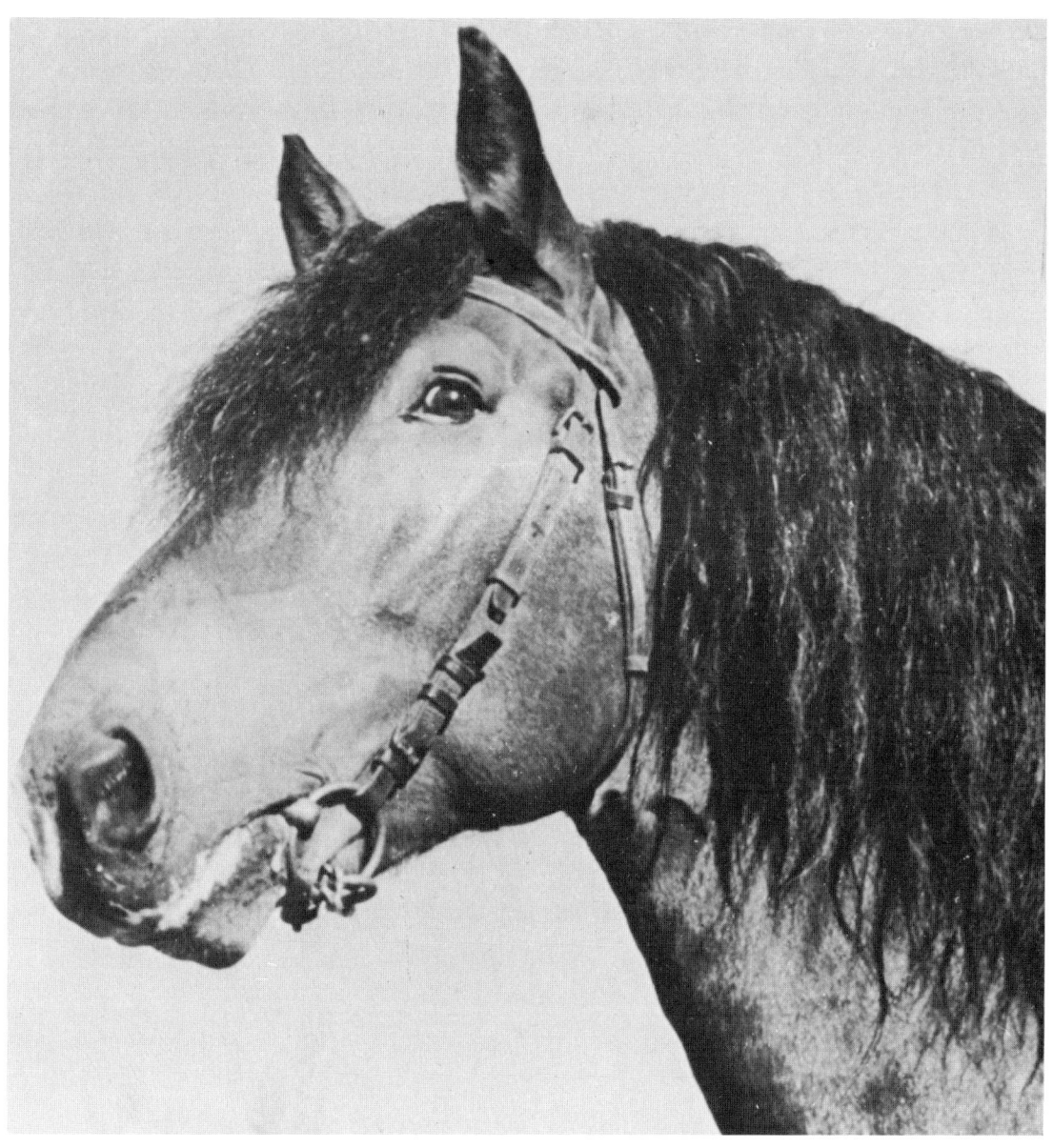

*Portrait eines Noriker-Hengstes im Landgestüt.*

Aufzucht und Haltung zu suchen war, wobei allerdings berücksichtigt werden sollte, daß die meist armen, notleidenden Bergbauern ihre größere Sorgfalt gezwungenermaßen den Rindern widmen mußten, weil diese den größeren Nutzen brachten. Das Oberländer Pferd war kürzer im Rumpf, harmonischer im Körperbau, zeigte lebhafteres Temperament und schwungvolleres Gangvermögen.

Die Zucht des Norikers in Bayern hatte sich vor allem im Südosten und Süden des Landes ausgeweitet, wobei der dem Salzburgischen benachbarte Chiemgau als zentrales Zuchtgebiet die Reinzucht nach österreichischem Vorbild aufrechterhielt. Um das bodenständige Landpferd zu veredeln, wurden in den westlich gelegenen Regionen bis zum Jahre 1800 Warmbluteinkreuzungen mit Holsteiner Hengsten und im Verlauf des 19. Jahrhunderts Versuche mit englischen Halbbluthengsten, Norfolks, Normännern, Cleveländern, Ostfriesen und Oldenburgern unternommen; schließlich verwendete man sogar Originalkaltblüter wie Belgier und Clydesdale. Doch die Experimente scheiterten, da die schollenfremden Hengste keine züchterischen Dauererfolge hinterließen und die Nachzucht infolge der harten Lebensbedingungen degenerierte. Außerdem hielten die Bauern mit zäher Zielstrebigkeit an ihrem heimischen Kaltblutpferd fest und versuchten, die Zucht aus sich selbst heraus zu verbessern, denn die durchschlagende Vererbungskraft der bodenständigen Rasse zeigte sich allen Fremdeinmischungen überlegen. Im bayerischen Oberland bildete der Noriker die Grundlage der bäuerlichen Zucht. Im Jahre 1898 wurden 62 norische Hengste mit der Differenzierung in Oberländer- oder Pinzgauertyp zur Körung vorgestellt, und diese Unterscheidung wurde fortan offiziell beibehalten.

Mit der zunehmenden Intensität des Ackerbaues in Niederbayern verstärkte sich die Nachfrage nach einem schweren, aber doch beweglichen Arbeitspferd für die Landwirtschaft. Deshalb sah sich das Landgestüt Landshut veranlaßt, erstmalig im Jahre 1885 einen in Kärnten angekauften Norikerhengst als Beschäler aufzustellen, dem bald 20 weitere folgten. Da die Österreicher jedoch nur mittelmäßige Tiere abgaben und sonst nirgends Spitzenhengste zu haben waren, wurden bis zur Jahrhundertwende neben weiteren Norikern noch einige Kaltblüter aus dem Rheinland und aus Belgien und eine größere Zahl von Clydesdale- und Shirehengsten erworben. Bis zum Ersten Weltkrieg war die Kaltblutzucht vornehmlich privaten Züchtern überlassen worden. Die Vielfalt der verwendeten Rassen und unterschiedliche Auffassungen in der Typfrage verhinderten die einheitliche Ausrichtung auf ein bestimmtes Zuchtziel. Je nach Arbeitsverwendung war entweder der leichtere Oberländer oder der stärkere Pinzgauer begehrt; Belgier und Rheinländer wurden dort stationiert, wo spezielle Liebhaberei ihnen den Vorzug gab oder der Mangel an Norikern eine Ersatzlösung forderte.

Die Zeit nach dem Ersten Weltkrieg brachte tiefgreifende Änderungen für die bayerische Pferdezucht. Die Kaltblüter breiteten sich aufgrund der starken Nachfrage unaufhaltsam über das ganze Land aus und verdrängten die Warmblutpferde aus ihrer bisher führenden Position. 1921 betrug der staatliche Hengstbestand 22 Belgier und Rheinländer Kaltbluthengste, 21 Noriker und 78 Warmbluthengste. Im Jahre 1930 waren von insgesamt 68 Staatshengsten bereits 47 norische Kaltblüter und nur noch 21 schwere Warmblüter. 1921 konstituierte sich der norische Kaltblutpferdezuchtverein im Rottal, man wählte den schwereren Pinzgauer als Zuchtziel und beschloß den planmäßigen Aufbau der Zucht auf ausschließlich norischer Grundlage. Vorübergehend ergab sich eine Störung, als 1926 eine Interessengruppe die Gründung eines Zuchtverbandes für das Rheinisch-Deutsche Kaltblut versuchte, also eines Arbeitspferdes, das sich für bayerische Verhältnisse wenig eignete. Die Vereinigung wurde staatlicherseits aber nicht anerkannt und mußte aufgelöst werden. Seit 1927 gehören alle staatlichen Kaltbluthengste der norischen

| Jahr | Zahl der Hengste |
|---|---|
| 1848 | 51 |
| 1870 | 94 |
| 1880 | 119 |
| 1890 | 137' |
| 1900 | 141 |
| 1925 | 91 |
| 1930 | 68 |
| 1940 | 170 |
| 1948 (Höchststand) | 187 |
| 1953 | 84 |
| 1972 | 45 |
| 1976 | 54 |

Rasse an. 1920 wurde das Stammgestüt Schwaiganger als staatliche Zuchtstätte für das norische Kaltblut eingerichtet, das durch Eigenzucht und Zukauf der besten Hengstfohlen aus bäuerlicher Zucht die Aufzucht der Nachwuchshengste für die Landeszucht übernahm und die Landgestüte Ansbach und Landshut versorgte. Der Anteil der Kaltbluthengste in Landshut betrug 1913 etwa 30 %, 1933 etwa 60 % und 1949 etwa 80 %, das waren zu dieser Zeit 156 Kaltblüter, die 12 000 Stuten deckten. Der Gesamtbestand an Beschälern im Wechsel der jeweiligen Konjunkturen seit Gründung der Bayerischen Landgestütverwaltung wird durch nebenstehende Tabelle anschaulich illustriert.

Die niederbayerische „Hauptstadt" Landshut liegt an der Isar, inmitten des altbayerischen Agrarlandes. Das aufstrebende Wirtschaftszentrum mit seinen 50 000 Einwohnern ist mit Recht stolz auf seine geschichtsträchtige Vergangenheit. Das Gesamtbild der Residenzstadt mit seinen marktplatzähnlichen Straßenzügen, den stattlichen Giebelhäusern aus dem 15. und 16. Jahrhundert und dem mittelalterlichen Kern vermittelt noch immer den Eindruck einer altbayerischen Stadt der ausgehenden Gotik und Frührenaissance. Höhepunkt der Stadtarchitektur ist die Altstadt, in deren Atmosphäre sich der Betrachter in das Mittelalter zurückversetzt fühlt. Leider aber werden die zauberhaften Straßenfronten durch merkantiles Profitdenken zerstört, indem unwiederbringliche Baudenkmäler abgerissen und die freigeschaufelten Lücken dann durch moderne Zweckbauten oder, noch schlimmer, mittels neugefertigter Giebelimitationen wieder geschlossen werden.

Das Landgestüt liegt am Ostrand der Stadt. Betritt man das Gestütsgelände durch den Haupteingang, so führt eine kurze Allee durch einen kleinen

*Portal des Landgestütes Landshut, auf den Parkwegen werden die Hengste täglich bewegt.*

vorgelegenen Park mit hohen, alten, weitausladenden Bäumen auf das Hauptgebäude mit seinen beiden seitlich angebauten Stallflügeln zu. Die hohe Gebäudefront wirkt altehrwürdig abweisend auf den Besucher, und in der Tat trifft man erst dann auf geschäftiges Gestütsleben – sofern die Hengste nicht gerade auf den Parkwegen bewegt werden – wenn man, entweder den linken oder rechten Weg wählend, um den Gebäudekomplex herum den Gestütshof erreicht, der von den Stallungen, der Schmiede und der Wagenremise begrenzt wird. Das gesamte Gestütsgelände umfaßt heute 5 ha, die Stallungen bieten Platz für etwa 150 Pferde. Im Gestüt sind derzeit als Beschäler 46 Warmbluthengste (Hannoveraner, Westfalen, Trakehner und Bayern), vier Vollblüter, zwei Noriker (Süddeutsches Kaltblut) und zwei Haflinger aufgestellt. Die Kaltbluthengste decken den geringen Bedarf für Landwirtschaft und Holzabfuhr im Voralpenland und im Bayerischen Wald, der Haflinger wird als Freizeitpferd geschätzt, und das Warmblutzuchtziel ist das „Deutsche Reitpferd" für den Sport, wobei in jüngster Zeit ein eigengezüchtetes bayerisches Warmblutpferd auf vorwiegend hannoverscher Grundlage angestrebt wird. Das Gestütspersonal besteht aus insgesamt 16 Personen, die Rangbezeichnungen sind Sattelmeister und Gestütwärter. Das Gestüt kann nach vorheriger Anmeldung das ganze Jahr über von interessierten Besuchern besichtigt werden, denn während der Decksaison von März bis Juli ist auch hier eine

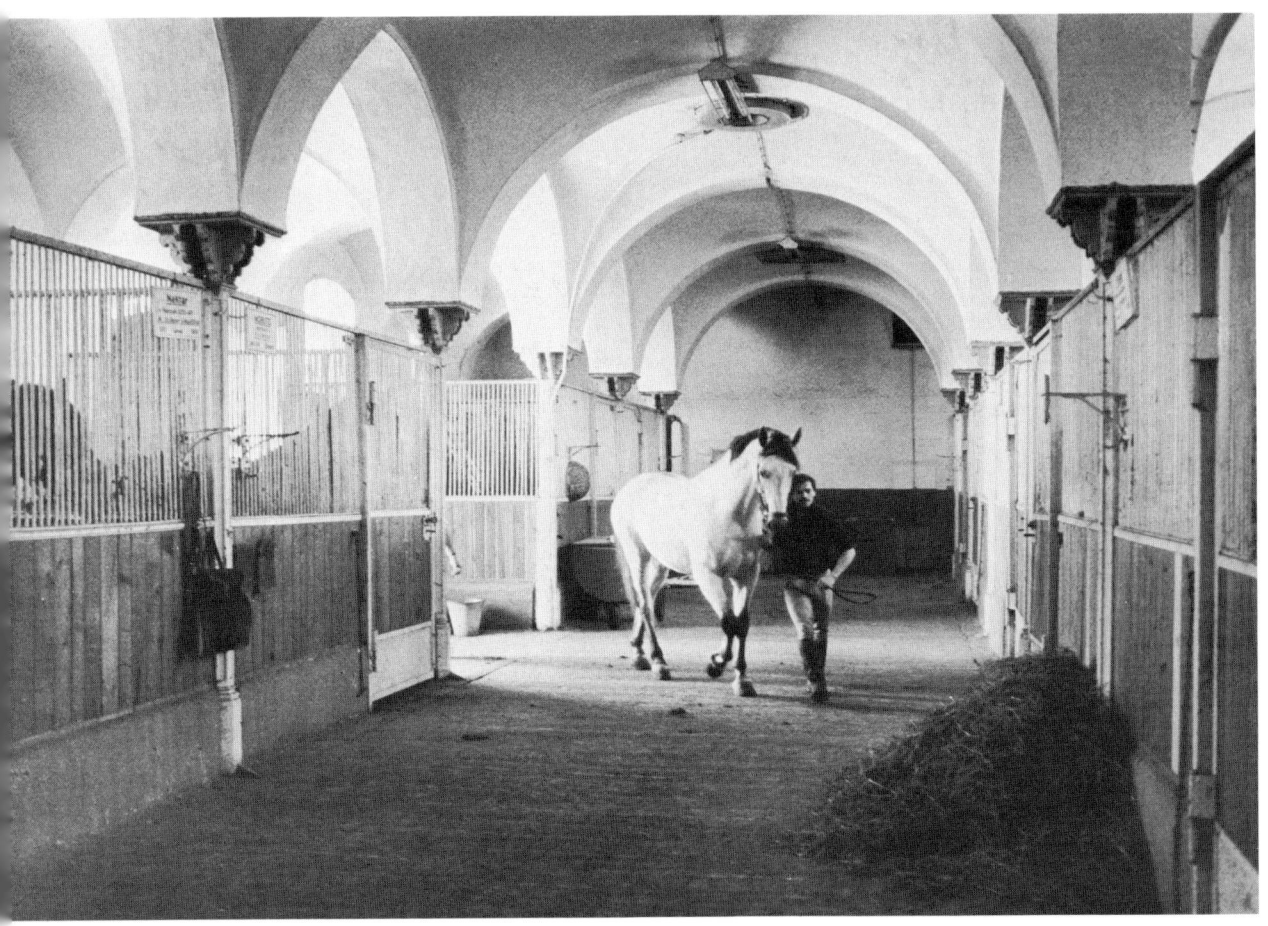

*Innenansicht des Boxenstalles im Anbau des rechten Stallflügels.*

138

*Bayerisches Warmblut
heute, Landbeschäler im
großen, mittelschweren
Typ.*

*Süddeutsches Kaltblut,
Noriker Rapphengst.*

Übersichtsplan
des Gestütsamtsbezirks
mit den staatlichen
Beschälställen.

OBERPFALZ

Neunburg v. Wald
(4)

Wörth a. D.
(3)

DONAU

Altmannstein
(4)

Theißing (4)
Ingolstadt
(8)

Langquaid
(4)

Abensberg
(4)

NIEDER-

Plattling
(3)

Hengersberg
(4)

Geisenfeld
(6)

Pfeffenhausen
(4)

DONAU

Reichertshofen Wolnzach
(3)

Mainburg
(4)

Eichendorf
(3)

Aidenbach
(7)

Fürstenzell
(8)

Pöttmes
(4) Schrobenhausen
(5)

Äu (1)

Landshut
(6)

BAYERN

Arnstorf
(3)

Hörgertsham
(5)

Eholfing (4)

Aindling
(4)

Pfaffenhofen
(7)

Pfarrkirchen Holzham
(4) (7)

Karpfham (4)

Gerolsbach
(3)

Eggenfelden
(3)

Weihmörting
(6)

Pocking
(5)

Vierkirchen
(5)

Kirchham
(5)

Dachau
(4)

Erding
(3)

Die in Klammern gesetzten Ziffern
bedeuten die Zahl der auf dem
Beschälstall aufgestellten Hengste

Unterschweinbach
(3)

ISAR

INN

Fürstenfeldbruck
(3)

Grub
(1)

Achselschwang

München

OBERBAYERN

Eckhof
(1)

Übersee
(3)

Miesbach
(5)

Feilnbach
(1)

Grassau
(3)

Inzell
(1)

Hundham
(3)

Schwaiganger

Wiesen
(2)

---

Deckstation mit fünf Hengsten besetzt. Die Beschäler sind während der Saison, teilweise unter der Obhut von Gestütwärtern, auf etwa 30 Deckstellen verteilt. Einige Hengste sind als Leihgabe in Privatpflege gegeben. Die Nachwuchsbeschäler werden im Alter von 2½ Jahren, nachdem sie angekört sind, im Stammgestüt Schwaiganger, von privaten Züchtern und auch auf den Hengstmärkten in Verden/Aller oder Münster erworben. Nach der ersten Deckzeit

*Oben: Die Deckstationen des Landgestütes im Jahre 1950.*

müssen sie 3½jährig die staatlich vorgeschriebene Leistungsprüfung ablegen, die seit 1972 in der Landesreitschule in München durchgeführt wird. Die Prüfung gliedert sich in fünf Teile:

1. Prüfung im schweren Zug vor dem Zugschlitten, je nach Körpergewicht 45 bis 55 Zentner Nutzlast.
2. Schritt- und Trabprüfung vor dem Wagen zur Feststellung der Schritt- und Trittlänge des Hengstes.
3. Prüfung unter dem Reiter im Gelände, wobei eine Querfeldeinstrecke von 4 km Länge mit zwölf festen Hindernissen zu überwinden ist.
4. Unmittelbar daran anschließend 2000 m Renngalopp.
5. Tierärztliche Verfassungsprüfungen.

Hengste, die in der Eigenleistungsprüfung versagen, werden von der weiteren Zucht ausgeschlossen. Vollbluthengste, die als Spezialhengste für die Veredelung des bodenständigen bayerischen Warmblutpferdes, also zur Umzüchtung des Rottalers, sowie zur konstitutionellen und zur Leistungsverbesserung der Warmblutzucht eingesetzt werden, müssen ihre Leistungsbefähigung auf der Rennbahn unter Beweis gestellt haben. Solche Hengste kommen daher erst volljährig zur Zuchtverwendung. Die staatlichen Beschäler decken alljährlich etwa 2000 Stuten, die etwa 1500 Fohlen zur Welt bringen.

Analog zu den Hengstparaden in Celle, Warendorf und Dillenburg wird in Landshut in der ersten Oktoberhälfte ein „Tag der offenen Tür" veranstaltet, der nicht wie jene den Charakter einer Show für das große Publikum trägt, sondern mehr auf den Fachmann ausgerichtet ist, der sich für züchterisch aufschlußreiche Vorführungen und Leistungsdemonstrationen interessiert. Die Hengste werden an der Hand, unter dem Sattel und im Gespann vorgeführt und in turniermäßigen Wettkämpfen in Dressur und Springen bis zu den Schwierigkeitsgraden der LPO-Klassen L und M gezeigt. Ausbildungskurse für Außenstehende können nicht durchgeführt werden.

Die Gestütsleitung trifft die züchterischen Entscheidungen in enger Zusammenarbeit mit dem Landesvorstand Bayerischer Pferdezüchter e. V. in München, das sich als Dachverband der Pferdezuchtverbände Oberbayern in München, Schwaben in Augsburg, Niederbayern-Oberpfalz in Landshut und Franken in Ansbach versteht. Im Gesamtverband sind etwa 2500 Zuchtstuten eingetragen.

Das Landgestüt steht aus rationellen Erwägungen nunmehr kurz vor seiner Auflösung, die Beschäler sollen in das Stammgestüt Schwaiganger überführt werden, das dann als Haupt- und Landgestüt die Aufgaben der staatlichen Zucht für das gesamte Bundesland Bayern zu erfüllen hat.

Landshut liegt 60 km nordöstlich von München entfernt, die Postanschrift des Landgestütes lautet: Bayerisches Landgestüt, Gestütstraße 5a, 8300 Landshut.

# Bayerisches Stammgestüt
# Schwaiganger

Bayern ist ein typisches Bauernland, in dem aufgrund von Landschaftsstruktur, Bodenbeschaffenheit und Klima bis in die jüngste Vergangenheit Ackerbau und Tierzucht vorherrschten. Im zivilen Bereich fand das Pferd vor allem in Landwirtschaft, Gewerbe und Handel als Zug- und Tragtier Verwendung, während die reiterliche Nutzung weitgehend der herrschenden Klasse und natürlich in erster Linie dem Militär vorbehalten war.

Welcher urtümliche Pferdetyp in früher Zeit in diesem Lande heimisch gewesen sein könnte, ist unbekannt. Zu Beginn unserer Zeitrechnung berichten römische Geschichtsschreiber von kleinen, struppigen, unansehnlichen, aber doch relativ arbeitstüchtigen Pferden, die in der Provinz Noricum, zu der auch das südöstliche Bayern gehörte, verbreitet waren, doch erwähnen sie nichts Genaueres über deren Erscheinungsbild und deren Verwendung und auch nicht, ob diese bereits in früherer Zeit als Wildpferde der regionalen Tierwelt angehörten. Tacitus bestätigt die Existenz der kleinen Pferde und fügt hinzu, daß sie von unschöner Form und wenig leistungsfähig waren. Der Widerspruch zu den vorangehenden Berichten mag sich aus dem Vergleich der bodenständigen Pferde mit den weit besser durchgezüchteten römischen Pferden ergeben haben, die sowohl in der Körperform als auch in der Leistung den Ponys wahrscheinlich überlegen waren. Durch überlieferte bildliche Darstellungen ist aber bekannt, daß die Römer zwei verschiedene Pferdetypen einführten, ein leichtes Pferd für den reiterlichen Gebrauch und ein schweres Pferd für den Trag- und Zugdienst. Das letztere dürfte wohl vorrangig als der Vorfahr des alten, bodenständigen Kaltblutpferdes der Alpenländer gelten, dem die Bauern in späteren Jahrhunderten nach der Provinz Noricum die Bezeichnung Noriker gaben. Zwischen Südbayern und Österreich herrschte allzeit reger Pferdehandel und auch züchterischer Austausch, so daß die Basis der bäuerlichen Zucht in beiden Ländern die gleiche ist.

Weil die Bauernpferde ihren Ansprüchen nicht genügten, richteten die bayerischen Landes- und Klosterherren private Gestüte für den Eigenbedarf

*Links: Hauptgebäude des Stammgestütes, der rechte Seitenflügel ist Sitz der Gestütsverwaltung.*

143

ein, in denen importierte edle Reit- und Kutschpferde gezüchtet und gehalten wurden, von denen in historischen Berichten wegen ihrer Außergewöhnlichkeit fast immer nur die Rede ist. Die Mehrzahl bildeten aber bei weitem die gemeinen, bodenständigen Bauernpferde, die viele Jahrhunderte hindurch der Grundstock für die bäuerliche Zucht und die Wirtschaft des Landes waren. Nichtsdestoweniger bemühten sich die Landesherren schon im 16. Jahrhundert, die Landeszucht zu verbessern. Sie bemängelten, daß allzuviele unedle Bauernhengste zum Decken der Stuten gehalten wurden. Tadelnd ermahnten sie Adel und Klosterherren, mehr „hübsche und gut gewachsene Rosse zu zügeln". Um 1517 errichtete der Herzog von Pfalz-Neuburg in Rohrenfeld bei Neuburg an der Donau ein Hofgestüt mit eingeführten neapolitanischen Pferden, denn man hatte erkannt, daß die Verwendung von geeigneten Hengsten die Zucht des Landes am wirksamsten zu verbessern vermochte. Ein weiteres Gestüt mit etwa 200 edlen Pferden entstand um 1590 in der Domänenschwaige in Graßlfing bei München, das nach verschiedentlichem Ortswechsel im Jahre 1750 auf die kurfürstlichen Güter Schwaiganger und Schleißheim verteilt wurde. Letzteres war jedoch nur bis 1779 in Betrieb. Für das Gut Schwaiganger aber, das bereits seit 955 unter verschiedenen Besitzern existierte und seit 1610 als herzogliches Vorwerk des Hofgestütes Graßlfing den Pferden als Sommerweide gedient hatte, begann eine wechselvolle Geschichte im Verlauf des bayerischen Staatsgestütswesens. Der Name Schwaiganger setzt sich aus zwei Begriffen zusammen, nämlich Schwaige = einzeln liegender Hof, und Anger = Grasweide (meist an einem Bach- oder Flußlauf), er bedeutet also etwa „Einsiedlerhof von Grasland umgeben".

Im Jahre 1754 ging die Regie des Gestütswesens von der kurfürstlichen Hofkammer an das aus Fachleuten gebildete Oberstallmeisteramt in München über. Dieser Zeitpunkt kann als Beginn des Staatsgestütswesens in Bayern angesehen werden. Der Hauptzweck der von den Hofgestüten auf die bäuerlichen Zuchten ausgedehnten Pferdezucht bestand in der Erzeugung von Gebrauchspferden für militärische Zwecke, weshalb strenge Ausfuhrverbote für Pferde erlassen wurden. 18 Hengste aus dem Hofmarstall und dem Hofgestüt Schleißheim standen in den Jahren 1754–1762 auf den ersten dörflichen Beschälstationen. Durch Zukauf weiterer Hengste vornehmlich in Holstein, Mecklenburg, Ostpreußen, Ungarn und Frankreich, die zum Teil edelstes Blut führten, bildete sich um 1769 das allgemeine Landgestüt, dessen etwa 70 Hengste auf die staatlichen Beschälplatten Kloster Benediktbeuren und Ettal, Hohenburg, Tölz, Hörgertsham, Straubing und Weihmörting im Lande verteilt waren, und die ständig vermehrt wurden. Die Hengste standen den Bauern unentgeltlich zur Verfügung, um die Bedeckung durch „gemeine Bauernhengste" zu verhindern und so wenigstens teilweise eine Veredlung der Landpferde zu erreichen. 1771 wurden erstmals Geldpreise an die Züchter zur Ausweitung der Veredelungszucht vergeben und die Körung der Zuchtstuten sowie der bäuerlichen Gaureiterhengste (Kaltbluthengste) in Privathaltung

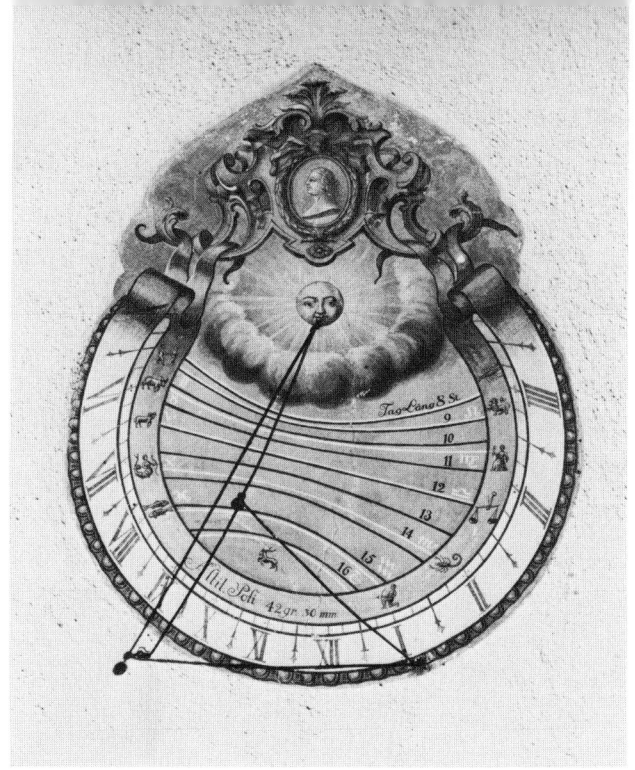

*Die Sonnenuhr am rechten Flügel des Hauptgebäudes mit dem zeitgenössischen Bildnis der Herzogin Anna, unter deren Verwaltung von 1780 bis 1790 Schwaiganger sein heutiges Gesicht erhielt.*

eingeführt. 600 Stuten wurden auf Staatskosten angekauft und unentgeltlich an die Bauern verteilt, mit der Auflage, sie durch Staatshengste decken zu lassen. Im Kriegsfall mußte die Stute oder ein Nachkomme derselben dem Staat überlassen werden. Diese Maßnahmen zur Anhebung der Landespferdezucht glichen in ihrer Uneigennützigkeit denen des Königshauses von Hannover, die bereits 1735 erlassen wurden. Hier wie dort bewirkten sie Fortschritte in der Landwirtschaft, die den Bauern wirkliche Vorteile brachten. Dennoch mehrten sich bald die Klagen über Absatzschwierigkeiten der Nachzuchtpferde, denn die leichten und temperamentvollen Tiere, die im Kriegsfall für das Militär vorgesehen waren und reine Aufrüstung bedeuteten, erwiesen sich für die Landwirtschaft als ungeeignet.

Die Napoleonischen Kriege setzten der Weiterentwicklung des staatlichen Gestütwesens ein Ende, das wegen der nahezu totalen Beschlagnahme der Zuchtpferde durch die Franzosen bis etwa 1810 vollends zum Erliegen kam.

Die „Schwaige Anger" hatte während des Dreißigjährigen Krieges mehrfach unter Überfällen durch Schweden und Kroaten zu leiden, die den Viehbestand erheblich dezimierten, jedoch blieben die Gebäude erhalten. 1780 wurde das Hofgut als Besitz und Wohnsitz der Herzogin Maria Anna, der Witwe des Herzogs Clemens und einer Schwester von Kurfürst Maximilian III., überschrieben, die ihren Besitz nach zehn Jahren in mustergültiger Verfassung hinterließ. Im Jahre 1808 wurde Schwaiganger als Armeegestüt und Militärfohlenhof eingerichtet, aus dessen Konzeption sich später die Remontedepots entwickelten. Für die Zucht kaufte Fürst Wrede eine große Zahl polnischer Pferde an. 1809 überfielen umherstreifende Tiroler Bauern aus dem Inntal in den Kriegswirren das herzogliche Gut, demolierten die Einrichtungen und plünderten alle Wirtschaftsvorräte.

Als Bayern 1806 zum Königreich ausgerufen wurde, existierte zunächst nur noch das 1517 gegründete Hofgestüt Rohrenfeld. 1816 kam das neu eingerichtete Hofgestüt Bergstetten bei Donauwörth hinzu, so daß mit Schwaiganger, das im Jahre 1818 durch Zukauf weiterer Flurstücke über einen Gesamtbesitz von gut 6000 ha Land und 2240 Pferde verfügte, wieder drei staatliche Zuchtstätten bestanden. Die beiden Hofgestüte stellten den Nachwuchs an Reit- und Fahrpferden für den Marstall in München und übernahmen außerdem die Aufzucht von Deckhengsten für ein im Marstall eingerichtetes Hengstdepot für die Landeszucht. Zunächst standen 90 Hengste auf 23 Deckstationen, die Bedeckung der eigens dafür ausgewählten Stuten erfolgte kostenlos. Alle übrigen Stuten durften nur durch angekörte Bauernhengste gedeckt werden. Die Beschäler waren größtenteils Halbblüter aus Norddeutschland, Normänner und Norfolks.

Mit dem gesetzlichen Körzwang wurde seit 1818 der systematische Wiederaufbau des Landgestütswesens eingeleitet. 1821 hatte sich die Zahl der Landbeschäler auf 100 erhöht. Im selben Jahr erreichte Schwaiganger als Armeegestüt und Remontedepot mit insgesamt 7265 Pferden den absoluten Höchstbestand in seiner Entwicklung. Doch die Ständekammer beantragte wegen zu hoher Unkosten mehrfach die Auflösung des Armeegestütes, die dann schließlich 1826 auch vollzogen wurde. 1840 erfolgte die neuerliche Errichtung eines Stammgestütes für Warmblutzucht in Schwaiganger, die 1864 in das Hofgut Achselschwang bei Landsberg am Lech verlegt wurde. Fortan blieb Schwaiganger bis zu seiner Auflösung durch die Versailler Bestimmungen im Jahre 1920 ausschließlich Remontedepot.

Mittlerweile hatte die Landgestütsverwaltung die Weiterführung von vier Landgestüten in München (1903 nach Erding verlegt), Augsburg, Landshut und Ansbach beschlossen, die zwischen den Deckzeiten im Winter alle Beschäler der jeweiligen Bezirke aufnehmen sollten.

1920 wurde das Stammgestüt Schwaiganger in die Verwaltung des bayerischen Staates übernommen und als Hauptgestüt für den Aufbau der damals sehr verbreiteten und gefragten Kaltblutzucht eingerichtet. „Stammgestüt" ist die bayerische Version für den preußischen Begriff „Hauptgestüt", beide Bezeichnungen drücken dasselbe aus: eine Zuchtstätte mit Hengsten und Stuten zur Erzeugung und Aufzucht von Beschälern für die Landespferdezucht. Die in Schwaiganger stationierte Kaltblutherde bestand ausschließlich aus Pferden der Noriker-Rasse. Der bayerische Staat besaß um 1922 drei Stammgestüte: Achselschwang, Schwaiganger und Zweibrücken-Eichelscheiderhof (das pfälzische Gestüt stand von 1890 bis 1945 unter bayerischer Verwaltung) und noch drei Landgestüte (Hengstdepots), nämlich Landshut, Ansbach und Zweibrücken (Zweibrücken-Eichelscheiderhof war zu dieser Zeit Haupt- und Landgestüt).

1935 brannten die großen Stallungen des Hauptgebäudes in Schwaiganger durch Blitzschlag völlig nieder, 1938 konnte der Wiederaufbau beendet wer-

*Rechts oben: Stammgestüt Schwaiganger. Bayerisches Warmblut. Hauptbeschäler ‚Kosak‘, geb. 1973, von ‚Komet 511‘ (Trakehner), die Mutter ist eine Hannoveraner Stute.*

*Rechts unten: Arabo-Haflingerhengst ‚Ginseng‘, geb. 1972, von dem fuchsfarbenen Vollblut-Araber ‚Gihan Sah ox‘ aus einer Haflingerstute. Die Absicht dieser Kreuzung ist die Erzeugung eines rittigen Freizeitpferdes von gutmütigem Charakter. Durch das Vatererbe hat unter anderem das Langhaar die Fuchsfarbe angenommen, das beim Original-Haflinger immer heller als die Fellfarbe ist.*

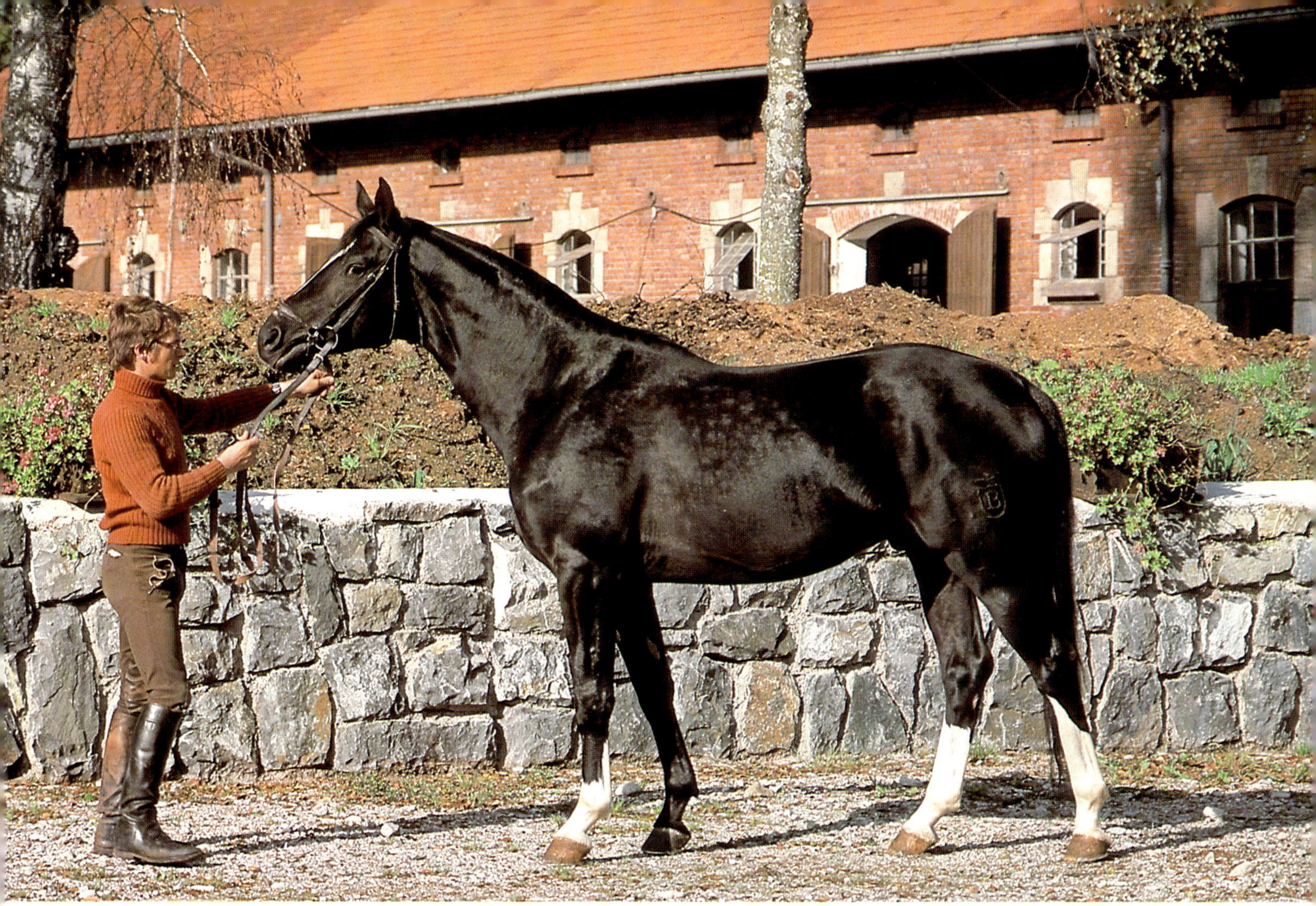

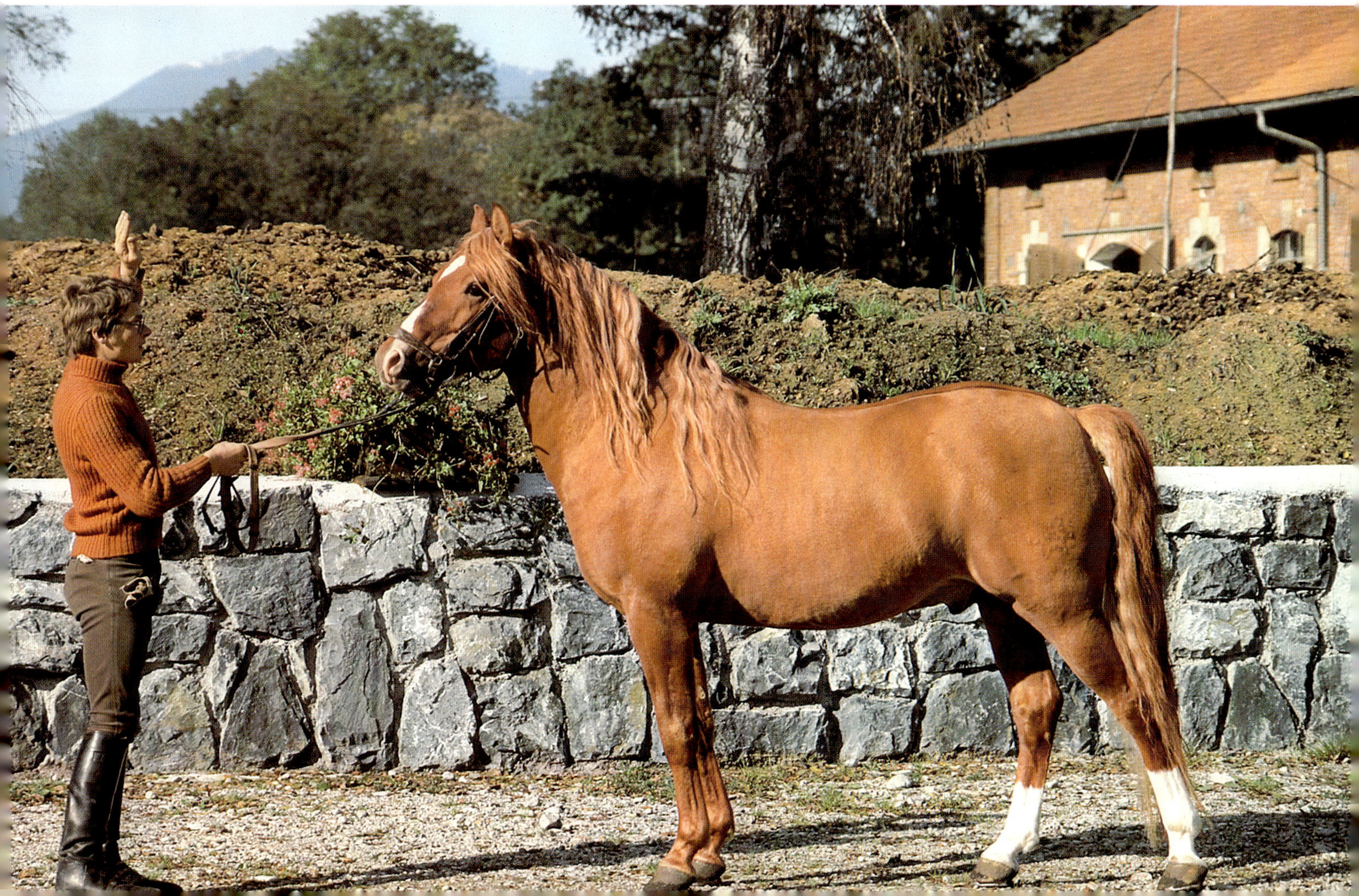

den. Nach dem Zweiten Weltkrieg verlor die Kaltblutzucht aufgrund der Mechanisierung in der Landwirtschaft zunehmend an Bedeutung, so daß der Bestand allmählich reduziert werden mußte. 1947 begann man in Schwaiganger mit der Aufzucht von Haflingerhengsten, 1950 betrug der Kaltblutbestand insgesamt 153 Pferde der Noriker-Rasse, die nunmehr „Süddeutsches Kaltblut" genannt wurde; davon waren zwei Hauptbeschäler, 57 Mutterstuten, 89 Fohlen ein- bis dreijährig und fünf Ökonomiepferde, außerdem 220 Rinder und 70 Schweine. Seit 1963 begann die Gestütsleitung mit dem Aufbau einer Warmblutzucht auf vorwiegend hannoverscher Basis mit 34 Mutterstuten, um auch in Bayern der immer stärkeren Nachfrage nach geeigneten Sport- und Freizeitpferden nachzukommen. Das Zuchtziel ist wie in den übrigen Bundesländern das „Deutsche Reitpferd". Außerdem wird seit 1970 auch eine Haflinger Stutenherde gehalten, so daß sich die züchterischen Aufgaben Schwaigangers nunmehr auf die Rassen Bayerisches Warmblut, Süddeutsches Kaltblut und Haflinger erstrecken. Daneben werden intensive Rindviehhaltung zu Versuchszwecken und Grünland- und Trocknungsversuche betrieben.

*Übersichtstafel für Besucher am Hauptbeschälerstall. Die Zahlen ändern sich naturgemäß von Jahr zu Jahr.*

**STAMMGESTÜT SCHWAIGANGER**

Betr.-Größe: 1513 ha, dav. 736 ha LN u. 429 ha Wald

Höhenlage: 900 m ü. NN · **Viehbestände:** · Niederschläge: 1400 mm

| Pferde gesamt 263 | Zucht-Hengste | Stuten | Jung-Pferde | Fohlen |
|---|---|---|---|---|
| Kaltblut | 2 | 16 | 26 | 7 |
| Warmblut | 4 | 45 | 68 | 15 |
| Haflinger | 4 | 20 | 36 | 11 |

| Rindvieh gesamt 612 | Stiere | Kühe | Jung-Rinder | Kälber |
|---|---|---|---|---|
| | 8 | 205 | 318 | 81 |

185 Mutterschafe und Lämmer

**Aufgabenstellung und Versuche:**

1. Hengstaufzucht für die Landes-Pferdezucht
2. Mutterkuhhaltung
3. Kalbinnen-Frühnutzung
4. Versuche im Grünland und Heißlufttrocknung
5. Schafe: Kreuzungs- u. Fütterungsversuche

*Linke Seite:*
*Oben: Stammgestüt Schwaiganger. Das Prachtgeschirr des Haflingergespannes wurde vom Gestütssattler in Handarbeit gefertigt.*

*Unten: Süddeutsches Kaltblut. Hauptbeschäler ‚Maltus', geb. 1974, von ‚981 Mal Vulkan'. Der Hengst ist ein aus Österreich importierter Original-Noriker.*

Die Gestütsleiter des Stammgestütes Schwaiganger seit Beginn unseres Jahrhunderts waren:

von 1905 bis 1920    Administrator Otto (zu dieser Zeit war Schwaiganger noch Remontedepot der Militärverwaltung);

von 1922 bis 1928    Gestütsdirektor Groll, fundierter Kenner des norischen Kaltbluts, der zahlreiche Veröffentlichungen über diese Rasse verfaßte. Durch Ankauf eines vorzüglichen Stutenstammes in Österreich wurde die Ausgangsbasis für das Süddeutsche Kaltblut in Schwaiganger geschaffen;

von 1928 bis 1951    Gestütsdirektor Dr. Häusler, seit 1923 Gestütstierarzt in Schwaiganger. Produktion einer großen Zahl hervorragender Deckhengste für das Landgestüt und die Privathengsthaltung;

von 1952 bis 1972    Landstallmeister Dr. Revermann, seit 1938 ebenfalls Gestütstierarzt in Schwaiganger. Bei Reduzierung der Kaltblutzucht Versuch der Erhaltung der besten Stutenstämme. Beginn des Aufbaues der Warmblutzucht. Verstärkte Rindviehhaltung;

seit 1972    Landwirtschaftsdirektor Dr. Karnbaum
Technische Leitung Sattelmeister Jänisch

Die züchterische Aufgabe des Stammgestütes Schwaiganger ist die Schaffung einer geeigneten Stutengrundlage, um durch eigene Zucht und durch Zukauf und Aufzucht bester Hengstfohlen den Bedarf an erstklassigen Beschälern für die Landespferdezucht zu sichern.

Die Kaltblutzucht wurde in den 20er Jahren mit einem in Bayern und Österreich angekauften, norischen Stutenstamm begonnen, und erreichte durch scharfe Auslese in den 30er Jahren nicht nur eine vorzügliche Qualität, sondern mit 60 Mutterstuten auch zahlenmäßig einen hohen Stand. Von 1920 bis heute wurden insgesamt 70 Hauptbeschäler des Süddeutschen Kaltbluts in Schwaiganger eingesetzt, 1700 Hengstanwärter wurden aufgezogen und 800 davon angekört und in der Landeszucht verwendet. Gegenwärtig sind, der wirtschaftlichen Bedeutung des Kaltblutpferdes entsprechend, nur noch 18 Mutterstuten und ein Hauptbeschäler im Gestüt, die mit den aufgezogenen Junghengsten das Rückgrat der bayerischen Kaltblutzucht darstellen. In jüngster Zeit steigert sich wieder die Nachfrage nach Kaltblutpferden in Bayern, denn in der Landwirtschaft erinnert man sich wieder des Kaltblüters, der im Vergleich zum Traktor und dem sich ständig verteuernden Kraftstoff billig zu halten und in Gebirgsregionen einzig zu verwenden ist. Zudem wurde die Benutzung des Traktors in vielen bayerischen Waldgebieten aus naturschützerischen Erwägungen gesetzlich verboten. Auch als Freizeitpferd gewinnt der umgängliche, brave Kaltblüter für das „Wandern mit Pferd und Wagen"

*Oben: Almweide der Mutterstuten.*

zunehmend an Interesse, so daß die alljährlich vom Gestüt angebotenen etwa zwölf Verkaufspferde sofort ihre Käufer finden. Die Tiere leben den ganzen Sommer über auf der Almweide, und so drückt sich die gesunde Haltung in einer außergewöhnlich hohen Geburtenrate von durchschnittlich 95 % zur Bedeckungsziffer aus.

Die Warmblutzucht in Schwaiganger besteht erst seit 15 Jahren. Die Stutenherde umfaßt derzeit 45 Stuten und sechs Hauptbeschäler. Die Stuten sind weitgehend auf hannoverscher Grundlage gezogen, ihre Abstammung geht auf so bedeutende Hengste wie die Hannoveraner *Flügeladjutant, Duellant, Goldfisch II, Lugano* oder den Trakehner *Keith* und den Vollblüter *Pik As xx* zurück. Die Stutenherde wird ständig einer scharfen Selektion unterzogen, alle Jungstuten müssen im Alter von 3½ Jahren eine Leistungsprüfung unter dem Sattel und im Geschirr ablegen. Leistungsvermögen, Härte, Rittigkeit, Charakter und Exterieur sind die Auslesekriterien für die Mutterstuten. In den vergangenen zehn Jahren wurden von Schwaiganger 25 gekörte Hengste an das Landgestüt abgegeben. 30 % des derzeitigen staatlichen Hengstbestandes sind in Schwaiganger gezüchtet oder aufgezogen worden. Jährlich werden 20–30 Junghengstfohlen aus Eigenzucht und Ankauf von privaten Züchtern eingestellt, um eine möglichst große Auswahl für die Körung zu haben, etwa sechs

*Warmblutbeschäler*
*‚Kosak' im Schultrab.*

werden angekört, die übrigen etwa 20 kastrierten 3½ jährigen Junghengste und einige ausgesonderte Jungstuten stehen zum Verkauf. Die Geburtenrate beträgt etwa 80 %, für Warmblutpferde ein hervorragendes Ergebnis.

Seit 1970 steht als dritte Zuchtrasse eine Haflinger Stutenherde in Schwaiganger, in der fast alle in Bayern vorhandenen Blutlinien vertreten sind. Außerdem wurden einige besonders edle und typische Stuten aus dem Originalzuchtgebiet Südtirol angekauft. Durch Einkreuzung von Arabischem Vollblut versucht man ein Freizeitpferd herauszuzüchten, das vor allem in Charakter und Rittigkeit auch für den weniger erfahrenen Reiter und Pferdefreund ein umgänglicher Partner sein kann. Neben der sprichwörtlichen Schönheit dieser

*Dreijährige Jungstuten während der sommerlichen Ausbildung für die Stutenleistungsprüfung im Oktober.*

153

*Haflingerhengst ‚Mero‘, geb. 1973, von ‚Merold‘, Original Tiroler Abstammung, zeigt sein weiträumiges Trabvermögen.*

Pferde ist die beim ursprünglich schweren Zug- und Tragpferdetyp vorhandene Härte und Leistungsveranlagung auch beim leichteren, vermischten Reitpferdtyp erwünscht. Die ersten Zuchthengste mit arabischem Blutanteil sind inzwischen von der Landespferdezucht übernommen worden. Seit 1948 wurden in Schwaiganger 270 Haflinger Hengstfohlen aufgezogen und 92 davon angekört und in der Landeszucht verwendet. Zur Zeit stehen 25 Mutterstuten und drei Haflingerhengste, davon ein Arabo-Haflinger, im Gestüt. Die Geburtenrate beträgt 90 % der Bedeckungsziffern. Alljährlich werden etwa 15 Haflinger ausgeschieden und vom Hof verkauft.

Das Stammgestüt Schwaiganger liegt im südbayerischen Voralpenland an der Landstraße von Kochel nach Murnau in einer Talsohle am Fuß des Heimgartens. Vom Gestütsgelände aus schweift der Blick über ein weiträumiges Tal bis hin zur Zugspitze, an deren Fuß Garmisch-Partenkirchen liegt. Mit seiner geschichtlichen Vergangenheit von über 1000 Jahren ist Schwaiganger eine der ältesten Einödsiedlungen in dieser bayerischen Bilderbuchlandschaft. Der Hauptbetrieb mit seinen sechs Vorwerken umfaßt eine Gesamtfläche von etwa 1500 ha und ist damit flächenmäßig das größte Gestüt der Bundesrepublik. Die Bodenbeschaffenheit in einer Höhe von 670–900 m über NN erlaubt keinen Ackerbau. Auf dem Moränenschutt mit flacher Humusauflage wächst nur Gras, das bei einer Niederschlagsmenge von 1400 mm freilich üppig sprießt. Das zusammenhängende Graslandgebiet eignet sich vorzüglich zur Weidetiernutzung, lediglich ein etwa 35 ha großes Flurstück bietet die Möglichkeit für Maisanbau. Die Ernte von künstlich getrocknetem Gras, Heu und

*Laufstallungen der Junghengste.*

*Laufstall der in Ausbildung stehenden dreijährigen Jungstuten, die im Herbst die Leistungsprüfung ablegen. Sattelmeister Jänisch (Mitte) obliegt die technische Leitung des Gestütes.*

Silomais bildet die Futtergrundlage für die Tiere des Betriebes. Die Gestüts-gebäude sind in einem großen Geviert angelegt, das im Norden vom Haupt-gebäude mit seinen beiden Seitenflügeln, im Osten von drei Stallgebäuden, im Süden von der neuen Reithalle und im Westen von der Schmiede begrenzt wird. Inmitten des Vierecks befinden sich noch zwei querstehende Stallungen.

Die Verlegung der durch den Gestütshof verlaufenden Landstraße von Kochel nach Murnau an den nördlichen Rand des Gestütsgeländes im Jahre 1975 erforderte den Abriß des ehemaligen Eiskellers, der als provisorische Reithalle gedient hatte. Deshalb wurde 1976 die moderne Reithalle in den Maßen 20 × 40 m am Südrand des Geländes errichtet. Der Tierbestand beträgt insgesamt etwa 300 Pferde, 580 Rinder und 190 Schafe. Im Gestütsbereich sind außer Gestütsleiter und Tierarzt noch 15 Personen tätig. Die Rangbezeichnungen sind Sattelmeister, Hauptgestütwart und Gestütwärter. Im Gesamtbetrieb mit über 1000 Tieren arbeiten 50 Personen. Das Gestüt kann während des ganzen Jahres, jedoch nur nach Voranmeldung und in Gruppen unter Führung eines Gestütsangehörigen besichtigt werden.

Die Schwerpunkte der Ausbildung liegen für Warmblutpferde in der Vielseitigkeit (Geländereiten und Fahren), für Kaltblüter im schweren Zugdienst (Wagen und Holzabfuhr) und für Haflinger in Reiten, Fahren und Holzrücken. Alle Verkaufspferde, die im Frühjahr angeboten werden, haben in ihren jeweiligen Disziplinen bereits eine Anfangsausbildung erhalten. Jeweils im Mai wird, analog zu den Hengstparaden einiger Landgestüte, ein „Tag der offenen Tür" veranstaltet, der mit Darbietungen verschiedener Art den Leistungsstandard und die Verwendungsmöglichkeiten der verschiedenen Rassen demonstriert. Zu den Höhepunkten der Show zählt der Aufgalopp der freilaufenden Stutenherde mit den Saugfohlen auf dem Paradeplatz. Ein weiterer Festtag im Ablauf des Gestütsjahres ist die herbstliche Reitjagd hinter der Meute für geladene Gäste in einer traumhaft schönen Reitlandschaft mit natürlichen Hindernissen.

Ausbildungkurse für Außenstehende sind möglich im Zwei- und Vierspännigfahren mit Abschlußprüfung für das Deutsche Fahrabzeichen in Bronze und Silber und für Amateurfahrer.

*Rechts: Stammgestüt Schwaiganger. Ausbildung der dreijährigen Jungstuten im Gelände für die herbstliche Leistungsprüfung unter der Führung des Gestütsleiters Dr. Karnbaum.*

*Sattelmeister Jänisch beim Fahrunterricht für Lehrlinge. Stuten-Viererzug in Landanspannung (Sielengeschirr).*

156

Die gesetzlich vorgeschriebene, 100tägige Eigenleistungsprüfung für 3½jährige Hengste wird zentral für ganz Bayern in München durchgeführt, die Leistungsprüfung für Stuten gleichen Alters aus eigener Zucht findet alljährlich im Oktober im Gestüt statt. Die Stutenprüfung wird von gestütsfremden Richtern abgenommen und setzt sich aus folgenden Teilprüfungen zusammen:

1. Prüfung im Schritt (300 m) und Trab (750 m) unter dem Reiter, beide Distanzen müssen in drei Minuten zurückgelegt werden.
2. Prüfung der Reitqualität in Dressur und Springen Klasse A.
3. Geländeritt über 2000 m mit acht festen Hindernissen in der Geschwindigkeit von 400 m je Minute, anschließend Renngalopp über 1500 m und gleich danach tierärztliche Verfassungsprüfung.
4. Freispringen in der Halle mit Beurteilung von Springwilligkeit und Springmanier.
5. Trainingsnote über das Leistungsverhalten beim Vorbereitungstraining.
6. Schlußnote mit Gesamtbeurteilung.

Schwaiganger beherbergt als Besonderheit eine staatliche Hufbeschlagslehrschmiede, die dem angehenden Beschlagschmied eine gründliche Ausbildung vermittelt und nunmehr als einzige Schule für ganz Bayern zuständig ist.

Nach der Domestikation des Pferdes, als der Mensch den großen Nutzen des Pferdes für seine Zwecke erkannte und sich seiner Kraft und Schnelligkeit sowohl im militärischen als auch im wirtschaftlichen Bereich bediente, mußte er bald feststellen, daß die Hufe der erhöhten, von der Natur nicht vorgesehenen Beanspruchung oftmals nicht gewachsen waren und eines dauerhaften Schutzes bedurften. Er ersann vielerlei Möglichkeiten, vom Holzschuh bis zur mit Riemen befestigten Ledersandale, um die Hufe vor zu starker Abnutzung und Zerstörung zu schützen. Die Verwendung des mit Nägeln befestigten Hufeisens ist frühestens aus den ersten Jahrhunderten nach unserer Zeitrechnung durch die Römer bekannt. Diese sich im Laufe der Zeit bewährende, äußerst wichtige Schutzvorrichtung wurde immer mehr verfeinert; denn der Nutzen eines Pferdes hing zu allererst von der Funktionstüchtigkeit seiner Hufe ab. Viele Variationen wurden erfunden, bis man im 18. Jahrhundert schließlich eine mehr oder weniger einheitliche Form als anatomisch richtig und praktisch erkannte. Wissenschaftler befaßten sich mit der Erforschung bestmöglicher Konstruktionen, und im 19. Jahrhundert erfolgten zahlreiche Gründungen von Hufbeschlagschulen, von denen die in Mikel in Sachsen und die Berliner Militärschmiede durch fortschrittliche Methoden Berühmtheit erlangten. Die erste bayerische Lehrschmiede entstand 1790 in München-Schwabing an der „Königlichen Central Veterinär Schule". Im Verlauf des 19. Jahrhunderts wurden weitere Schulen in Würzburg, Regensburg, Landshut, Deggendorf, Nürnberg und Augsburg ins Leben gerufen.

Nach dem Zweiten Weltkrieg, mit dem Rückgang der Pferdezucht, wechselten viele Angehörige des Schmiedeberufes in die Landmaschinentechnik über,

*Links: Stammgestüt Schwaiganger.*

*Oben: Süddeutsches Kaltblut. Dreijährige Junghengste, im Gestüt gezogen.*

*Unten: Das häufige Durchreiten des Loisach-Flusses nimmt den jungen Stuten allmählich die Scheu vor dem Wasser und fördert die Trittsicherheit.*

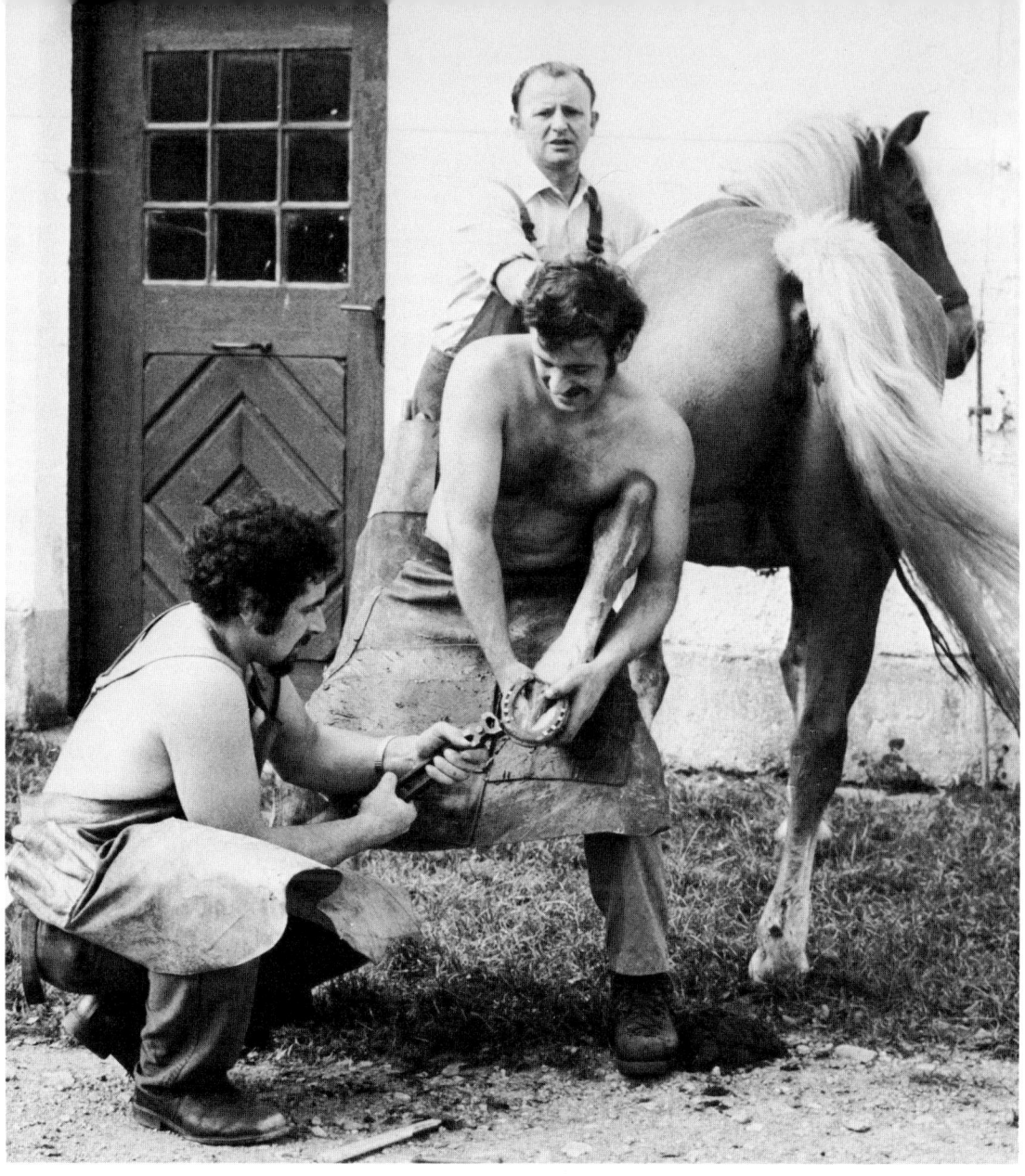

*Die Männer der staatlichen Hufbeschlaglehrschmiede des Stammgestütes.*

interessierter Nachwuchs war kaum vorhanden. Die Lehrschmieden schlossen ihre Pforten, bis um 1961 letztlich noch eine Lehrstätte in Augsburg erhalten blieb, die 1968 nach Schwaiganger verlegt wurde.

In den ersten Jahren meldeten sich hier nur wenige Schüler, doch in jüngster Zeit hat der Beruf des Beschlagschmiedes mit dem neu erwachten Interesse am Pferd an Reiz gewonnen, und die Kurse sind wieder voll ausgebucht. Die staatliche Hufbeschlaglehrschmiede in Schwaiganger ist von besonderer Bedeutung, weil die Lehrlinge nicht nur einseitig das Beschlaghandwerk, sondern inmitten des Gestütslebens alle Probleme um das Pferd mit tierärztlicher Betreuung, Zucht und Ausbildung kennenlernen. Pflege und Ausschneiden der Hufe in verschiedenen Wachstumsstufen bei den Fohlenjahrgängen, heilende Eingriffe bei Hufkrankheiten, Beschläge zur Korrektur der Gliedmaßenstellung und orthopädische Behandlung während des Wachstums – eine derart vielseitige Ausbildung ist in privaten Handwerksbetrieben meist nicht gegeben. Die Lehrgänge werden von einem Lehrschmiedemeister und zwei Gesellen durchgeführt.

160

Der Lebensrhythmus eines Hauptgestütes wie Schwaiganger unterscheidet sich erheblich von dem eines Landgestütes. Während jenes das ganze Jahr über vollen betrieblichen Einsatz erfordert, wird die Tätigkeit im Hengstdepot zur Decksaison, wenn die Beschäler auf den Stationen sind, entweder stark eingeschränkt oder ganz eingestellt. In einem Hauptgestüt bezieht sich die Tierhaltung meist nicht ausschließlich auf Pferde, oftmals wird zum Weideausgleich Rindviehhaltung betrieben, und nicht selten bilden die Pferde nur einen Teilbereich innerhalb eines großen landwirtschaftlichen Betriebes mit Ackerbau und Viehzucht, der sich selbst tragen oder gar Gewinn abwerfen muß. Schwaiganger wäre demnach als ein landwirtschaftlicher Betrieb mit Nutztierhaltung teils für Versuchszwecke zu bezeichnen, wo aufgrund der Bodenverhältnisse kein Ackerbau möglich ist, der aber die Futtergrundlage für die Tiere selbst erzeugt und Erlöse durch deren Verkauf erzielt.

Das Gestütsjahr beginnt mit den Geburten der Fohlen in der Zeit von Januar bis Mai, anschließend im Frühjahr und Frühsommer erfolgen die Stutenbedekkungen. Den ganzen Sommer über führen die Mutterstuten mit ihren Neugeborenen und dem ein- bis dreijährigen Nachwuchs ein freies Weideleben auf den Almen, während die über Dreijährigen etwa die gleiche Zeit im Gestüt zur Ausbildung für die Leistungsprüfung im Oktober verbringen. Der Sommer ist aber ebenso die Zeit der Gras- und Heugewinnung als Futtervorrat für den Winter. Im Herbst erfolgt der Abtrieb von den umliegenden Bergweiden. Eine der Aufzuchtalmen besitzt einen winterfesten Stall, in dem eine Herde Jungpferde mit täglichem Auslauf im Freien überwintert. Die Hauptbeschäler bleiben das ganze Jahr über im Gestüt, ihnen wird täglicher Auslauf in den Paddocks gewährt. Zum Winterbeginn, nach Rückkehr der Mutterstuten und Jungpferde, sind alle Stallungen voll besetzt. Tägliche Bewegung im Freien und viel frische Luft sind deshalb für das Wohlbefinden der freiheitsgewohnten Pferde den Winter über eine unbedingte Notwendigkeit.

Zuchtgeschehen und Zuchtziele werden von der Gestütsleitung mit dem Landesverband Bayerischer Pferdezüchter e. V. in München abgestimmt, der als Dachorganisation für die regionalen Zuchtverbände Ober- und Niederbayern, Oberpfalz, Franken und Schwaben arbeitet. Seit einigen Jahren ist beschlossene Sache, daß Schwaiganger zum Haupt- und Landgestüt mit Zuständigkeit für das gesamte Bundesland Bayern ausgebaut werden soll. Mit diesem Vorhaben ist die Auflösung des Landgestütes Landshut und die Überführung der Landbeschäler nach Schwaiganger verbunden; die Warmblutzucht (zwei Hauptbeschäler und 78 Mutterstuten) des Staatsgutes Achselschwang wird ebenfalls hier eine neue Heimat finden. Damit sind, nach Fertigstellung der neuen Gebäude, über 400 Pferde in Schwaiganger stationiert.

Schwaiganger liegt etwa 60 km südlich von München entfernt, die Postanschrift lautet: Stammgestüt Schwaiganger, 8111 Schwaiganger, über Murnau/Oberbayern.

162

# Baden-Württembergisches Haupt- und Landgestüt Marbach an der Lauter

D as Haupt- und Landgestüt Marbach ist gegenwärtig die einzige staatliche Zuchtstätte in der Bundesrepublik, die den Aufgabenbereich sowohl eines Hauptgestütes als auch eines Landgestütes in sich vereinigt, das also Deckhengste für die Landeszucht erzeugt und Landbeschäler aus dem Hengstdepot während der Decksaison auf den Beschälstationen im Lande für die bäuerliche Zucht bereitstellt. Die historische Entwicklung des ältesten deutschen Staatsgestütes läßt sich bald über 500 Jahre zurückverfolgen; das Gestütsgelände befindet sich fast genau so lange am heutigen Ort.

Über das Vorkommen bodenständiger Wildpferde in Württemberg in früher Zeit ist nichts bekannt, doch wird aus dem 6. und 10. Jahrhundert von Wildgestüten regionaler Herrscher berichtet, von denen der vom Schwabenherzog Luidolf um 955 auf dem Boden der heutigen Landeshauptstadt gegründete „Stutengarten", dem Stuttgart seinen Namen verdankt, der bekannteste ist.

Da die Pferdezucht bereits in der Zeit vor dem 15. Jahrhundert recht kostspielig war, befaßten sich vornehmlich der Adel und die begüterten Klöster mit der Umwandlung von Wildgestüten in zahme Gestüte. Doch konnte damals von folgerichtiger Zucht noch nicht die Rede sein, denn man war vor allem auf die Vermehrung des Pferdebestandes bedacht.

Im Jahre 1460 gründete Graf Eberhard V., ein aufgeschlossener und gebildeter Mann, der nachmals die Universität Tübingen ins Leben rief und aufgrund seiner Verdienste in den Herzogstand erhoben wurde, auf dem Hofgut Einsiedel bei Tübingen ein Hofgestüt, das den Pferdebedarf für den Hof in Urach bereitstellen sollte. Der anfängliche Pferdebestand wurde aus Ungarn, Böhmen, Siebenbürgen, der Türkei und Holstein eingeführt und später durch orientalische Pferde ergänzt, die der Graf von einer Pilgerreise ins Heilige Land mitbrachte. Die Zucht entwickelte sich zahlenmäßig außerordentlich befriedigend, so daß 1491 im 3 km von Marbach entfernt liegenden Oberfeld ein provisorisches Gestüt zur Aufnahme einer größeren Zahl von Pferden errichtet werden mußte. Das Gelände wurde später aufgeforstet und

*Links: Straßenfront des Gestütshofes Marbach, vorn der sogenannte Engländerstall mit der Turmuhr, erbaut um 1840, und hinten das Verwaltungsgebäude von 1700. Zwischen beiden Gebäuden liegt der Eingang für Besucher, der in den Hof mit dem Stutenbrunnen führt.*

ist heute Waldgebiet. Unter dem nachfolgenden Landesherrn verfiel das Hofgestüt Oberfeld zusehends, so daß später dessen Sohn, Herzog Christoph, im Jahre 1554 beschloß, die Pferde in den benachbarten Lehenshof Marbach zu verlegen. Der tatkräftige Gründer des nunmehrigen Hofgestütes Marbach kaufte Hengste in Holstein, Böhmen, Ungarn und der Türkei „zum Wohle und neuer Belebung der Landeszucht". Damit wird erstmalig von einem Hof- und Landgestüt auch für die Landeszucht gesprochen, und von den eingeführten Pferden muß vermutet werden, daß es sich nicht um streng abgegrenzte Rassen, sondern um Sammelbegriffe für Pferde aus eben diesen Ländern handelt. Dennoch wurden die Gestütspferde wegen ihrer Leistungsfähigkeit, Ausdauer und Schönheit gerühmt, während die bodenständigen Bauernpferde ziemlich klein und für reiterlichen Gebrauch kaum geeignet waren.

Unter Herzog Ludwig, dem Sohn Christophs, erfolgte 1573 die Umstellung des bislang angestrebten Zuchtzieles auf die nunmehr groß in Mode stehenden Andalusier und Neapolitaner. Die Zucht begann mit neun Stuten und war drei Jahre später auf 32 Pferde angewachsen, so daß ein zweiter Fohlenhof im Frauenkloster Offenhausen, dem heutigen Vorwerk, das hier erstmalig als Zuchtstätte erwähnt und bereits im 12. Jahrhundert gebaut wurde, errichtet werden mußte. Herzog Ludwig vernachlässigte aber die Landeszucht in hohem Maße, für ihn war nur das Hofgestüt von Interesse. In Offenhausen wurde um 1590 zusätzlich eine Maultierzucht für den Bedarf des Marstalls begonnen, die bis zum Jahre 1840 bestand.

Die erste Hälfte des 17. Jahrhunderts, besonders die Zeit des Dreißigjährigen Krieges, brachte dem Land Württemberg viel Unglück. Das Heer erlitt in der Schlacht bei Nördlingen eine schwere Niederlage, der Landesherr ließ sein Volk zeitweise im Stich und floh nach Straßburg, das Land wurde verwüstet, und die Bevölkerung war der Willkür der Feinde preisgegeben. Das Hofgestüt Marbach und der Fohlenhof Güterstein, ein bereits im 12. Jahrhundert als Kloster gegründetes Gehöft, wurden zerstört, und fast alle Pferde, auch die der Bauern, gingen verloren. Güterstein wurde 1657 wieder aufgebaut, Marbach aber konnte erst 1674 seine Tätigkeit fortsetzen. Die Pferdezucht erholte sich allmählich, und in St. Johann, einer ehemaligen Klosterkapelle, wurden zusätzlich Fohlenställe eingerichtet. Im Jahre 1672 übernahm Lewin Freiherr von Kniestädt, ein begabter Pferdekenner und tatkräftiger Organisator, die Leitung des Gestütes. Mit Sachkenntnis und weitblickenden Entscheidungen lenkte er die Zucht in sinnvolle Bahnen. Er hatte erkannt, daß nur anspruchslose Rassen auf dem kargen Boden und auf der rauhen Alb gedeihen konnten und die Zucht mit importierten Pferden aus fruchtbaren Marschgegenden versagen mußte. Der Herzog ließ Andalusier und Berberhengste und 20 schwere Stuten, aber auch einige Hengste aus Ostfriesland ankaufen. 1667 standen acht Hauptbeschäler, 54 Mutterstuten und 66 Fohlen im Hofgestüt Marbach, jedoch ein Landgestüt war noch nicht wieder in Betrieb. Um die Landeszucht wieder in Gang zu bringen, belegte die Regierung im Jahre 1685 zur Beschaf-

*Das Wahrzeichen Marbachs, der 1844 erbaute Stutenbrunnen im Gestütshof – einst und heute.*

fung der Geldmittel jedes Pferd im Lande unterschiedslos mit einer Steuerabgabe. Der erzielte Betrag diente zum Ankauf von 89 Hengsten, die in Lippe, Friesland, Holstein, Dänemark und im eigenen Lande erworben wurden. 40 Beschäler wählte man für das Landgestüt aus, und 49 Hengste gingen zu relativ erträglichen Preisen an private Hengsthalter. 1687 folgte eine Gestütsordnung mit Körzwang für Gestüts- und Privathengste und einem Verkaufsverbot für Zuchtpferde außer Landes. Die Qualität der Pferde aber war noch immer bescheiden, der Stallmeister berichtete dem Herzog, daß man „fast keinen guten Klepper im Land mehr finden konnte". Der Gesamtbestand im Land Württemberg betrug um 1688 immerhin 17 900 Stuten, von denen 6000 für die Landeszucht ausgewählt worden waren. Dennoch stagnierte die Zucht, Ludwig XIV. von Frankreich hatte den Pfälzischen Erbfolgekrieg begonnen, und die Gestütspferde gingen während der wiederholten Franzoseneinfälle verloren. Niemand hatte den Mut, züchterisch zu investieren, denn was heute aufgebaut wurde, war morgen der Zerstörung preisgegeben. Das Volk hatte unter den andauernden Kriegszügen der Franzosen sehr zu leiden, und das Land verarmte zusehends. Überdies pflegten die damaligen Landesherren einen üppigen Lebensstil auf Kosten des Volkes, die Pferdezucht interessierte sie nur so weit, als sie der Prachtentfaltung des Hofes diente. Erst im Jahre 1737 genehmigte Herzog Karl Alexander die Aufstellung von 45 Hengsten für die Landeszucht auf elf Beschälplatten.

Mit Herzog Karl Eugen kam von 1744 bis 1793 ein eigenwilliger, vergnügungssüchtiger und verschwenderischer Herrscher an die Macht, der in seiner Selbstherrlichkeit das Land in unglaublicher Weise verschuldete. Er war aber auch ein begabter Förderer von Kunst und Wissenschaft und leidenschaftlicher Pferdeliebhaber. Meilensteine seiner Regierungszeit sind einige der schönsten Schloßbauwerke Württembergs und eine zu jener Zeit ins Uferlose sich ausweitende Pferdezucht. Er mißachtete die Rechte des Volkes in gröbster Weise und versuchte zur Durchsetzung seiner Launen mit allen erdenklichen Mitteln Geld aus seinen Untertanen herauszupressen. In jüngeren Jahren residierte er im Sommer auf Schloß Grafeneck in der Nähe Marbachs, um die Zucht des Hofgestütes höchstpersönlich zu leiten. Das Gestüt besaß bald über 700 Stuten und Fohlen, der Gesamtbestand im Lande machte etwa 30 000 Pferde aus. Während seiner Regierungszeit setzte Karl Eugen nacheinander mehrere Gestütsleiter ein, deren Fähigkeiten jedoch vor denen ihres nächsten Untergebenen verblaßten. Stutenmeister Georg Hartmann, ein hochbegabter Fachmann, zuerst in Offenhausen und dann in Marbach angestellt, war während der gesamten Regierungszeit des Herzogs in der Pferdezucht tätig. Er bemängelte die wahllose Einfuhr der verschiedensten Rassen, von denen viele ungeeignet waren, und wies auf die Zusammenhänge von Scholle und Klima in Verbindung mit dem geeigneten Pferdetyp hin. So warnte er in einer schriftlichen Abhandlung 1777 vor der Verwendung von Holsteinern, die als Pferde des Marschbodens und des milden Meeresklimas für die Württemberger Verhältnisse zu weich waren. Die Einfuhr von Marschpferden aus dem Flachland hatte sich bereits mehrfach als falsch erwiesen, doch wurden die Mahnungen von vorgesetzten Besserwissern verworfen und immer wieder neue Fehler begangen. Als Extrem versuchte man nun edlere Pferde aus sehr leichten und zierlichen ungarischen Stuten und leichten Neapolitaner-Hengsten zu züchten, diese zeigten aber ein zu schwaches Fundament und waren anfällig für Erkrankungen der Gliedmaßen. Die Landeszucht vermehrte sich zusehends, aber die Pferde entsprachen nicht den Vorstellungen der Bauern, da sie für die landwirtschaftliche Arbeit zu leicht und zu heftig waren. 1763 besaß der Landgestütsstall über 100 Hengste, die auf 15 Deckstationen verteilt wurden und etwa 3 000 Stuten deckten. Die Organisation der Zucht war gut durchdacht, nur entsprach der Pferdetyp nicht dem Bedarf, weil die Vorliebe des Herzogs bis dahin den leichten Pferden galt.

Doch plötzlich wandelte sich sein Geschmack, und er bevorzugte Oldenburger und Holsteiner, also schwere Marschpferde, vor denen die Fachleute ständig warnten. Nicht genug damit, um 1780 kam dem launenhaften Landesherrn die neue Idee, die Zucht auf Fellfarben auszurichten. Ohne Rücksicht auf Rasse und Verwendungsmöglichkeit glich das Zuchtziel nunmehr einer bunten Palette; es dauerte nicht lange, bis 62 Falben und Isabellen, 51 Schecken und Tiger und 36 Schimmel im Hofgestüt standen. Die planlosen Kreuzungen waren reine Spielerei und führten bald zum Zusammenbruch der Zucht, der Nachwuchs verlor zunehmend an Qualität. Dennoch wurde ständig weiter produziert, und um 1772 besaß das Hofgestüt 760 Pferde, die großenteils wenig brauchbar waren. Der Kostenaufwand stieg von Jahr zu Jahr, und das Gestüt verschlang untragbare Summen.

Als Folge der Überproduktion wurde der Verkauf von Pferden ins Ausland gestattet, so daß jetzt auch für die Bauern ein echter Anreiz für die Zucht gegeben war, wenngleich natürlich auch die Staatskasse am Handel teilhatte. Der jährliche Export betrug jetzt fast 1800 Pferde, eine enorme Zahl für das kleine Württemberg (zum Vergleich: England führte nur etwa 1300 Pferde aus), die kleinen, wendigen und zähen Gebirgspferde der bäuerlichen Zucht waren in Frankreich als Jagdpferde sehr beliebt. Die unnatürliche Aufblähung der Zucht konnte aber nicht von Dauer sein. Aufgrund eines neuerlichen und letzten Einfalles baute der Herzog eine Zucht mit schweren englischen Halbblutpferden der Cleveland- und Yorkshire-Rassen auf, die schon bald zum Scheitern verurteilt war.

Nach dem Tod Karl Eugens wurde die Pferdezucht von seinem Nachfolger drastisch eingeschränkt und viele kleine Gestüte aufgelöst. 1797 verfügte das Landgestüt über zwölf Beschälstationen und 91 Hengste, davon waren 66 bodenständig gezüchtet, 15 Mecklenburger, fünf englische Halbbluthengste, drei Normänner, ein Türke und ein Araber. Nach 250 Jahren Zuchtgeschichte war in Württemberg keine einheitliche Zucht zu erkennen; nicht, daß es an sachkundigen Pferdekennern gemangelt hätte, aber Willkür und Launenhaftigkeit der Landesherren und wechselnde politische Ereignisse verhinderten, was fähige Fachleute hätten aufbauen können.

Die Pferdezucht vergangener Zeiten war immer auch ein Spiegel der politischen Verhältnisse und der Art und Weise, wie die Landesfürsten sich ihrem Volk gegenüber verhielten. Am Beispiel Württembergs, das als eines von vielen jene Zeit charakterisiert, wird deutlich, daß die sogenannte Landeszucht auf Kosten des Volkes vorrangig dem Nutzen der Potentaten und deren Machtentfaltung diente. Demgegenüber sind so wohlwollende und seltene Gestütsordnungen wie beispielsweise für Celle oder Landshut, die auch die Züchter leben ließen, fortschrittliche Ereignisse.

1797 übernahm Friedrich II. die Regierung, ein Mann von großen Fähigkeiten, was persönlichen Machtanspruch betrifft, der sich nicht selten zur Durchsetzung seines Willens der Gewalt bediente. Sein erstes Ziel war die militärische Aufrüstung Württembergs, wobei er größten Nachdruck auf eine erheblich verstärkte Pferdezucht legte, denn zu jener Zeit war die Kavallerie ein unentbehrliches Instrument der Wehrpolitik, den heutigen motorisierten Truppen in ihrer vielfältigen Form vergleichbar. Während der Napoleonischen Zeit betrieb er eine flexible Bündnis- und Machtpolitik; nach der Loslösung von Österreich gelang ihm ein Sonderfrieden mit Frankreich, der ihm großen Gebietszuwachs brachte. Napoleon forderte ein Bündnis und die Gestellung von „10 000 Mann und vielen Pferden", dafür erhielt Friedrich 1805 die Königswürde, und nach der Schlacht von Austerlitz wurde ihm ein großer Teil des vorderösterreichischen Gebietes sowie die Besetzung der Güter der geistlichen Ritterorden zugesprochen. Der Gebietszuwachs machte mit der verstärkten Aufrüstung auch ein Anwachsen der Pferdezucht erforderlich, das Verkaufsverbot für Pferde ins Ausland wurde wieder eingeführt. Im Jahre 1811 gab es im vergrößerten Württemberg insgesamt fast 82 000 Pferde! Nach Zukauf von 50 Mecklenburger Hengsten verfügte das Landgestüt über 190 Hengste auf 36 Deckstationen zur Bedeckung von 11 000 Mutterstuten im Lande.

Die Gründung eines Militärgestütes wurde durch Napoleons Rußlandfeldzug 1812 zunichte gemacht. Württembergs Truppen hatten in den vorhergehenden Jahren auf französischer Seite gegen Preußen und Österreich gekämpft, und für den Rußlandfeldzug hatte das Land fast 16 000 Mann zu stellen, von denen letztlich nur 500 zurückkehrten. Der gesamte Pferdebestand ging verloren. In den anschließenden Freiheitskriegen, dieses Mal gegen Napoleon, stellte Württemberg abermals etwa 25 000 Mann mit Pferden zur Verfügung, und so konnte sich die Pferdezucht zunächst nicht erholen.

1815 wurden Hengste aus Westfalen und vor allem wieder aus Mecklenburg angekauft. Der Mecklenburger zählte in dieser Zeit nicht zu jenem Typ von Marschlandpferden, der auf der Alb in Höhen von 600–700 m degenerierte. Diese Rasse war damals vielmehr ein recht einheitlich durchgezüchtetes, relativ leichtes und trockenes Halbblutpferd, das aus bodenständigen Land-

Links: König Wilhelm I.
von Württemberg (1781
bis 1864), Gründer
des Hofgstütes Weil,
das unter seiner
passionierten Leitung
eines der bedeutendsten
europäischen Araber-
gestüte und das Funda-
ment der deutschen
Araberzucht wurde.

Rechts: Relief des
Königsporträts auf
dem 1844 errichteten
Stutenbrunnen im
Gestütshof Marbach.

pferden und dänischen, neapolitanischen und andalusischen Pferden entstanden war und auch unter härtesten Lebensbedingungen ohne Einbuße seiner Qualität zu existieren vermochte. Der Mecklenburger war auch in der hannoverschen Zucht sehr beliebt, bis schließlich zu starke Vollbluteinmischungen am Ende des 19. Jahrhunderts diese Rasse verdarben.

Als Nachfolger des „Kriegskönigs" Friedrich II. bestieg im Jahre 1816 der „Bauernkönig" Wilhelm I. den Thron, ein nüchterner und sachlicher Mann, der vor allem danach trachtete, sein Land auf landwirtschaftlicher, gewerblicher und industrieller Ebene gesunden zu lassen. Der Krieg hatte im vergrößerten Württemberg Armut und Hungersnot hinterlassen, und das Pferd war der wichtigste Faktor zur Belebung der Wirtschaft. Wilhelm war passionierter Pferdeliebhaber, und schon als Kronprinz hatte er sich in dem ehemaligen Kloster Weil bei Eßlingen und einem weiteren Hof eine kleine arabische Privatzucht aufgebaut, die bei seinem Regierungsantritt auf 19 Pferde angewachsen war. 1817 trennte er Hofgestüt und Landeszucht, ersteres wurde nach Weil verlegt, und das Landgestüt Marbach mit den Gestütshöfen Offenhausen, St. Johann und Güterstein mit einem Bestand von 150 Landbeschälern und zusätzlich 80 Mutterstuten unterstand fortan dem Innenministerium. Marbach hatte als Hofgestüt bis 1817 edle Pferde des Reit- und mittleren Wagentyps vorwiegend für militärischen Gebrauch gezüchtet. Künftig wurde die Zucht auf die Erzielung eines starken Wagenschlages für Landwirtschaft und Gewerbe ausgerichtet. Der zusätzliche Ankauf von elf starken ungarischen Hengsten und 15 Normänner Stuten sollte die Verwirklichung des Zuchtzieles beschleunigen.

,Ardana', berühmte Fuchsstute aus der anglo-arabischen ,Sanspareil'-Familie des Hauptgestütes Marbach, die etwa von 1835 bis 1850 lebte und hervorragende Nachzucht hinterließ. Der Anglo-Araber ,Sanspareil' war ein Sohn des Original-Arabers ,O'Bajan' und deckte in Marbach von 1817 bis 1829.

Rechte Seite:
Links oben: Der aus Arabien importierte Silberschimmel ,Bairactar ox' war Stammvater der Weiler Araberzucht. Er gehörte der Familie ,Saqlavi Jedran' an und deckte als Hauptbeschäler in Weil von 1817 bis 1838.
Links Mitte: ,Amurath ox', geb. 1829, Sohn von ,Bairactar', Begründer der weltberühmten ,Amurath'-Linie. Er war Leibreitpferd des Königs von 1834 bis 1836 und Hauptbeschäler in Weil von 1836 bis 1856.
Links unten: ,Zarif ox', geb. 1837 (?), wurde als Dreijähriger aus der arabischen Wüste importiert und deckte zunächst in Ostpreußen. Ab 1852 wirkte der Silberschimmel als Hauptbeschäler in Weil. Sein Sohn ,Young Zarif' hinterließ nachhaltigen Einfluß in der Marbacher Halbblutzucht.
Rechts oben: ,Amurath ox', geb. 1881 in Weil, ein Nachkomme des 1829 geborenen Stammvaters ,Amurath ox', kam 1895 im Alter von 14 Jahren in das österreichische Staatsgestüt Radautz und beeinflußte von hier aus in starkem Maße die europäischen Landespferdezuchten. In der hannoverschen Zucht fließt noch heute das Blut der ,Amurath'-Linie.
Rechts Mitte: ,Hadban Enzahi ox', geb. 1954 im ägyptischen Gestüt El Zahraa bei Kairo, war Hauptbeschäler in Marbach von 1955 bis 1975 und lieferte vortreffliche Nachkommen.
Rechts unten: ,Gharib ox', geb. 1965, ebenfalls aus El Zahraa, ein Hengst in der seltenen Rappfarbe, ist gegenwärtig Hauptbeschäler in Marbach.

Der Erfolg war aber gering, die Bauern klagten noch immer über die zu leicht geratenen Nachkommen, die sich kaum für die Landwirtschaft eigneten. Die Zucht wurde immer unübersichtlicher und mußte letztlich scheitern, da um 1840 schließlich acht zum Teil recht fremde Rassen miteinander verkreuzt wurden. Das Ergebnis waren einerseits Pferde mit zu geringer Masse und zu heftigem Temperament und andererseits ausreichend schwere Pferde, die aber zu wenig Nerv und Ausdauer besaßen. Deshalb wurde das Zuchtziel durch eine Kommission neu festgelegt in einen schweren und einen mittleren Wagenschlag und einen leichten Schlag zum Reiten und für den leichten Wagen. Bis etwa 1860 versuchte man, die Zucht durch englische Halbblut- und Vollbluthengste zu verbessern, doch nur mit vorübergehendem Erfolg. Einzig der 1861 eingesetzte Vollblutaraberhengst *Young Zarif* von *Zarif ox* aus dem Hofgestüt Weil bewies durchschlagende Vererbungskraft, die noch heute in den alten württembergischen Stutenstämmen vorhanden ist. In den folgenden Jahren wurden wieder Versuche mit englischen und norddeutschen Hengsten unternommen, die vollkommen fehlschlugen. Zudem brachen schwere Pferdeseuchen aus, die im Gestüt den größten Teil des Pferdebestandes dahinrafften.

Infolge der vielen Fehlschläge wurde eine „Pferdekonferenz" ins Leben gerufen, im Volksmund *Roßparlament* genannt, die künftig nur noch eine Zuchtrichtung für verbindlich erklärte, und zwar einen Pferdetyp, der militärischen und landwirtschaftlichen Ansprüchen genügte. Militär und Landwirtschaft lagen nämlich seit vielen Jahren in Dauerfehde wegen des zu wählenden

Pferdetyps; was dem einen gefiel, lehnte der andere ab, und umgekehrt. Die Konferenz benannte den neu zu schaffenden Typ „Artilleriestangenpferd", der beiden Wünschen gerecht werden sollte. Mit dieser Aufgabe wurde der im Alter von 38 Jahren zum Landoberstallmeister ernannte Cäsar von Hofacker betraut, der sich als begabter Pferdezüchter erweisen sollte. Der Auftrag schien zunächst unlösbar, doch nach gründlichen Überlegungen kam Hofacker zu dem Schluß, daß nur solche Fremdrassen, die dem einheimischen Schlag ähnlich waren und in ihrer Heimat unter nahezu gleichen Bedingungen (Klima und Bodenbeschaffenheit) lebten und auch ähnliche Blutlinien aufwiesen, zum Erfolg führen konnten. Der Typ mußte mittelgroß, gedrungen, kurzbeinig, breit im Rumpf und von schwerem Kaliber sein.

Hofacker kaufte zunächst ostpreußische Hengste und Stuten des kleinen, untersetzten Typs, die bis auf das zu leichte Kaliber allen Anforderungen entsprachen, sich gut akklimatisierten und in die einheimische Rasse integrierten. Besonders aber hat der Anglo-Normänner das Bild des Württembergers geprägt, von dem zahlreiche Hengste und Stuten erfolgreich eingesetzt wurden. Diese Rasse stammte aus der Normandie, einem alten Pferdezuchtgebiet in Nordfrankreich, und war aus der Verbindung von einheimischen Normänner Stuten und englischen Halbblut- und Vollbluthengsten in zwei Varianten entstanden, dem edleren Reitpferdtyp und dem derberen „Cob-Typ" für die Kutsche. Die Synthese aus diesem, dem ostpreußischen Pferd, der heimischen Landrasse und den Überlegungen Hofackers schuf letztlich das Württembergische Warmblutpferd. Stammvater und Linienbegründer wurde der 1888 angekaufte Anglo-Normänner Hengst *Faust,* der von 1889 bis 1909 als Hauptbeschäler in der Zucht stand und durchschlagend vererbte. Er hinterließ 23 Landbeschäler und einen überragenden Einfluß in der Mutterstutenherde. Ein weiterer großer Vererber war der Hengst *Comet* gleicher Rasse, der von 1887

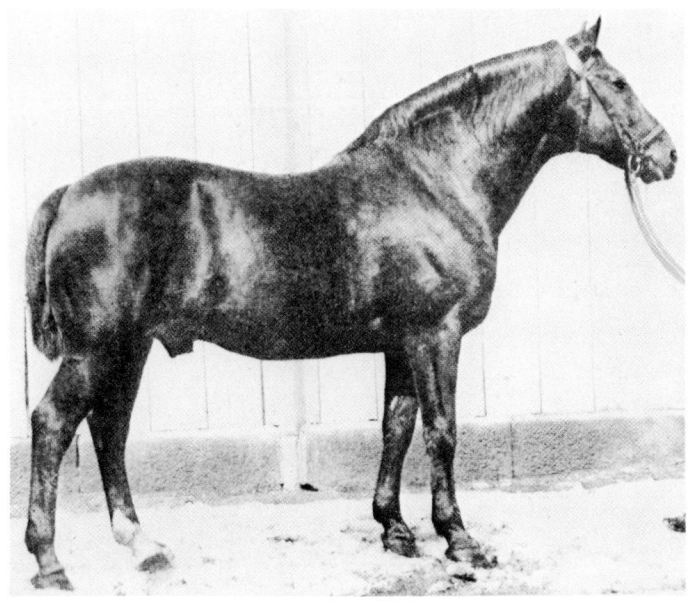

*Der 1888 in der Normandie angekaufte Anglo-Normänner ‚Faust', geb. 1885, war Hauptbeschäler in Marbach von 1889 bis 1909 und gilt als Stammvater des mittelschweren württembergischen Warm- blutpferdes im Wirtschaftstyp, der bis in die 50er Jahre hinein bevorzugt wurde. Er lieferte 23 Landbeschäler.*

bis 1898 deckte und der württembergischen Zucht die beherrschenden Fellfarben Schwarz und Dunkelbraun verlieh.

Um 1900 hatte die Zucht einen Stand erreicht, der nicht so sehr das Militär, aber doch die Landwirtschaft befriedigte. Die nachfolgenden Gestütsleiter waren Kavalleristen und versuchten deshalb, die Zucht in Wiederholung des alten Fehlers mit Vollblütern und Holsteinern zu veredeln. Die Versuche mißlangen ebenso gründlich wie in früheren Zeiten. Am Zuchtgeschehen des gesamten Deutschen Reiches hatte Württemberg zur damaligen Zeit einen verhältnismäßig bescheidenen Anteil.

Nach dem Ersten Weltkrieg zeigte die Zucht des schweren warmblütigen Wirtschaftspferdes ein relativ gefestigtes und ausgeglichenes Ergebnis. Mitte der 20er Jahre standen in Marbach insgesamt 114 Warmbluthengste, davon 101 in Marbach gezogene, elf Oldenburger, ein Ostfriese, ein Anglo-Normänner, und 70 Mutterstuten. In Offenhausen zählte man 83 ein- bis dreijährige Hengstfohlen und in St. Johann 41 Stutfohlen gleichen Alters. Von 1917 bis 1931 war kein Fremdblut eingekreuzt worden und, um zu starke Inzucht mit negativen Begleiterscheinungen zu vermeiden, versuchte man in den 30er Jahren wiederum Einkreuzungen von Hannoveranern, die wie früher negativ verliefen. Hannoveraner, Oldenburger und Holsteiner erwiesen sich immer wieder als ungeeignet. Die enge Blutführung hatte das Württemberger Warmblutpferd so vereinheitlicht, daß es in den 40er Jahren von Gustav Rau als Musterbeispiel eines schweren Warmblutpferdes von großer Anspruchslosigkeit, Futterdankbarkeit und Umgänglichkeit gepriesen wurde. 1949 war die Zahl der Landbeschäler auf 179 angestiegen und hatte damit den Höchststand erreicht; 10 200 Stutenbedeckungen wurden registriert. Dann ging es wie überall bergab. Der Bestand des Gestütes wurde, da kaum noch Wirtschaftspferde gefragt waren, auf 87 Hengste und 53 Stuten reduziert. Infolge der wirtschaftlichen Notlage betrug der gesamte Pferdebestand nur noch etwa 320 Pferde, während der Rinderbestand auf 500 Tiere erhöht und eine Schweine- und Schafzucht aufgebaut wurde.

Im Jahre 1953, nach der Vereinigung des Landes Baden mit Württemberg, stellte das Gestüt auch die Beschäler für die badische Pferdezucht, die damit in der württembergischen aufging. Die badische Warmblutzucht basierte früher auf Oldenburger und ostfriesischen Hengsten, war aber bereits zehn Jahre vor dem Zusammenschluß teilweise auf württembergische Beschäler umgestellt worden, weil diese sich als wirtschaftlicher erwiesen. Die Kaltblutzucht Südbadens und Württembergs gründete seit je auf dem Noriker und den „Schwarzwälder Füchsen", einem kleineren mittelschweren und wendigen bodenständigen Kaltblüter aus dem Schwarzwald, der nach Verschmelzung beider Schläge nunmehr bevorzugt wurde. In Nordbaden blieb zunächst die Zucht des Rheinisch-Deutschen Kaltblutpferdes erhalten. Das Land Baden hatte kein Landgestüt besessen; Marbach übernahm insgesamt 59 Deckstationen mit 30 Warmblut- und 66 Kaltblutbeschälern. Der Gesamtpferdebestand des Haupt- und Landgestütes betrug seit dem Zweiten Weltkrieg:

| | ohne das Land Baden | | | | Land Baden-Württemberg | | | |
| | 1940 | 1949 | 1953 | 1954 | 1960 | 1970 | 1973 | 1977 |
|---|---|---|---|---|---|---|---|---|
| Pferde | 502 | 439 | 334 | 388 | 380 | 387 | 372 | 350 |
| davon Hengste | 181 | 186 | 201 | 183 | 143 | 108 | 109 | 98 |

In den 50er Jahren war auch für Marbach und die württembergische Landeszucht die Zeit gekommen, das durch die Technik überflüssig gewordene schwere warmblütige Wirtschaftspferd durch einen Reitpferdtyp zu ersetzen. Um das Hauptgestüt zu erhalten, mußte die Zahl der Zuchtstuten von 70 auf 40 reduziert werden. Nur die bestgeeigneten Mutterstuten sollten fortan für die Umzüchtung verwendet werden. Man hatte sich entschieden, den Wandlungsprozeß auch in der Landeszucht über die alten württembergischen Stutenstämme vorzunehmen. Bei Einführung einer neuen Rasse, z. B. des Hannoveraners, hätten die meisten bäuerlichen Züchter durch Abschaffung der Stuten die Zucht aufgeben müssen. Da das bisherige Württemberger Warmblutpferd zum Reiten nicht geeignet war, mußte es durch gezielten Einsatz edler Hengste zum Sportpferdtyp umgezüchtet werden. Dafür kam letztlich nur das ostpreußische Pferd in Betracht, dessen Einkreuzung sich bereits im 19. Jahrhundert bestens bewährt hatte und das jetzt den erforderlichen Blutanschluß fand.

Nach einigen anfänglichen Zuchtversuchen, die nicht voll befriedigten, kam 1960 der ostpreußische Hengst *Julmond* nach Marbach, ein Landbeschäler aus dem ehemaligen Landgestüt Georgenburg in Ostpreußen, der durchschlagend vererbte und heute als Stammvater und Linienbegründer der württembergischen Reitpferdezucht gilt. In seiner fünfjährigen Hauptbeschälerzeit hinterließ er etwa 140 Nachkommen, davon wurden 22 Söhne gekört und 20 Töchter in die Stammstutenherde aufgenommen. Eine scharfe Selektion der Hengstfohlen sowohl im Gestüt als auch in der Landeszucht beschleunigte den Umwandlungsprozeß. Bis 1970 wurden von insgesamt 110 eigengezüchteten Hengstfohlen des Gestütes 47 Landbeschäler (das sind 43 %) gekört, von

*Rechte Seite: Haupt- und Landgestüt Marbach, Arabisches Vollblut. Oben: Saugfohlen im Laufstall der Mutterstutenherde.*

*Unten: Der tägliche Weideauslauf bei trockenem Wetter, auch im Winter, trägt wesentlich zur Gesundheit und zum Wohlergehen der Mutterstuten bei.*

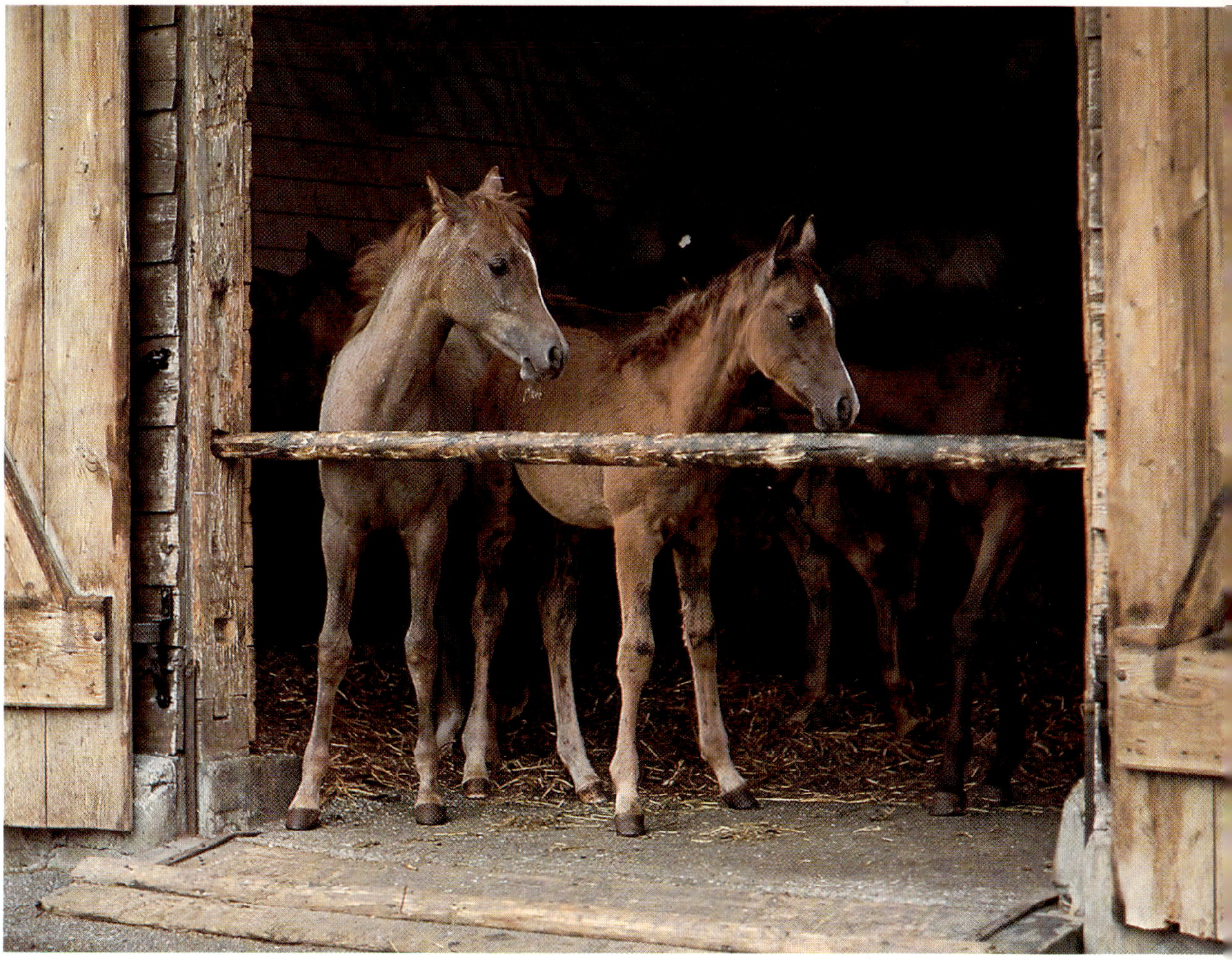

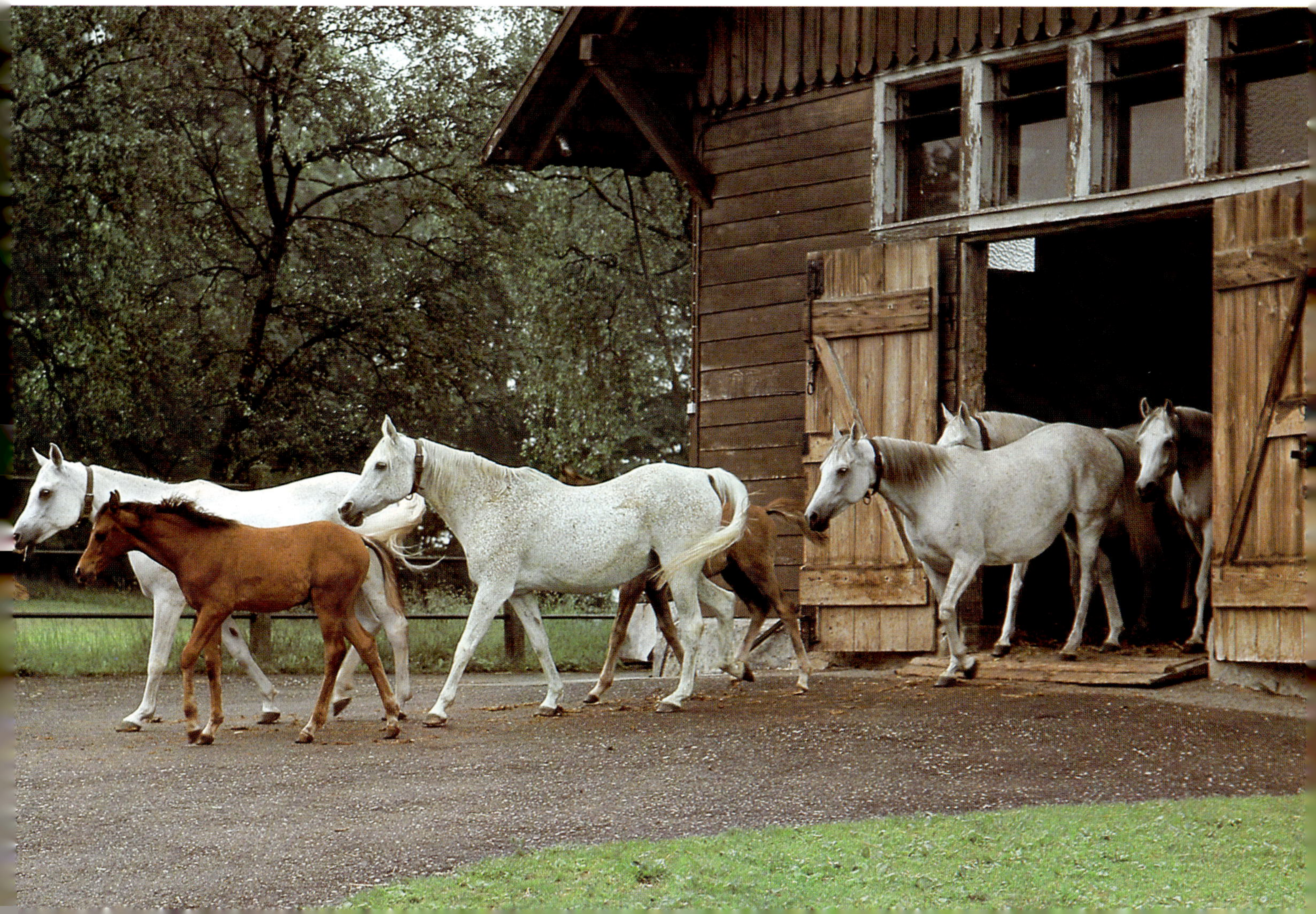

Haupt- und Landgestüt
Marbach, Württem-
bergisches Warmblut.

Oben: Landbeschäler
‚Perfekt‘, geb. 1962,
Trakehner, von ‚Poet xx‘.

Unten: Landbeschäler
‚Militarist‘, geb. 1965,
Süddeutsches Kaltblut
(Schwarzwälder Fuchs).

*Der ostpreußische Fuchshengst ‚Julmond‘, geb. 1938, von ‚Julianus‘, ist der Begründer der modernen württembergischen Reitpferdezucht. Er war zunächst Landbeschäler im ostpreußischen Landgestüt Georgenburg, machte bei Kriegsende die Flucht nach Westen mit, deckte nach dem Krieg zwei Jahre im Landgestüt Warendorf und nachfolgend in Privatbesitz und gelangte erst 1958 im Alter von 20 Jahren nach Marbach, wo er 1965 einging. Dieser außergewöhnliche Hauptbeschäler – seine Intelligenz, sein Charakter und sein Leistungsvermögen wurden besonders gerühmt – hinterließ 30 gekörte Söhne, 22 Enkel im Hengstbestand und 20 hervorragende Mutterstuten im Gestüt.*

*Landbeschäler ‚Konsul‘, geb. 1971, von ‚Kastor‘, der Typ des württembergischen Warmblutpferdes heute.*

den 240 Hengstfohlen aus der Landeszucht ebenfalls 47, das sind hier nur lediglich 15,9 %.

*Julmonds* Nachfolger als Hauptbeschäler waren durchweg ostpreußisch gezogene Hengste, wie z. B. *Schabernack, Kastor* und der jetzt 20jährige Schimmelhengst *Pregel.* Der Umzüchtungsprozeß im Gestüt kann als abgeschlossen gelten. Etwa die Hälfte des Pferdebestandes in Marbach basiert auf ostpreußischer Grundlage, in einigen Hengst- und Stutenlinien ist hannoversches Blut verborgen.

Die Gestütsleiter in Marbach von der Gründungszeit bis heute waren in zeitlicher Folge:

um 1514 H. von Hutten
um 1570 S. von Plieningen und Hohenheim
um 1600 C. von Haugwitz zu Beichau
um 1633 F. B. von Münchingen
von 1672 bis 1710 L. Frhr. von Kniestädt
von 1710 bis 1714 F. Frhr. von Kniestädt
von 1714 bis 1724 von Zettwitz
von 1724 bis 1734 F. Frhr. von Kniestädt (nochmals)
von 1734 bis 1751 H. R. Frhr. von Röder-Schwende
von 1751 bis 1762 Frhr. von Üxküll
von 1762 bis 1769 G. R. Frhr. von Röder-Schwende
von 1769 bis 1794 A. Frhr. von Bouwinghausen
von 1794 bis 1806 G. L. Frhr. von Bouwinghausen
von 1806 bis 1813 Graf von Görlitz
von 1813 bis 1825 Frhr. von Falkenstein
von 1825 bis 1839 Frhr. von Moltke
von 1840 bis 1861 Frhr. von Reischach
von 1861 bis 1867 Frhr. von Stetten
von 1867 bis 1896 C. von Hofacker
von 1896 bis 1903 von Scholl
von 1903 bis 1924 C. von Pentz
von 1924 bis 1948 K. Storz
von 1948 bis 1974 Landoberstallmeister Dr. Wenzler
seit 1974 Landoberstallmeister Dr. Crantz
        Stellvertreter Regierungs-Landwirtschaftsdirektor
        Dr. Bussemer
        Gestütshof Marbach: Gutsverwalter Bräuninger
        Technische Leitung Obersattelmeister F. Schrade
        Gestütshof Offenhausen: Gutsverwalter Haggenmüller
        Technische Leitung Sattelmeister Stooß
        Gestütshof St. Johann: Regierungs-Landwirtschafts-
        Amtmann Kaiser
        Technische Leitung Sattelmeister W. Schrade

Der Personalstand beläuft sich auf insgesamt 135 Mitarbeiter.

Das Haupt- und Landgestüt Marbach erfüllt die Aufgabenbereiche einer Zuchtstätte und eines Hengstdepots. Das Hauptgestüt besitzt eine Herde von etwa 50 Warmblutstuten und 20 Vollblutaraberstuten, deren Nachkommen nach scharfer Auslese entweder als Zuchthengste der Erhaltung der Landeszucht dienen oder aber als Mutterstuten in die Stammherde eingereiht werden.

Im Februar und März – oft liegt noch Schnee auf der Alb – werden die meisten
Fohlen geboren, die sechs Monate lang zusammen mit ihren Müttern den
Sommer tagsüber auf den Gestütsweiden verbringen. Nachts suchen sie die
geräumigen Laufställe auf. Im Herbst werden die Fohlen dann von ihren
Müttern getrennt; die Stutfohlen finden eine neue Heimat im Fohlenhof von
St. Johann, und die Junghengste werden in die Aufzuchtstation Hau nach
Offenhausen versetzt. Zu diesen gesellen sich noch einige im Lande angekaufte
Junghengste, die unter 900 Hengstfohlen ausgewählt wurden, so daß ein
einziger Hengstjahrgang etwa 50 Tiere zählt. Die im Gestüt geborenen
Warmblutfohlen erhalten den Hauptgestütbrand, eine Hirschstange, auf den
rechten Hinterschenkel gebrannt; die Fohlen aus der Landeszucht werden auf
dem linken Hinterschenkel gekennzeichnet.

Mehr als zwei Jahre verbringen die jungen Hengste in den Aufzuchtstatio-
nen unter ihresgleichen, um dann einer strengen Musterung unterzogen zu
werden. Solche, die den züchterischen Erwartungen nicht entsprechen, werden
kastriert und nach einer halbjährigen Ausbildung unter dem Sattel auf einer
Auktion jeweils Anfang Februar in Marbach versteigert. Obwohl sie züchterisch ausgemustert wurden, stellen sie als Reitpferde noch immer eine gewisse
Elite dar. Die übrigen 12–15 Junghengste werden der Körkommission vorgestellt, meist können etwa zehn vor den strengen Richteraugen bestehen.

Nach vorhergehendem Training müssen die 3½jährigen Hengste die gesetzlich vorgeschriebene, 100tägige Eigenleistungsprüfung ablegen, so daß letztlich
vier bis acht Landbeschäler eines jeden Jahrganges in der Landeszucht eingesetzt werden.

Auch unter den Jungstuten wird eine scharfe Auslese getroffen, die Warmblutstuten werden dreijährig und die Vollblutaraberstuten vierjährig eingerit-

*Das württembergische Landeswappen
am Gestütstor.*

ten und zum ersten Mal gedeckt. Nach ausreichender Ausbildung und Prüfung der Reiteigenschaften finden die bestgeeigneten Stuten Aufnahme in der Stammherde.

Nur ausgesuchte Zuchthengste, die alle erforderlichen Kriterien unter Beweis gestellt haben, erhalten das Prädikat „Hauptbeschäler", das heißt, sie werden als Deckhengste für die Stammstutenherde eingesetzt. Alljährlich stehen etwa zwei bis drei Warmbluthengste und ein bis zwei Vollblutaraberhengste im Hauptbeschälerstall in Marbach.

Das Landgestüt besitzt 98 Hengste, die auf die Stallungen der drei Gestütsbetriebe verteilt sind. Mitte Februar gehen die Gestütwarte mit je zwei bis vier Landbeschälern auf 33 Deckstationen, in Süddeutschland Beschälplatten genannt, die über das gesamte Land Baden-Württemberg verteilt sind. Die Deckstationen werden meist von den Landkreisen und Gemeinden unterhalten. Die Züchter bringen ihre Stuten zu den Hengsten ihrer Wahl. Ende Juni kehren die Hengste auf die Gestütshöfe zurück. Im Gestüt ist ebenfalls eine Deckstation eingerichtet.

Der Pferdebestand setzt sich aus folgenden Rassen zusammen:
  Warmblut 79 Hengste und 50 Stuten,
  Englisches Vollblut xx zwei Hengste,
  Arabisches Vollblut ox sieben Hengste und 20 Stuten,
  Süddeutsches Kaltblut acht Hengste und
  Haflinger zwei Hengste,
dazu kommen die verschiedenen Fohlen-, Junghengst- und Jungstutenjahrgänge sowie die Reitschul- und Wirtschaftspferde, so daß sich der Gesamt-

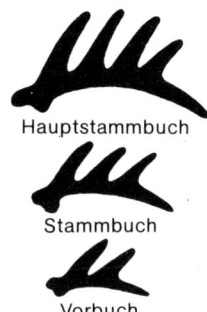

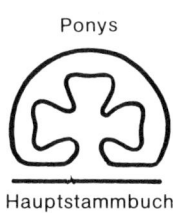

bestand auf den drei Gestütshöfen auf etwa 400 Pferde beläuft. Außerdem werden insgesamt 516 Rinder, 460 Schafe, 300 Schweine und 6000 Hühner gehalten.

Marbach besitzt einen Anziehungspunkt für die Pferdefreunde in aller Welt, nämlich die in der Bundesrepublik einmalige Arabische Vollblutzucht aus dem ehemaligen Hofgestüt Weil bei Eßlingen. Mit der Reinzucht der Rasse sind in dieser Herde in Deutschland die ausgiebigsten Erfahrungen gemacht worden. Sie besteht bereits seit Anfang des 19. Jahrhunderts, und der Zuchtverlauf ist nahezu lückenlos verzeichnet. König Wilhelm I. von Württemberg – er regierte von 1816 bis 1864 – war passionierter Pferdeliebhaber und besaß schon vor seinem Regierungsantritt eine kleine, private Araberzucht, deren wesentliche Entwicklung nach anfänglichen Mißerfolgen um 1817 begann, als ihm der Erwerb von zwei Original Araberhengsten und sieben Stuten reinsten Blutes aus der arabischen Wüste gelang. Der braune Hengst *Tajar* und der Schimmel *Bairactar* verkörperten den Saqlavi-Typ, die Nachzucht akklimatisierte sich hervorragend und zeigte keinerlei nachteilige Degenerationserscheinungen. Der Silberschimmel *Bairactar* besaß hohe Individualpotenz und wurde Stammvater der Zucht; er soll der beste Araberhengst gewesen sein, der im 19. Jahrhundert in Deutschland gehalten wurde. Er war Leibreitpferd des Königs, deckte in Weil als Hauptbeschäler von 1817 bis 1838 und zeigte bis zum 24. Lebensjahr ungewöhnliches Feuer als Deckhengst. 1839 mußte er wegen Altersschwäche getötet werden. 37 seiner Töchter wurden Mutterstuten in der Stammherde, und sieben Söhne wirkten als Beschäler im Gestüt.

*Amurath,* geb. 1829, ein Sohn von *Bairactar,* war seinem Vater außerordentlich ähnlich und vererbte die gleichen vorzüglichen Merkmale. Er deckte von 1836 bis 1856 und hinterließ in seinem Sohn *Amurath II* ebenfalls hervorragendes Erbgut, das dieser wiederum getreulich weitervererbte. Der berühmteste Hengst dieser *Amurath*-Stammlinie wurde wohl der 1881 geborene *Amurath,* der im Alter von 14 Jahren an das österreichische Staatsgestüt Radautz verkauft wurde und über seine Nachkommen in der Vollblut- und Warmblutzucht in Österreich, Ungarn, Ostpreußen, Holstein und Hannover beträchtlichen Einfluß gewann.

Das Hofgestüt Weil blieb bis zum Jahre 1932 im Besitz des württembergischen Königshauses, mußte dann aber aus wirtschaftlichen Gründen von der Tochter König Wilhelm II., der Fürstin zu Wied, veräußert werden. Der größere Teil der Vollblutaraber, vier Hengste und 13 Stuten mit Fohlen, wurde vom Land Württemberg übernommen und erhielt damit in Marbach eine neue Heimat.

Nach dem Ende des Zweiten Weltkrieges mußte der nur leihweise zur Verfügung gestellte Hauptbeschäler *Jasir ox* zurückgegeben werden. Ein Beschäler von vergleichbar hoher Qualität war zunächst nicht vorhanden und konnte auch nicht beschafft werden, so daß, auch noch durch andere Schwierigkeiten bedingt, die Zucht beinahe vor dem Ruin stand. Jedoch gelang es

Oben: ‚Mali ox‘,
geb. 1967, von ‚Hadban
Enzahi ox‘, Land-
beschäler in Marbach.

Links: Mutterstute
der arabischen Vollblut-
herde.

182

1955, den Original Araberhengst *Hadban Enzahi* aus Ägypten zu importieren, der als Hauptbeschäler bis 1975 deckte und inzwischen legendären Ruhm erlangte. Seine Nachkommen sind in allen Erdteilen anzutreffen. 1970 wurde, wiederum in Ägypten, der Original-Araber *Gharib* mit der seltenen Rappfarbe erworben, der gegenwärtig als Hauptbeschäler die Zucht fortsetzt. Der Bestand beträgt heute insgesamt sieben Hengste (Haupt- und Landbeschäler), 20 Stuten und etwa 40 Fohlen verschiedener Jahrgänge.

Das Haupt- und Landgestüt Marbach mit seinen Gestütshöfen liegt auf der Hochfläche der Schwäbischen Alb inmitten einer dünn besiedelten, durch weite Trockentäler und bewaldete Kuppen gebildeten Landschaft, die nur selten ein offener Wasserlauf durchzieht. Typische Merkmale dieses Gebietes sind karge Wacholderheideflächen und von kleinbäuerlichen Höfen geprägte Dörfer, die ihr altes Ortsbild bis heute erhalten haben. Da nur zwei Omnibuslinien als öffentliche Verkehrsmittel bestehen, sind die Gestütshöfe (Offenhausen liegt 6 km und St. Johann 16 km von Marbach entfernt) am bequemsten mit dem Automobil zu erreichen. Wer aber das jeweilige Gestütsgelände besichtigen will, sollte über rüstiges Gehwerkzeug verfügen und die Lust zum Wandern und die für Pferdefreunde erbauliche Muße mitbringen. Denn eine dem Gestütsbetrieb nützliche und für Besucher gesundheitsfördernde Regelung der Gestütsleitung verbietet den Kraftfahrzeugverkehr auf den Betriebswegen, die sich zuweilen über mehrere Kilometer erstrecken können. Besucher sind während des ganzen Jahres täglich von 8–17 Uhr willkommen.

*Gestütshof Offenhausen. Das Verwaltungsgebäude (Mitte) mit dem Landbeschälerstall (rechts), der nur zeitweise benutzt wird, und der Reithalle (links).*

Marbach insgesamt ist ein umfangreicher landwirtschaftlicher Betrieb, mit Ackerbau und Viehzucht, der sich möglichst selbst erhalten muß. Die Gesamtfläche beträgt 980 ha, davon sind 247 ha Ackerland und 633 ha Grünland. Die Höhenlagen erreichen 650–700 m über NN, die Niederschläge liegen zwischen 900 und 1000 mm im Jahr. Der sehr flachgründige und steinige Jurakalk-Verwitterungsboden ist für Ackerbau wenig ergiebig. Bereits im September können Fröste auftreten, die oft bis Anfang Juni anhalten.

Der Gestütshof Marbach ist Sitz der Gestütsleitung und der Verwaltung. Das Gelände wird von der Landstraße Buttenhausen–Gomadingen durchteilt; unterhalb der Straße liegen Werkstätten, Kuhstall und Beschälstation und oberhalb den Hang hinauf erstrecken sich die Stallungen. Der eigentliche Gestütshof mit dem Wahrzeichen Marbachs, dem 1844 errichteten Stutenbrunnen, ist im Viereck angelegt und wird linker Hand von den Stallungen und rechts vom Verwaltungsgebäude begrenzt. Folgt man dem Hauptweg vom Gestütshof bergan, so liegen links der Hauptbeschälerstall und der Stall für die Reitschulpferde. Auf der rechten Seite erheben sich das 1860 erbaute alte Reithaus (Innenmaß 31 × 17 m), die 1973 erbaute moderne Reithalle (Innenmaß 60 × 20 m) für 3000 Zuschauer und das Reitschulheim. Weiter aufwärts zweigen vom Hauptweg nach links drei Wege zu den Stutenställen und zum

*Innenansicht der neuen, 1973 erbauten Reithalle.*

*Rechts: Gestütshof Offenhausen. In der Mitte des Gestütshofes erhebt sich die Kirche des Dominikanerinnenklosters von 1250, der Dachreiter ist erst im 19. Jahrhundert aufgesetzt. Das Gebäude dient heute als Rauhfuttermagazin.*

*Unten: Das alte Reithaus von 1860.*

*Anfangsausbildung der jüngeren Hengste.*

*Nach der Vormittags-arbeit auf dem Rückweg zum Stall, im Hinter-grund die neue Reithalle.*

Abfohlstall ab, die rings von Koppeln umgeben sind. Teile der Stutenherde befinden sich in den Sommermonaten auf den Weiden jenseits der Anhöhe. Auf dem Gipfelpunkt zweigt ein Weg links ab an „Julmonds Gedenkstein" vorbei zum Sommerstall der berühmten Araberstutenherde; geradeaus weiter aber erreicht man den Holzstall der Warmblutstuten mit ihren Fohlen.

Das Geviert des Gestütshofes Offenhausen ist heute noch von den Bauwerken des im 12. Jahrhundert gegründeten Dominikanerinnenklosters geprägt. Einige Gebäude und die den Komplex umschließende, teilweise erhaltene Klostermauer stammen aus dem frühen Mittelalter. Inmitten des Hofes erhebt sich die um 1160 erbaute, turmlose frühgotische Kirche, deren Dachreiter erst 1815 aufgesetzt wurde. Der Hohlweg jenseits des Hofes führt den Berg hinan zu den beiden Ställen der Hengstaufzuchtstation Hau, die etwa 1 km auseinanderliegen. Die Junghengststallungen sind aber auch mit dem Kraftfahrzeug zu erreichen.

Der Gestütshof St. Johann ist flächenmäßig der größte der drei Betriebe; bis auf den Landbeschälerstall mit 26 Plätzen dienen alle anderen Gebäude landwirtschaftlichen Erfordernissen. Im zugehörigen Vorwerk Fohlenhof in 2 km Entfernung sind die Jungstuten stationiert. Unterhalb des Fohlenhofes liegt Güterstein, der ehemals von König Wilhelm I. um 1820 erbaute Gestütshof, der heute einen Teil der Junghengste beherbergt.

Im Abstand von zwei Jahren (gerade Jahreszahlen) jeweils Anfang Oktober führt das Gestüt in dreifacher Wiederholung dem interessierten Publikum seinen Hengst- und Stutenbestand in einer drei- bis vierstündigen Veranstaltung in Schaubildern, unter dem Reiter, im Gespann und als freilaufende Herde vor, die Tausende von Besuchern in das abgelegene Gebiet lockt. Mit einer besonders prächtigen Schau feierte das Gestüt 1973 sein 400jähriges Jubiläum. Die Hengstparade auf dem Turnierplatz in Marbach mit der farbenfrohen, herbstlaubgefärbten Naturkulisse bleibt für jeden Zuschauer ein besonders nachhaltiges Erlebnis.

Dem Haupt- und Landgestüt ist eine Reit- und Fahrschule angeschlossen, die das ganze Jahr über vierwöchige Kurse für Anfänger und Fortgeschrittene durchführt. Mit dem erforderlichen Ausbildungsstand kann das Deutsche Reiterabzeichen erworben werden. Eine gestütseigene Pension steht den Reitschülern zur Verfügung.

Marbach liegt etwa 70 km südlich von Stuttgart entfernt, die Postanschrift lautet: Haupt- und Landgestüt Marbach an der Lauter, 7423 Gomadingen, Kreis Reutlingen.

*Rechts: Haupt- und Landgestüt Marbach. Füchse und Braune sind die vorherrschenden Fellfarben des Württembergers. Der starke Einfluß ostpreußischen Blutes wird unverkennbar im äußeren Erscheinungsbild deutlich.*

# Österreichisches Bundeshengstenstallamt Stadl-Paura

Das für die Landespferdezucht im gesamten Österreich zuständige Hengstdepot Stadl-Paura erfüllt die gleiche Aufgabe wie ein Landgestüt in der Bundesrepublik: es stellt den Pferdezüchtern Österreichs die erforderlichen Zuchthengste der entsprechenden Rassen zur Erhaltung und Verbesserung der Landeszucht zu erschwinglichen Deckgeldsätzen zur Verfügung.

Die geschichtliche Entwicklung des Hengstdepots stand bis zum Zusammenbruch der Donaumonarchie im Jahre 1918 ausschließlich unter militärischer Leitung und hatte bis dahin vorwiegend lokale Bedeutung. Das alte Österreich-Ungarn war nach Rußland mit fast 3,5 Millionen Pferden eines der größten Pferdezuchtländer Europas, das über zahlreiche große Zuchtstätten verfügte, die vor allem in Ungarn, Böhmen, Mähren, Südpolen und Slowenien lagen. Das deutschsprachige Österreich war hauptsächlich Zuchtgebiet des norischen kaltblütigen Arbeitspferdes für die Landwirtschaft, während jene Gestüte mit leichten und mittelschweren Pferden für den großen militärischen Bedarf sorgten, der besonders in Kriegszeiten kaum befriedigt werden konnte.

Der Siebenjährige Krieg (1756–1763) gegen Preußen verlief für die österreichische Kavallerie äußerst verlustreich. Um dem chronischen Pferdemangel abzuhelfen, erließ Kaiserin Maria Theresia gezielte Gesetze zur eigenstaatlich geförderten Pferdezucht, die von ihrem Sohn, Josef II., energisch vorangetrieben wurde und die Gründung zahlreicher Gestüte zur Folge hatte, von denen Radautz, Mezöhegyes, Bábolna und Piber wohl die bedeutendsten waren. Von wenigen Ausnahmen abgesehen, standen fast alle Gestüte in militärischer Regie, nur die pferdefachlichen Belange oblagen dem Ackerbauministerium.

Radautz dürfte wohl die größte der altösterreichischen Zuchtstätten gewesen sein. Vornehmlich hier wurden die Landbeschäler erzeugt, die über die zahlreichen staatlichen Hengstdepots im Lande in der bäuerlichen Zucht eingesetzt wurden. Die Gründung des Gestütes erfolgte 1780 in Waszkonz; nachdem es 1792 nach Radautz in der Bukowina verlegt worden war, entwickelte es sich im

*Links: Bundeshengstenstallamt Stadl-Paura. Das Hauptgebäude mit Sitz der Gestütsverwaltung.*

Laufe der Zeit zu einem Zuchtbetrieb mit 10 000 ha Bodenfläche, dessen Vorwerke sich über eine Länge von 120 km erstreckten. Ende des 19. Jahrhunderts zählte der Bestand annähernd 2000 Pferde, in der Hauptsache leichte und schwere Halbblutpferde für verschiedene militärische Verwendungszwecke. Daneben existierte eine Vollblutaraberzucht, die am Aufbau der ungarischen und polnischen Araberzuchten wesentlichen Anteil hatte und dadurch auch entscheidenden Einfluß in ganz Europa ausübte. Der aus dem württembergischen Hofgestüt Weil stammende Vollblutaraber *Amurath,* geb. 1881 und seit 1895 in Radautz stationiert, hinterließ in vielen europäischen Zuchten sein durchschlagendes Erbe; so besteht beispielsweise in der hannoverschen Zucht noch heute eine *Amurath*-Linie. Die arabische Halbblutzucht ist bis in die Gegenwart unter der Rassenbezeichnung *Shagya* ein internationaler Begriff. Die Radautzer Anglo-Araberzucht ist vor allem durch die fuchsfarbene Gidran-Rasse bekannt geworden, aber auch der Gebrauchspferdetyp des Lipizzaners hatte seinen beträchtlichen Anteil in der Vielfalt des Zuchtgeschehens. Im Ersten Weltkrieg konnten die Radautzer Pferde in das deutschsprachige Österreich in Sicherheit gebracht werden, wo sie später nach der Auflösung des Gestütes in alle Himmelsrichtungen veräußert wurden.

Die Anfänge einer österreichischen Landespferdezucht reichen bis zum Ende des Siebenjährigen Krieges zurück; bereits zwischen 1764 und 1783 wurden Gutsbesitzern und wohlhabenden Landwirten von der Regierung Zuchthengste und Zuchtstuten zur Hebung der Zucht zur Verfügung gestellt. Mit dem Beschäldienst wurden Offiziere und Mannschaften der Kavallerie beauftragt, die von Wien aus mit den Landbeschälern während der Decksaison über Land zogen und auf diese Weise einen ambulanten Deckservice durchführten. Nach der Deckzeit wurden die Hengste bis zur endgültigen Rückkehr nach Wien auf die Weide entlassen. Dieses System bewährte sich aber nicht, weil die Hengste großen Strapazen ausgesetzt waren und zudem den Winter über in Wien schwere Zugarbeit verrichten mußten, so daß viele von ihnen zuchtuntauglich wurden oder an Krankheiten eingingen. Deshalb ließ Josef II. die beiden Familiengüter Schloßhof und Eckartsau im Jahre 1788 als Hengstdepots einrichten, die jeweils für Ober- und Niederösterreich von zwei selbständigen Kommandanten geleitet wurden. Die napoleonische Kriegsgefahr machte im Jahre 1808 eine Verlegung der Depots notwendig, die jedoch nach Kriegsschluß 1810 vereinigt wurden und erhebliche Mittel für neue Hengstankäufe erhielten. 1811 bestanden wieder drei „Hengstenposten" in Schloßhof, Lichtencgg und Wels mit dem Stab in Wien. Die Kosten für die Beschälstationen mußten nunmehr von den Provinzialverwaltungen übernommen werden.

Der Bedarf an Militärpferden nahm ständig zu, zumal die nach Frankreich abkommandierten Truppen ihre Verluste ergänzen mußten. Das letzte Aufbegehren Napoleons im Jahre 1815, das mit seiner endgültigen Niederlage endete, brachte der österreichischen Pferdezucht erhebliche Vorteile. Öster-

*Rechts: Portrait eines Hengstes hannoverscher Abstammung.*

192

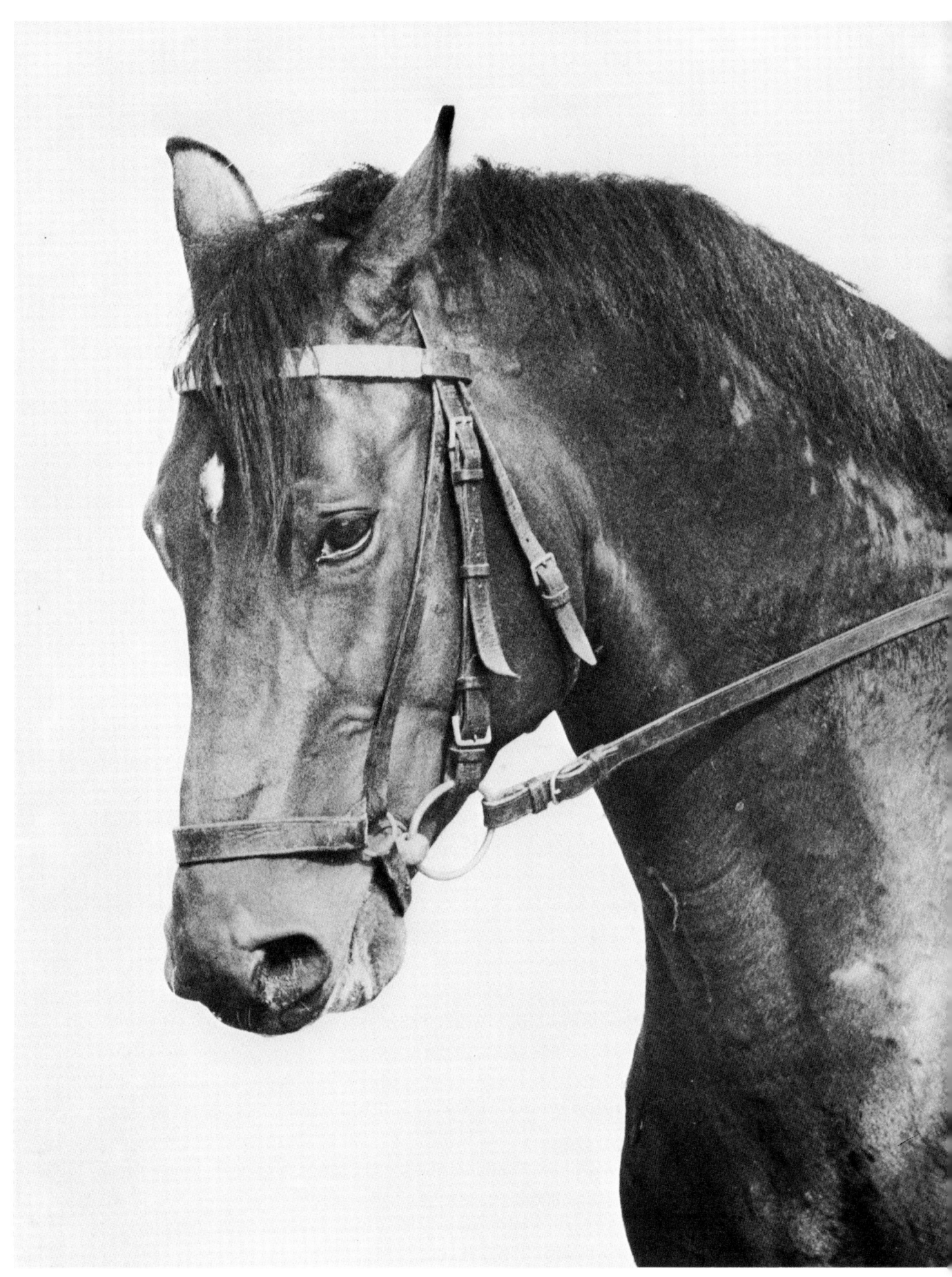

193

*Hannoveraner Hengst ‚Caro Bube‘, geb. 1973, von ‚Cardinal xx‘. In Österreich werden nunmehr in steigendem Maße Beschäler der hannoverschen Rasse in die moderne Warmblutzucht einbezogen.*

reichische Kürassiere erbeuteten im Osten Frankreichs bei Auxerre und im Gestüt Rosières, in dem auch das von Frankreich beschlagnahmte Pferdematerial aus dem Gestüt Zweibrücken Unterkunft gefunden hatte, 110 französische Zuchthengste, unter ihnen den nachmals berühmten Stammvater der ungarischen Nonius-Zucht. Der 1810 in der Normandie geborene Anglo-Normänner Hengst *Nonius* kam als Kriegsbeute in das ungarische Gestüt Mezöhegyes und deckte dort von 1816 bis 1832. Seine Nachzucht hat sich bis heute bewährt, und die Nonius-Rasse wird nach erfolgreicher Vollbluteinkreuzung seit 1860 in einen leichten und kleineren Reit- und Wagenpferdtyp bis Stockmaß 160 cm und einen schweren Zugpferdtyp unterteilt.

1817 erfuhr die Landeszucht eine straffere Organisation, die Hengste wurden nicht mehr zu schwerer Arbeit herangezogen und erhielten ständig eigene Stallungen auf den Beschälstationen. In den Hengstdepots Wien, Schloßhof und Wels standen jetzt 147 Beschäler, die fast 6000 Stuten deckten; das Personal zählte insgesamt 143 Bedienstete. In Salzburg und Tirol wurden weitere Beschälstationen eingerichtet, und 1820 war der Beschälerbestand auf 179 Hengste angewachsen. Der gesamte Pferdebestand in Österreich hatte mittlerweile eine solche Höhe erreicht, daß zur allgemeinen Freude der bäuerlichen Züchter das Ausfuhrverbot für Pferde ins Ausland aufgehoben werden konnte.

194

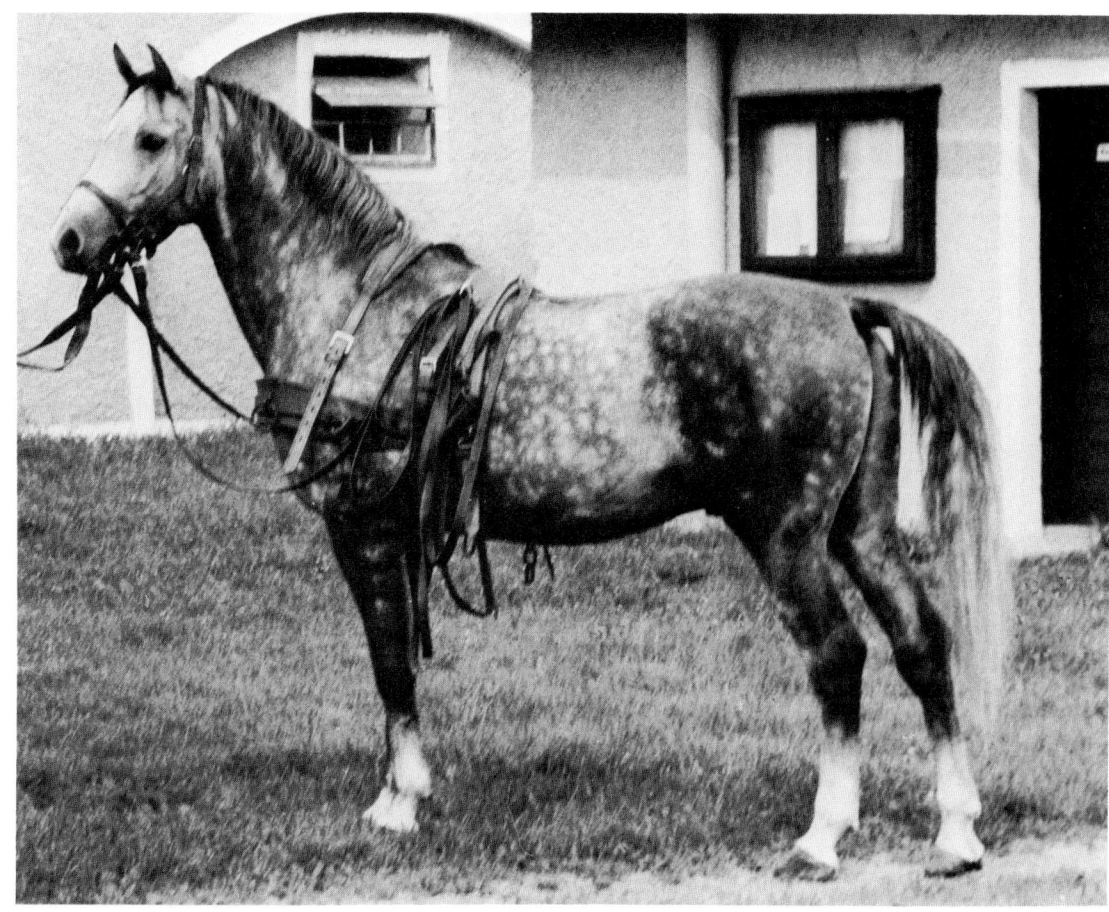

*Araberhengst ‚Gazal I-4‘, geb. 1971, von ‚Gazal I‘, im Sielengeschirr bei der anfänglichen Fahrausbildung vor dem Zugschlitten. Ein besonders gefälliges Reitpferdmodell im Arabertyp.*

Im Jahre 1808 wurden in Stadl-Paura am Ufer des Traun-Flusses von der „Oberleitung der k. k. Salzregie“ einige Dienstgebäude und Stallungen erbaut. Diese dienten zur Unterbringung der Zugpferde, die am Ufer des Flusses entlang die leeren Salzfrachtschiffe flußaufwärts zogen. Als die Räumlichkeiten des „Hengstenpostens“ in Wels nicht mehr ausreichten, verlegte man die Beschäler im Jahre 1826 nach Stadl in die nicht mehr benötigten Ställe der Salzregie. Dieses Jahr gilt als Gründungsdatum des Hengstdepots Stadl-Paura. Nach der Übernahme durch das damalige „Beschäl- und Remontierungsdepartement“ erweiterte sich die Anstalt allmählich zum „k. k. Hengstdepot Stadl“ in kontinuierlicher Weise, das bis 1918 rein militärisch geführt wurde.

Im 19. Jahrhundert existierte in Österreich eine große Zahl von Beschälposten, die je nach Maßgabe der militärischen Verhältnisse häufig hin und her verlegt wurden. Um 1850 erzielte man in der Zucht „mit der Einstellung von Pinzgauer und Burgunder Hengsten erfreuliche Resultate“. Die Verwendung von Kaltbluthengsten war eine Neuerung, denn bislang waren fast nur Halbbluthengste, also Warmblutpferde des leichten und schweren Schlages, im Einsatz gewesen. Die Pferdezucht in Nieder- und Oberösterreich hatte bis 1855 einen qualitativ so hohen Stand erreicht, daß Händler aus allen Himmelsrichtungen die ländlichen Züchter aufsuchten und hohe Preise für Zucht- und Luxuspferde zahlten. In den nachfolgenden Jahren beschloß das „Beschäl- und

Remontierungskommando", aufgrund der guten Zuchterfolge mit Kaltblutpferden, alljährlich 40 Pinzgauer Hengste zusätzlich anzukaufen.

1857 wurden zwei auswärtige „Hengstenposten" nach Stadl verlegt und mit diesem vereinigt. Der Bestand betrug nunmehr 172 Beschäler, die etwa 8700 Stuten deckten. Davon gehörten 100 Hengste der Pinzgauer Rasse an, 59 zählten zum schweren und 13 zum leichten Reit- und Wagenschlag. Die Vergabe von Prämien an die Züchter brachte erfreuliche Ergebnisse, und fortan konnte das Militär mit einer ausreichenden Zahl von Remonten versorgt werden. Mit der Beförderung Stadl-Pauras zum selbständigen „Staats-Hengstendepot" im Jahre 1869, das jetzt für die Provinzen Ober- und Niederösterreich, Salzburg, Tirol und Vorarlberg zuständig war, wuchs der Personalstand auf 192 Bedienstete.

1891 standen in Stadl-Paura 163 Beschäler folgender Rassen: fünf englische Vollblüter, 74 englische Halbblüter, neun Norfolkhengste, vier Normänner, vier orientalische Halbblüter und an Kaltblutrassen ein Ardenner, 45 Pinzgauer, zwei Suffolk-Hengste und ein Belgier. Die Kaltbluthengste befanden sich meist als Leihgabe in Privatpflege.

Die Beschälperioden in den einzelnen Provinzen verschoben sich je nach Klima geringfügig und dauerten von März bis Juli. Die militärische Leitung des Hengstdepots endete mit dem Zusammenbruch der Monarchie im Jahre 1918. Seitdem untersteht das „Bundeshengstenstallamt Stadl-Paura" der Kompetenz des Bundesministeriums für Land- und Forstwirtschaft. Aus dem einstigen Hengstdepot mit lokalen Aufgaben hat sich heute eine zentrale Institution entwickelt, die für die gesamte österreichische Pferdezucht von richtungweisender Bedeutung ist. Während der vier Jahrzehnte nach dem Ersten

*Das österreichische Staatswappen*
*am Tor des Stallamtes.*

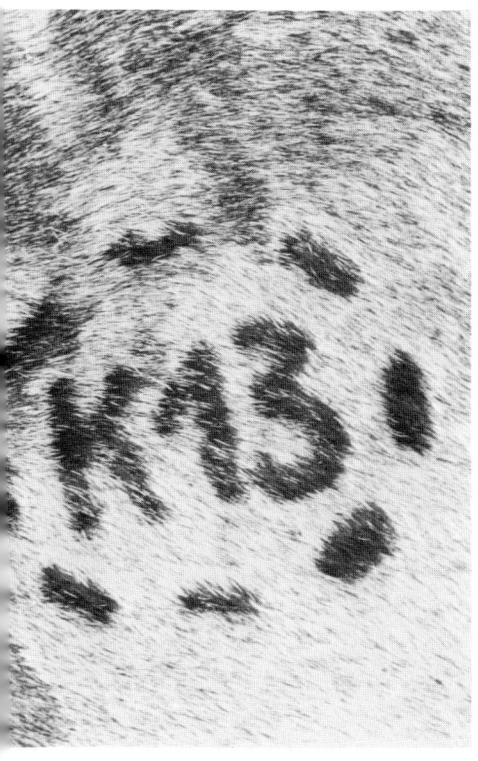 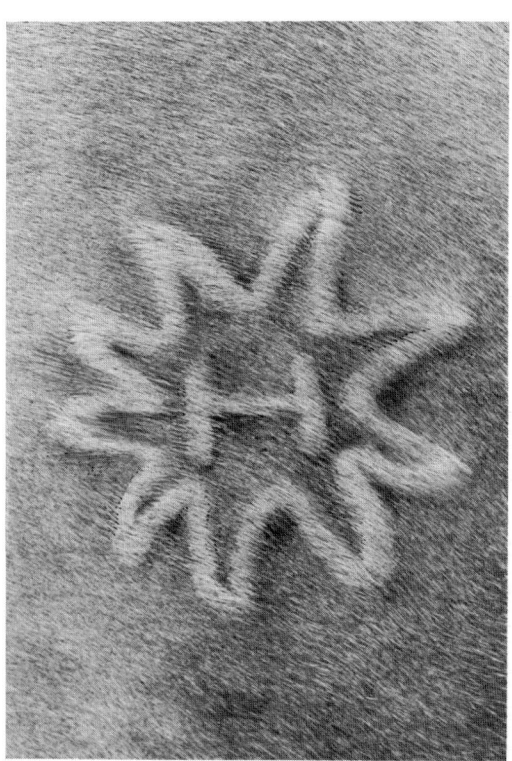 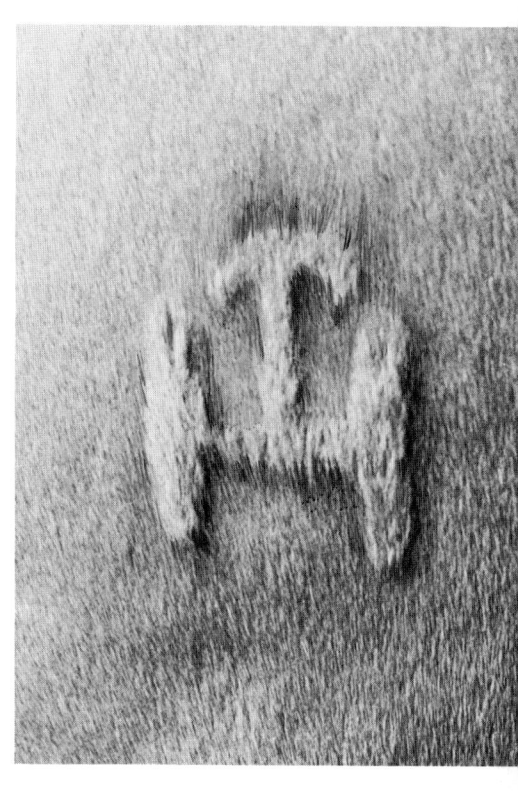

*Brandzeichen (Fohlen-brand) für Noriker des Zuchtgebietes Kärnten/ Osttirol. Der Stutbuch-brand ist ein Edelweiß mit dem Anfangsbuch-staben des Zucht-gebietes in der Mitte.*

*Oben Mitte: Brand-zeichen des Haflinger Pferdezuchtverbandes Tirol auf dem linken Hinterschenkel.*

*Oben rechts: Dieses Brandzeichen auf der linken Schulter ist nur Haflinger Pferden vorbehalten, die im Original-Zuchtgebiet Tirol geboren sind. Die in den übrigen öster-reichischen Zucht-gebieten geborenen Haflinger erhalten zum „H" den jeweiligen Anfangsbuchstaben des betreffenden Zucht-gebietes. Österreichische Warmblutpferde erhalten als Fohlenbrand einen gezackten Schild mit dem Anfangsbuchstaben des jeweiligen Zucht-gebietes in der Mitte.*

Weltkrieg diente Stadl-Paura der Zucht des norischen Kaltblutpferdes, des schweren Warmblutpferdes vornehmlich auf Oldenburger Grundlage und des Haflingers.

Durch den Anschluß Österreichs an das Deutsche Reich im Jahre 1938 wurde das Bundeshengstenstallamt als „Landgestüt" dem Reichsministerium für Landwirtschaft in Berlin direkt unterstellt. Der Bestand an staatlichen Zuchthengsten, die sich zum Teil in Privatpflege befanden, zählte 1939 etwa 560 Beschäler. In den folgenden Jahren kamen zahlreiche Hengste aus Nord-deutschland und Bayern hinzu, von denen die meisten der Oldenburger Rasse angehörten. Die Gestütsdienste verschiedener Art wurden bis zum Kriegsende von 135 Gestütsangestellten wahrgenommen.

Die gegenwärtig in Stadl-Paura aufgestellten Beschäler dienen der Zucht eines Warmblutpferdes, des Norikers und des Haflingers. Ebenso wie in der Bundesrepublik entwickelte sich in den 60er Jahren auch in Österreich der Trend zum Sport- und Freizeitreiten. Die einheitliche Zucht eines dafür geeigneten Reitpferdes war aber nicht vorhanden, denn die alten Zuchtstämme der einstmals so berühmten Halbblutpferde der Donaumonarchie waren, falls sie überhaupt noch existierten, in alle Winde verstreut. Deshalb war man zunächst bemüht, alle noch vorhandenen Pferde dieser Abstammung zu erfas-sen und mit ihnen eine neue Zucht zu beginnen. Die meisten Pferde der alten Rassen Furioso, Nonius und Przedswit waren im flachen Burgenland an der ungarischen Grenze zu finden, als Relikte der einstmals riesigen k. k. Gestüte in Ungarn, Jugoslawien und der Tschechoslowakei, die nach dem Ersten Weltkrieg verlorengingen.

Stammvater der Nonius-Rasse ist, wie bereits erwähnt, jener Anglo-Normänner Hengst *Nonius,* der 1815 in Frankreich von österreichischen Truppen erbeutet und in das ungarische Gestüt Mezöhegyes überführt wurde, wo seine durchschlagende Vererbungskraft und eine systematische Inzucht bald einen recht einheitlichen Typ hervorbrachte, der etwa einem mittelschweren Warmblutpferd für die landwirtschaftliche Arbeit entsprach. Besondere Kennzeichen des Nonius-Typs waren ein schwerer Ramskopf mit kleinen tiefliegenden Augen und ein relativ langer Rücken mit ungenügendem Lendenschluß, die nicht dem züchterischen Schönheitsideal entsprachen. Durch Vollbluteinkreuzungen um 1860 erhielt der Nonius eine edlere Form und verlor auch seine Schönheitsfehler. Fortan unterschied man zwei Typen, den leichten und den schweren Nonius. Die Zucht wurde 1961 von Mezöhegyes in die Hortobagy-Puszta verlegt, wo sie gegenwärtig weiter existiert.

Die in Österreich bis heute erhaltenen Reste der Przedswit-Stammlinie gehen auf die Gestüte Piber und Radautz zurück, wo zum Ende des 19. Jahrhunderts der englische Vollbluthengst *Przedswit* als Beschäler aufgestellt war. Der 1872 geborene Hengst von *Knight of the Garter,* gezüchtet vom Grafen Tarnowsky in Galizien, siegte 1875 im österreichischen Derby und 1876 im großen Preis von Baden-Baden. Der Przedswit ist ein Halbblutpferd von mittlerer Größe. Seine hervorragenden Eigenschaften sind Genügsamkeit, Härte und Ausdauer.

Die dritte altösterreichische Zucht ist unter der Bezeichnung Furioso-Northstar, oder einfach Furioso bekannt. Begründer der Stammlinie sind der engli-

*Die Tigerscheckung (sachlich richtig wäre „Leopardenfleckung") ist von alters her ein Erbmerkmal spanischer Pferde, die diese eigentümliche Fellzeichnung als Folge von Einkreuzungen in zahlreichen Rassen hinterließen. Der Noriker war im Mittelalter das Streitroß des gepanzerten Ritters, und um das Kaltblutpferd beweglicher, wendiger und rittiger zu gestalten, kreuzte man schon damals edle spanische Reitpferde ein. Auch im 18. Jahrhundert, als der Neapolitaner als Abkömmling des spanischen Pferdes allerorten begehrt war, versuchte man, den Noriker durch dieses Pferd zu veredeln.*

*Oben: Die Noriker Hengste ‚Jank Elmar X‘, geb. 1963 (heller Tiger), und ‚Toni Vulkan XI‘, geb. 1968, bei der täglichen Bewegungsarbeit.*

sche Vollbluthengst *Furioso*, geb. 1836 von *Privateer*, gezüchtet vom Grafen Karolyi in Ungarn, und der importierte englische Vollblüter *Northstar*, der jedoch geringere Vererbungskraft als *Furioso* besaß. Die Hengste deckten in Radautz und vor allem in Mezöhegyes. Zunächst wurden beide Stämme mit ungarischen Stuten getrennt gezüchtet, ab 1885 jedoch miteinander gekreuzt, bis schließlich das Furiosoblut vorherrschte. Der Furioso ist ein starkes, großrahmiges Halbblutpferd, das ehedem vorwiegend für militärische Verwendung vorgesehen war, heute aber ein sehr tüchtiges, wenn auch nicht besonders edles Gebrauchspferd von etwa 158 cm Stockmaß darstellt.

Die Überreste der drei erwähnten, mittlerweile mehr oder weniger vermischten Zuchten bilden die Grundlage für die neue österreichische Warmblutzucht, deren Zuchtziel sich an dem des „Deutschen Reitpferdes“ orientiert. In letzter Zeit werden in stärkerem Maße auch Hannoveraner und Trakehner Hengste eingemischt. Die Zucht ist noch im Aufbau begriffen.

Die größte Zahl der für die Landeszucht aufgestellten Hengste stellen die Noriker, jene seit der Römerzeit bodenständige Kaltblutrasse, die im Mittelalter als Streitroß des gepanzerten Ritters begehrt und schon immer für die Bauern in Österreich und Bayern ein verläßliches und genügsames Arbeitspferd war (siehe die Kapitel „Landgestüt Landshut“ S. 125 und „Stammgestüt

Schwaiganger" S. 143). Der Noriker ist auch heute noch in der Landwirtschaft, aber ebenso auch wegen seiner oft aparten Tigerscheckenzeichnung im Zirkus und als Brauereipferd gefragt. Nicht unbeträchtlich ist der Anteil an Schlachtpferden, der in die romanischen Länder exportiert wird, wo das Fohlenfleisch gleichrangig zum Kalbfleisch als Delikatesse gilt. Die österreichische Norikerzucht hat einen sehr ausgeglichenen und harmonischen Stand erreicht und nimmt einen der vordersten Plätze unter den europäischen Kaltblutzuchten ein.

Die Widerristhöhe des kräftigen Kaltblüters beträgt durchschnittlich 162 cm Stockmaß, auffallend ist das flotte Trabvermögen und die Gutartigkeit des Temperamentes. Die gravierenden Exterieurfehler, wie grober Ramskopf, tief angesetzter Hals, langer, schwacher Rücken und fehlerhafte Gliedmaßenstellungen, wie sie noch bis zum Ersten Weltkrieg vorherrschten, sind weitgehend ausgemerzt. Der Noriker kann für verschiedene Freizeitzwecke (Zugpferd vor dem Planwagen, Reiterspiele) ein äußerst umgänglicher Partner jenes Pferdefreundes sein, der seiner Passion eine ruhige Note verleihen will.

Die Haflingerhengste nehmen in Stadl-Paura fast ebenso viele Stallplätze ein wie die Noriker. Das weltberühmte Freizeitpferd der österreichischen Berge wird mittlerweile in 23 Länder exportiert. Ursprünglich in der Landwirtschaft

*Hengstparade.*
*Eine Koppel mit fünf*
*Noriker Fuchshengsten.*

hauptsächlich als Gebirgstragtier und zum Holzrücken verwendet, dient es heute vornehmlich für das Wandern zu Pferd und als Kutsch- und Schlittenpferd. Durch seine Gutartigkeit und sein hübsches Erscheinungsbild hat es in aller Welt viele Freunde gewonnen. Das Original-Zuchtgebiet ist Tirol.

Die Herkunft des Haflingers liegt im Dunkel der Geschichte verborgen. In spätmittelalterlichen Dokumenten werden lediglich kleine Gebirgspferde erwähnt, die südlich der Alpen beheimatet waren, während nördlich des Alpenkammes seit der Römerzeit das norische Kaltblut vorherrschte. Die südlichen Gebirgspferde waren leichteren Typs und hatten offenbar orientalische Bluteinmischung. Diese Überlieferung und die in manchen Ländern praktizierte Veredelung des Haflingers durch arabisches Blut, wie beispielsweise die Zucht des Arabo-Haflingers in Schwaiganger, bei der ein relativ günstiger Blutanschluß gelingt, läßt den Schluß zu, daß der Haflinger ursprünglich mehr von orientalischen Pferden als vom Kaltblut beeinflußt wurde.

Das erste gelenkte Zuchtgeschehen beginnt im Jahre 1874 mit dem Haflingerhengst *249 Folie* aus Südtirol. Besondere Förderung erfuhr die Zucht sodann durch den Grafen Huyn, Kommandant des Hengstdepots Stadl-Paura von 1897 bis 1906, der beim Ackerbauministerium eine systematische Zucht

201

durchsetzte. 1904 wurde die erste Haflinger-Zuchtgenossenschaft in Mölten gegründet und wenig später Zuchtbucheintragungen und die Markierung der Zuchttiere durch Brandzeichen eingeführt. Nach dem Ersten Weltkrieg erhielt ein glücklicher Zufall die österreichische Haflingerzucht am Leben, denn kurze Zeit nach der Decksaison, als alle Hengste gerade wieder nach Stadl-Paura zurückgeführt worden waren, mußte Südtirol an Italien abgetreten werden. Wäre die Ablösung etwas früher geschehen, so hätten sich die Hengste noch auf den Deckstationen in Südtirol befunden und wären mit Sicherheit beschlagnahmt worden. Die Zucht wurde jetzt vor allem in Nordtirol intensiviert, 1921 erfolgte die Gründung der Nordtiroler Zuchtgenossenschaft, und aus dem italienischen Südtirol wurden 100 reinblütige Haflingerstuten angekauft.

Nach dem Zweiten Weltkrieg ging die Zucht, wie überall, stark zurück, bis schließlich die 60er Jahre mit ihrem Freizeitboom den Haflinger weltweit bekannt machten. In Österreich wird der Haflinger offiziell nur in Reinzucht gezüchtet, es erfolgen keinerlei Einmischungen. Typisches Merkmal ist die Fuchsfarbe in vielen Schattierungen mit hellem Langhaar; weiße Abzeichen am Kopf sind häufig, an den Gliedmaßen jedoch, ebenso wie Stichelhaar, unerwünscht. Die Widerristhöhe beträgt 135–145 cm Stockmaß. Der Haflinger Pferdezuchtverband Tirol mit Sitz in Innsbruck unterhält in Ebbs bei Kufstein ein eigenes, privates Aufzuchtgestüt, dem eine Reitschule mit Pension angeschlossen ist. Der Bestand zählt vier Zuchthengste und 40 Mutterstuten, jährlich werden etwa 30 Fohlen geboren. Im Zuchtbuch des Verbandes sind über 4000 Stuten eingetragen. Die Haflingerzucht dokumentiert einen züchterischen Stand, der aufgrund seiner Einheitlichkeit im Typ und der Korrektheit im Exterieur nur von wenigen Kulturrassen erreicht worden ist und international als beispielhaft gelten kann.

Das Bundeshengstenstallamt Stadl-Paura liegt etwa 2 km vom Marktflecken Lambach entfernt, auf der anderen Seite des Traun-Flusses, dem alten Benediktinerstift direkt gegenüber. Die Gestütsanlage ist von nostalgischer Schönheit, und der Besucher kann sich einer romantischen Anwandlung nicht ganz erwehren, die ihn in längst vergangene k. k. Zeiten zurückversetzt. Betritt man das Gelände durch den westlichen Besuchereingang, so liegen links das Verwaltungsgebäude und daran anschließend etwas zurückversetzt die Wohngebäude der Angestellten, das Schulgebäude mit Geschirrkammer und die Magazine, denen ein kleiner Park vorgelagert ist. Zur rechten Hand erstreckt sich der Reitplatz und dahinter der Komplex der rechteckig angelegten Stallungen, die einen großen Innenhof umgeben. Östlich des Stallgevierts liegen Veterinärgebäude, Remise und Schmiede und südlich die Sattlerei, die Reithalle und das bewaldete Außengelände für das Training der Pferde. Südwestlich etwas abseits befinden sich Krankenstall und Rauhfutterscheune. Die Außenfronten fast aller Gebäude sind in ockergelber Farbe gehalten, die in klangvollem Kontrast zum intensiven Grün der zahlreichen, die Alleen begleitenden, Baumreihen stehen.

*Links: Ein Lehrgang jugendlicher Reiter beim Ausritt auf Haflinger Hengsten. Die Ausbildungskurse sind fast immer ausgebucht.*

*Mit handwerklicher
Fertigkeit demonstrieren
die Hufschmiede die
Neuanfertigung eines
Hufeisens aus einem
Stück Roheisen
im schnellen „Dreier-
schlag", der auf
Sekundenbruchteile
abgestimmt sein muß.
Für den täglichen
Gebrauch verwenden sie
jedoch industriell
vorgefertigte Hufeisen in
verschiedenen Größen
und Stärken.*

*Zuletzt werden die
Löcher für die Hufnägel
in das glühende Eisen
gestanzt.*

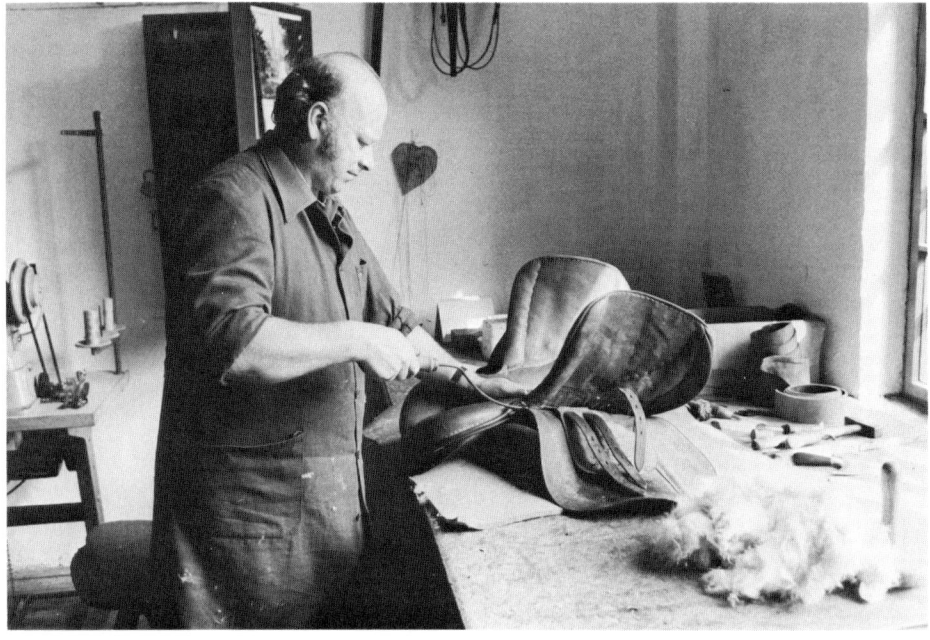

*Das Stallamt verfügt
über einen eigenen
Sattlereibetrieb, der die
Reparaturarbeiten
der Pferdegeschirre
vornimmt. Der Gestüts-
sattlermeister beim
Aufpolstern eines Sattels.*

*Die Hauptallee an der Nordseite der Stallgebäude.*

Die Stallungen beherbergen derzeit insgesamt 125 Beschäler: 47 Warmblüter, 40 Noriker und 38 Haflinger. 148 Hengste befinden sich ganzjährig in Privatpflege, und zwar acht Warmblüter, 78 Noriker und 62 Haflinger, so daß der Gesamtbestand des Hengstdepots 273 Hengste zählt. Von den Warmbluthengsten gehören 42 der altösterreichischen Rasse an, von den übrigen sind sieben Hannoveraner, einer Deutsches Warmblut, drei Trakehner und zwei Lipizzaner, diese letzten finden jedoch keine Zuchtverwendung.

Das Personal besteht aus insgesamt 62 Mitarbeitern, die Rangbezeichnungen sind Obergestütmeister, Gestütmeister und Gestütwärter. Das Amt des Landstallmeisters für das gesamte Österreich und der Posten des Stallamtdirektors sind in einer Person vereinigt, diese Aufgabe versieht zur Zeit:

Hofrat Dr. Lechleitner
Technische Leitung Obergestütmeister Enser

Die staatliche Zucht in den einzelnen Bundesländern wird außerdem von regionalen Landstallmeistern vertreten.

Die Deckperiode dauert von Februar bis Juli, während dieser Zeit sind die Hengste mit ihren Gestütwärtern auf 33 staatliche Deckstationen verteilt, außerdem bestehen 125 Privatpflegestationen. Gestütsbesucher sind täglich von 8–11 Uhr und von 14–17 Uhr willkommen. Alljährlich, am zweiten Sonntag im Oktober, findet auf dem Gestütsgelände eine Hengstparade statt, die in bunter Programmfolge einen Überblick über Qualität und Ausbildungsstand der Hengste gibt.

Die Zahlen der jährlich angekauften Nachwuchshengste betragen 14 Noriker, 16 Haflinger und sechs Warmblüter, die von privaten Züchtern, Zuchtverbänden (z. B. aus dem Haflinger-Aufzuchtgestüt Ebbs) und aus Piber

*Vorstellung der Gestüts-Voltigiergruppe auf einer internen Veranstaltung.*

stammen. Noriker werden 2½jährig, Haflinger dreijährig, Warmblüter aus Piber dreijährig und aus dem Ausland 2½jährig eingestellt (je drei Hengste). Alle Hengste erfahren im Gestüt eine Ausbildung unter dem Sattel und im Gespann. Die Hengstleistungsprüfung nach dem Muster des Landgestütes Celle, die alljährlich im November durchgeführt wird, ist nur für Warmbluthengste vorgesehen.

Das Hengstenstallamt koordiniert das Zuchtgeschehen mit der „Arbeitsgemeinschaft der Pferdezüchter Österreichs", die als Dachorganisation der Zuchtverbände der einzelnen Bundesländer die Belange der drei Zuchtrichtungen vertritt. Die Gesamtzahl der eingetragenen Zuchtstuten aller drei Rassen in Österreich beträgt etwa 18 000; 80 % werden von Staatshengsten und der Rest von staatlich gekörten Privathengsten gedeckt.

Auf gestützeigenen Hengsten, die jedoch keine Beschäler sind, werden für jeweils 15 Schüler (Erwachsene und Jugendliche) dreiwöchige Kurse abgehalten, in denen der abschließende Erwerb des Reiterabzeichens möglich ist. Die Ausbildungsmöglichkeiten sind äußerst gefragt, so daß die Reitkurse von etwa 500 Schülern jährlich voll genutzt werden.

Das Bundeshengstenstallamt Stadl-Paura liegt in Oberösterreich, etwa 40 km südwestlich von Linz entfernt, die Postanschrift lautet: Bundeshengstenstallamt, 4651 Stadl-Paura, Oberösterreich.

*Rechte Seite: Bundeshengstenstallamt Stadl-Paura.*

*Oben: Fünferzug mit Haflinger Hengsten im Brustblatt-Sielengeschirr, Fahrer Obergestütmeister Enser.*

*Unten: Viererzug mit Noriker Tigerscheck-Hengsten.*

206

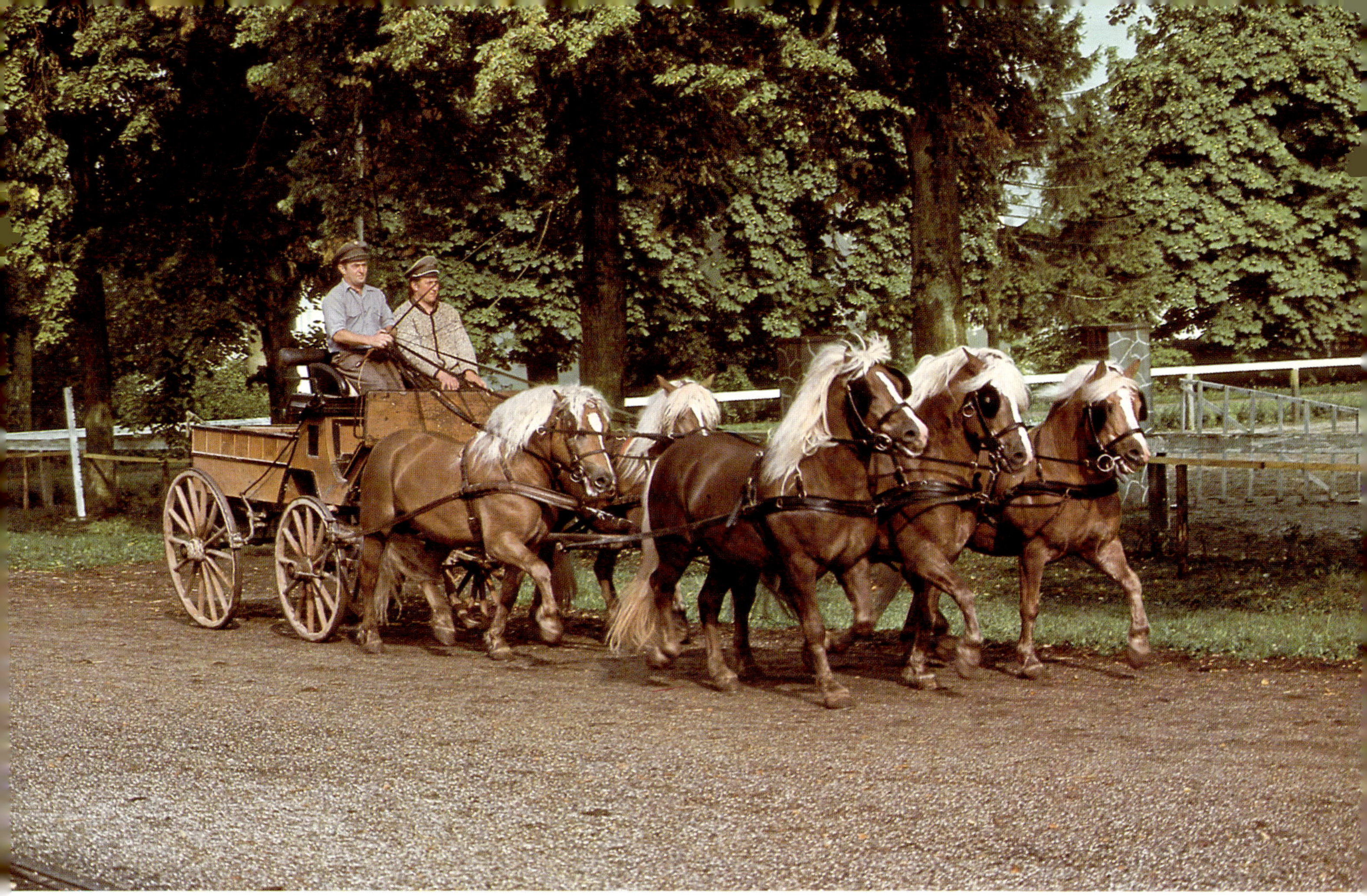

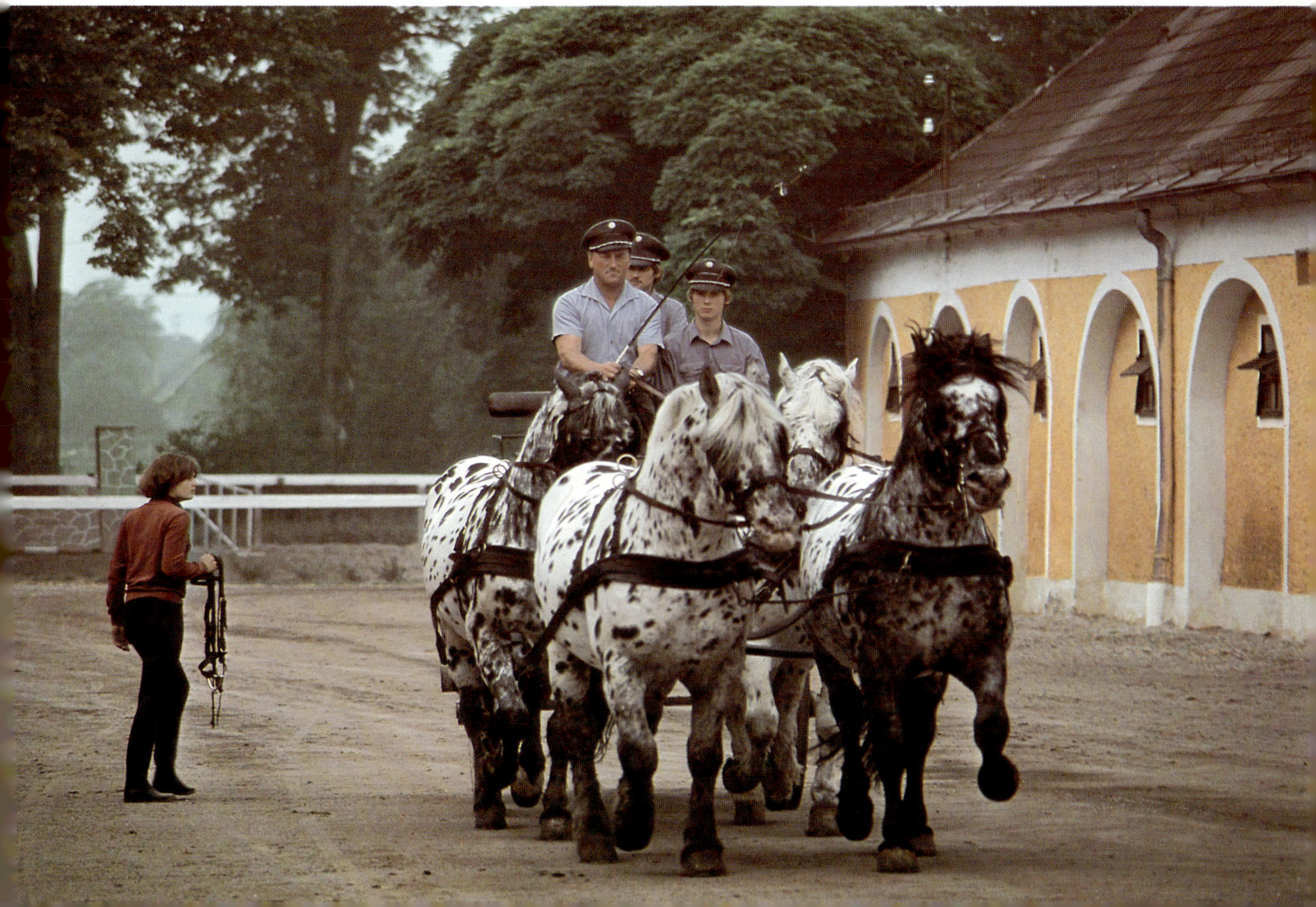

# Österreichisches Bundesgestüt
# Piber

Piber ist heute in Österreich die einzige staatliche Zuchtstätte mit der Funktion eines Hauptgestütes, wie beispielsweise das Stammgestüt Schwaiganger in der Bundesrepublik. Das Zuchtgeschehen umfaßt zwei Pferderassen, die weltberühmten weißen Lipizzaner für die Spanische Reitschule in Wien und ein Warmblutpferd für Sport und Freizeit, das etwa dem „Deutschen Reitpferd" entspricht.

Die Ortsbezeichnung Piber soll sich von dem Wassernagetier „Biber" ableiten, das die Ritter von Piber im frühen Mittelalter als Wappentier führten. Die noch heute auf dem Gestütsgelände bestehende, als Wahrzeichen des Ortes weithin sichtbare romanische Kirche wird bereits 1066 urkundlich erwähnt. Die alte Hauptpfarre Piber, in jenen Zeiten das geistliche Zentrum der Weststeiermark, wurde im Jahre 1414 vom Benediktinerstift St. Lambrecht übernommen und schließlich 1798 durch Kaiser Josef II. dem geistlichen Besitz entzogen, der auf dem Domänengelände ein Gestüt einrichtete. Einige Gebäude der alten Hauptpfarre nahe der Kirche aus dem 15. Jahrhundert, z. B. der Getreidespeicher, sind bis heute erhalten. Das Renaissance-Schloß Piber, das der Gestütsverwaltung als Dienstgebäude dient, wurde 1696 von dem italienischen Baumeister Domenico Sciassio erbaut.

Das Jahr 1798 – die Mönche waren gegangen, und die Soldaten zogen ein – gilt als Gründungsdatum des Gestütes. Piber diente zunächst als Remontedepot und dann als Militärgestüt, das bis 1867 und dann wieder ab 1890 ausschließlich unter militärischer Leitung stand. Die zwischenzeitliche Zivilverwaltung aber geriet Piber zum Nachteil, die Schlamperei hatte in dieser Zeit derartige Ausmaße erreicht, daß die Zuchtstätte vorübergehend geschlossen werden mußte. Das Ackerbauministerium war nicht immer ganz schuldlos am Niedergang des Gestütes gewesen, eine äußerst stiefmütterliche Behandlung in finanzieller Hinsicht und wiederholte unqualifizierte Eingriffe in das Zuchtgeschehen hatte letztlich zur Auflösung geführt. So konnte Piber in der ersten Hälfte des 19. Jahrhunderts beträchtliche Zuchterfolge mit Pferden anglo-

*Links: Bundesgestüt Piber. Ansicht von Nordosten. Links das Renaissance-Schloß, der Sitz der Gestütsverwaltung, dann die Turmspitze der alten Kirche, in der Mitte das gelbe Stallgebäude der Lipizzanerstuten und rechts die Reithalle.*

*Altspanisches Pferd, zeitgenössische Darstellung aus dem 17. Jahrhundert. Pferde dieses Typs waren aufgrund ihrer hervorragenden Reitpferdeigenschaften zur Zuchtveredlung an vielen europäischen Fürstenhöfen begehrt.*

arabischen Blutes aufweisen, doch als die Zucht eine zufriedenstellende Ausgeglichenheit erreicht hatte, mußte sie an die Gestüte Kisbér und Bábolna abgegeben werden. Anschließend, um 1858, erhielt Piber die Aufgabe, Landbeschäler für die ländliche Lipizzanerzucht in der Donaumonarchie zu erzeugen, und zwar für jenen leichteren Arbeitstyp, der noch heute verbreitet in Ungarn, Jugoslawien und der Tschechoslowakei anzutreffen ist. Kaum aber hatte die Zucht zehn Jahre später ein gewisses Niveau erreicht – Piber hatte bereits 90 Landbeschäler geliefert – wurden die Lipizzaner auf Anordnung des Ministeriums wieder abgezogen. Nun unternahm man einen neuerlichen Versuch mit edlen schweren Pferden. Anglo-Normänner und englische Halbblutpferde wurden im Gestüt stationiert, die aber wiederum nach kurzer Zeit an das Staatsgestüt Radautz gingen, das im Vergleich zu Piber stets eine vorrangige Behandlung genoß. Aufgrund der wechselhaften Entscheidungen vom grünen Tisch in Wien, die wohl eher politischer und weniger sachlicher Natur waren, konnte keine kontinuierliche Zucht aufgebaut werden.

Radautz war am Ende des 19. Jahrhunderts zu einem Gestüt von kaum vorstellbaren Ausmaßen angewachsen. Die Gesamtfläche betrug 10 000 ha, das Gestütsgelände erstreckte sich über eine Länge von 120 km, und der Bestand belief sich auf fast 2000 Pferde verschiedener Rassen, die vornehmlich

*Der Neapolitaner war ein nach Neapel importiertes spanisches Pferd. Er erhielt seinen Namen durch die Neapolitanische Reitschule (gegr. 1532), die diese Pferde wegen ihrer besonderen Dressureigenschaften bevorzugte. Neapolitanerpferde wurden in vielen Hofgestüten in Reinzucht oder zur Veredelung verwendet und sind heute nur noch in einigen Lipizzaner-Stammlinien nahezu rein erhalten.*

für militärische Zwecke gezüchtet wurden. Von 1890 an bis zum Ersten Weltkrieg stand Piber abermals unter militärischer Verwaltung, und wiederum wurde eine Zucht mit Anglo-Arabern, englischen Vollblütern und Halbblütern aufgebaut; letztere sind unter der Bezeichnung *Furioso* in aller Welt bekannt geworden.

1920 schließlich erhielten die Lipizzaner des Hofgestütes Lipizza, die schon 1915, bedingt durch die Kriegsereignisse, ihre alte Heimat verlassen mußten und vorübergehend in Laxenburg bei Wien untergebracht worden waren, in Piber eine neue Heimstatt.

Der Lipizzaner gilt als älteste Kulturrasse Europas, in der dank eines streng eingehaltenen Zuchtplanes längst vergangene Pferderassen in geglückter Verschmelzung nahezu unverfälscht weiterleben. Beherrschender Urahn des Lipizzaners ist ursprünglich das Berberpferd Nordafrikas, das die Mauren um 800 über Gibraltar nach Spanien einführten. Schon vor unserer Zeitrechnung war Spanien wegen seiner edlen, feurigen Reitpferde, die einst durch die Phönizier in den Süden des Landes gelangten, berühmt gewesen. Der Berber, der ursprünglich aus einer Vermischung der bodenständigen nordafrikanischen numidischen Rasse mit arabischen Pferden entstanden war, bewirkte nach neuerlicher arabischer Bluteinmischung in Spanien einen erheblichen Auf-

*Der erhabene Trab.*

*Die damals bei spanischen Pferden häufig auftretende Tigerfleckung war sehr beliebt und auch in der Lipizzanerzucht noch bis in das 19. Jahrhundert hinein nicht selten. Ein Neapolitaner des 17. Jahrhunderts in der Passage.*

schwung der Pferdezucht. Die daraus entstandenen leichtfüßigen, edlen Reitpferde wurden Genetten genannt und sind die direkten Vorfahren des heutigen Andalusiers.

In der nördlichen Hälfte Spaniens, vorwiegend in Kastilien, existierte eine weitere vom Berber beeinflußte Rasse, die Villanos. Sie waren größer und schwerer als die Genetten und dienten vor allem den schwer gepanzerten Rittern als Streitrosse. Mit den kaltblütigen Ritterpferden Mitteleuropas konnten sie dennoch nicht verglichen werden, sie ähnelten eher dem heutigen Warmblutpferd. Die häufig auftretende Tigerfleckung des Felles dieser Pferde wurde hochgeschätzt. Beide Berber-Nachfahren, die leichte Genette und der schwere Villano, waren gleichermaßen für die Entwicklung des Lipizzaners von Bedeutung.

Im 16. und 17. Jahrhundert wurde die Pferdezucht in Spanien mit leidenschaftlichem Ernst betrieben, so daß sie im Vergleich zu allen anderen europäischen Ländern das höchste Niveau erreichte. Die Qualität der Pferde wurde weithin gerühmt, und alle Fürstenhöfe waren bestrebt, ihre Zucht mit spanischen Pferden zu veredeln. So gelangten spanische Hengste beispielsweise auch nach Neapel und Frederiksborg in Dänemark, aus deren Zuchten später Stammhengste der Lipizzanerzucht kommen sollten. Im 18. Jahrhundert veränderten die spanischen Pferde durch Einkreuzungen nordischer und anderer Rassen zusehends ihr Erscheinungsbild, so daß der heutige Andalusier kaum noch mit der altspanischen Rasse, vielleicht mit Ausnahme des Karthäuserpferdes, verglichen werden kann. Im Lipizzaner aber ist der alte Typ noch weitgehend erhalten.

Zu jener Zeit, als spanische Pferde hoch im Kurs standen, suchte auch Erzherzog Karl, der von seinem Vater Kaiser Ferdinand I. als Regent für die Steiermark, Kärnten, Krain und Istrien eingesetzt worden war, nach einer Möglichkeit, diese schönen Pferde in Österreich für seine Hofhaltung zu züchten. Seine Wahl fiel auf das kleine Dorf Lipizza bei Triest, hoch im Karstgebirge gelegen, wo schon zur Zeit der Griechen vorzügliche Pferde gediehen und noch im 16. Jahrhundert, im ausklingenden Mittelalter, das Karstpferd in hohem Ansehen stand. 1580 erwarb der Erzherzog vom Bischof von Triest in Erbpacht ein verfallenes Landgut, dessen umliegende Ländereien einer Steinwüste glichen, wo hin und wieder spärliche Gräser und Kräuter dorrten. In mühsamer Arbeit mußten die Einrichtungen für eine Pferdehaltung geschaffen werden; in den Fels gehauene Zisternen dienten zur Speicherung des Wassers. Doch bald waren die notwendigen Stallungen errichtet, und für den Beginn der Zucht wählte man einige bodenständige Karstpferde aus und importierte neun Hengste und 24 Stuten aus Spanien.

Der Pferdebestand wuchs, und im Laufe der Zeit wurden die Gestütseinrichtungen ständig erweitert und immer wieder spanische Pferde hinzu gekauft. Seit etwa 1700 veredelte man die Zucht zusätzlich durch Beschäler aus Neapel, aus der Polesina (Poebene) und aus dem dänischen Hofgestüt Frederiksborg, die alle spanisches Erbgut besaßen. Zu Zeiten der Kaiserin Maria Theresia grasten auf mittlerweile zugekauften, bewässerten und daher fruchtbareren Koppeln um Lipizza herum bereits 150 Mutterstuten. Damals zeigten keineswegs alle Pferde eine weiße Fellfarbe; Falben, Isabellen, Braune und Tigerschecken prägten das Bild der Herde.

Vor und während der Napoleonischen Kriege mußte das Gestüt mit etwa 300 Pferden in Abständen von mehreren Jahren dreimal vor den anrückenden Franzosen nach Ungarn fliehen. Die Pferde kamen jedes Mal mehr oder weniger wohlbehalten zurück, aber die Gestütsgebäude wurden verwüstet oder zerstört. Nach der Verbannung Napoleons im Jahre 1815 befand sich das Gestüt in einem beinahe funktionsuntüchtigen Zustand. Aufwendige Neubauten und Landkultivierungen wurden erforderlich, um die einst mühsam bewässerten und nunmehr völlig verwahrlosten Weidegründe zum Wachstum zu bringen, die abgeholzten Wälder aufzuforsten und die baufälligen und vernachlässigten Gebäude wieder herzurichten. Der Pferdenachwuchs hatte Einbußen erlitten, aufgrund der veränderten Lebensbedingungen auf der Flucht verfohlte etwa ein Viertel der Mutterstuten. Doch Franz Josef I. förderte den Wiederaufbau in großzügiger Weise, so daß sich die Zuchtstätte im Verlauf des 19. Jahrhunderts wieder erholte.

Mit dem Ersten Weltkrieg endete die österreichische Pferdezucht im Hofgestüt Lipizza; wegen der näherrückenden Kampfhandlungen mußten die Pferde 1915 nach Laxenburg bei Wien und in das Gestüt Kladrub evakuiert werden. Der Ortswechsel wirkte sich vor allem in Laxenburg äußerst ungünstig aus, 31 Stuten und Fohlen gingen ein. Nach Kriegsende fiel Lipizza an Italien und nach dem Zweiten Weltkrieg an Jugoslawien. Das Gestüt besteht weiter, und noch immer werden dort Lipizzaner gezüchtet, die jedoch keine Ausbildung in der Hohen Schule erhalten. Nach dem für Österreich verlorenen Ersten Weltkrieg beanspruchten die Siegermächte einen Teil der Lipizzanerzucht, 37 in Kladrub stationierte Stuten beschlagnahmte die tschechoslowakische Regierung und 107 Pferde mußten an Italien ausgeliefert werden, so daß noch 97 Pferde in Österreich verblieben, die wegen der ungesunden Verhältnisse in Laxenburg im Jahre 1920 nach Piber verlegt wurden.

Zu Beginn des Zweiten Weltkrieges mußten die weißen Pferde ihre neue Heimat verlassen, weil in Piber Gebirgs-Tragpferde und Maultiere für militärische Zwecke gezüchtet werden sollten. Zwischen 1941 und 1942 ergab sich die einmalige Situation, daß alle bedeutenden Lipizzanerzuchten, die nunmehr im deutschen Machtbereich lagen, aus Sicherheitsgründen im tschechoslowakischen Staatsgestüt Hostau im Böhmerwald zusammengezogen wurden:

Hauptgestüt Lipizza (damals Italien) mit
sechs Hengsten, 60 Stuten und Fohlen,
Staatsgestüt Bábolna (Ungarn) mit
vier Hengsten, 40 Stuten und Fohlen,
Staatsgestüt Topolcianky (Tschechoslowakei) mit
zwei Hengsten, 30 Stuten und Fohlen,
Staatsgestüt Fogaras (Rumänien) mit
vier Hengsten, 50 Stuten und Fohlen
und mehrere Gestüte aus Jugoslawien mit
sechs Hengsten, 70 Stuten und Fohlen.

Die Gelegenheit wurde untereinander züchterisch genutzt, und so hat Hostau in der kurzen Zeit einige hervorragende Schulpferde und Mutterstuten hervorgebracht. Im Mai 1945 wurden alle Lipizzanerpferde vor den heranrückenden Russen durch den Handstreich eines amerikanischen Einsatzkommandos unter Colonel Reed in letzter Minute nach Bayern in Sicherheit gebracht. Nach Rückgabe der italienischen und jugoslawischen Pferde kam der Rest des österreichischen Bestandes bald nach Piber zurück, wo sich die Zucht bis heute vortrefflich entwickelt hat.

Das Gestüt leitet zur Zeit: Hofrat Dr. Lehrner
Stellvertreter Hauptmann Croy
Technische Leitung Obergestütmeister Puffing

Oben: Gestütsschild am Verwaltungs-
gebäude.
Rechts: Dienstuniform der Gestüts-
beamten; der Rock ist von grauer Farbe,
Mütze und Reithose sind weinrot.
Unten: Obergestütmeister Puffing mit
dem Hauptbeschäler ‚Fetisch‘,
geb. 1970, Österreichisches Warmblut.
Vater von ‚Fetisch‘ ist der berühmte
Hannoveranerhengst ‚Ferdinand‘, von
‚Ferrara‘, der in den letzten Lebens-
jahren in Piber deckte.

215

Fast alle Pferdezuchten in Europa sind, obwohl sie häufig auf die gleichen Vorfahren wie die Lipizzaner zurückgehen, im Laufe der Jahrhunderte dem Geschmack angepaßt und mit vielerlei Rassen verkreuzt und vermischt worden, so daß sie heute einen völlig anderen Typ darstellen. Der Lipizzaner hingegen verkörpert eine Rasse, die gleichsam isoliert und unverfälscht ohne Fremdeinmischung aus einer längst vergangenen Zeit in die Gegenwart herübergerettet wurde, wobei auch das Zuchtziel – und das ist der ursächliche Grund für seine Erhaltung – seit jeher das gleiche geblieben ist. Der österreichische Lipizzaner ist immer ein barockes Prunkpferd gewesen, das der Prachtentfaltung des Hofes diente, sei es als Gespannpferd vor der Hofkutsche oder als Dressurpferd in der Hofreitschule, deren Vorführungen zu Kaiserzeiten nur geladenen Gästen des Hofes und nicht dem Volk zugänglich waren. Mit der Spanischen Reitschule und den weißen Pferden in Piber ist bis in unser technisches Zeitalter ein Relikt des Österreichischen Barocks lebendig geblieben, das heute wie ehedem bei zahlreichen offiziellen Anlässen und Staatsbesuchen im Vordergrund der staatlichen Repräsentation steht.

Die Zucht des Lipizzaners wurde durch die altspanische Rasse geprägt. Auch wenn die Beschäler nicht aus Spanien, sondern aus Italien (Neapolitaner, Polesinapferd), aus Dänemark (Frederiksborger) oder aus Deutschland kamen (1717 wurde in Lippe-Bückeburg der Hengst *Lipp* angekauft, dessen Nachkommen ein Jahrhundert lang zu den besten Vaterpferden zählten), so vereinigte sich immer wieder spanisches Blut. Als die altspanischen Pferde ausgestorben waren, verwendete man vor allem im 19. Jahrhundert orientalische Pferde, für die der Original-Araber *Siglavy* ein Beispiel ist. Zuchtversuche mit englischen Vollbluthengsten scheiterten völlig, da die Erbanlagen nicht zusammenschmolzen und die Nachzucht nur typlose Pferde hervorbrachte. In einem Zeitraum von 50 Jahren waren einige Beschäler altspanischer und orientalischer Rasse in die Zucht eingegangen, die dem Lipizzaner in sechs Stammlinien bis heute ihr unverfälschtes, einmaliges Gepräge gaben:

der Schimmel *Pluto,*
geb. 1765 im königlich-dänischen Hofgestüt Frederiksborg
(rein spanische Abstammung),
der Rappe *Conversano,*
geb. 1767, importiert aus Neapel (Original-Neapolitaner),
der Schimmel *Maestoso,*
geb. 1773 im Hofgestüt Kladrub (Lipizzaner),
der Falbe *Favory,*
geb. 1779 im Hofgestüt Kladrub (Lipizzaner),
der Braune *Neapolitano,*
geb. 1790, importiert aus der Polesina (Original-Neapolitaner) und
der Schimmel *Siglavy,*
geb. 1810, importiert aus Arabien 1816 (Original-Araber).

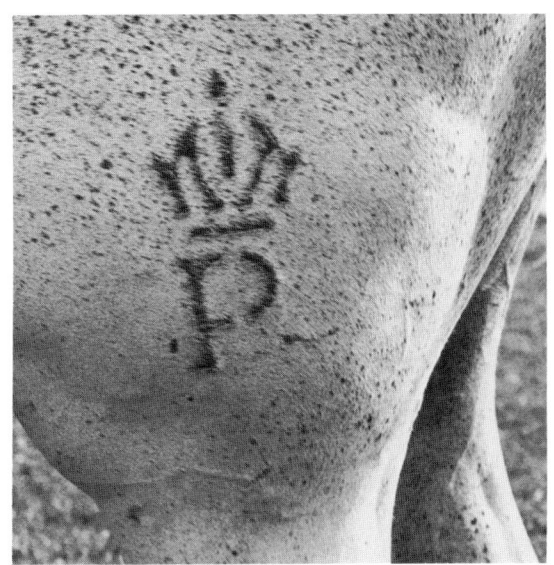

In der Lipizzanerzucht unterscheidet man vier verschiedene Brandzeichen.
Links: Gestütsbrand des Bundesgestütes Piber auf dem linken Hinterschenkel.
Rechts: Reinrassigkeitsbrand. Das L auf der linken Wange bedeutet „reinrassiger Lipizzaner".

Die linke Sattellage eines jeden Lipizzaners wird mit dem Abstammungsbrand versehen, der Buchstabe kennzeichnet jeweils den Anfangsbuchstaben der Stammlinie des Vaters und das Symbol die Stammlinie des Vaters der Mutter.
Eine Zahl neben dem Buchstaben steht für die Registriernummer des Zuchthengstes.
Die rechte Sattellage erhält eine Zahl als Fohlenregisterbrand.

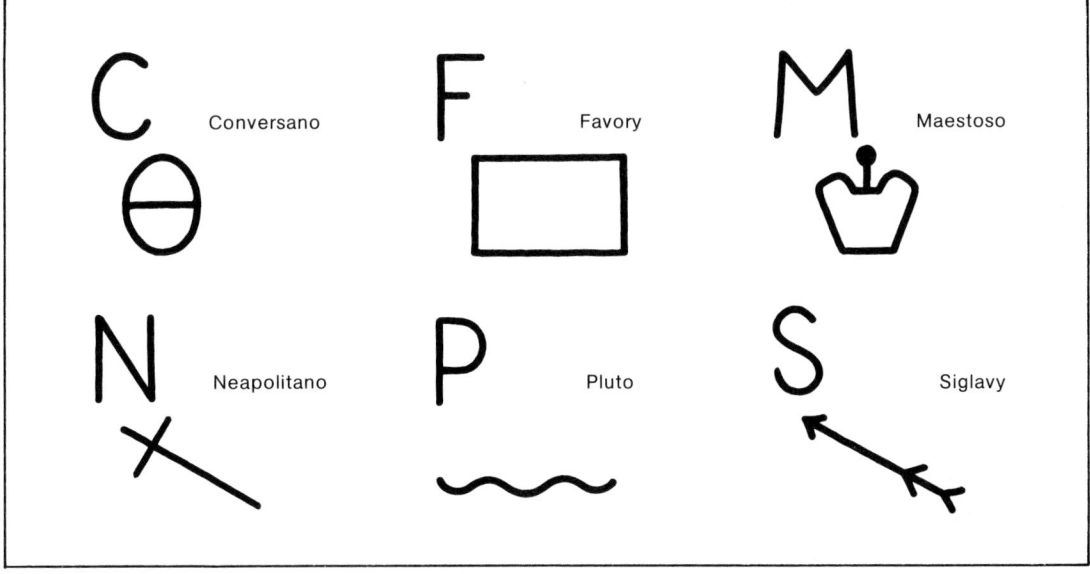

C — Conversano
F — Favory
M — Maestoso
N — Neapolitano
P — Pluto
S — Siglavy

Nebenstehend zwei Beispiele für den Abstammungsbrand in der linken Sattellage:
Links: M = Maestoso (Stammlinienname des Vaters), 8 = Registriernummer, Schwert = Neapolitano (Stammlinienname des Vaters der Mutter).
Rechts: C = Conversano (Stammlinienname des Vaters), 3 = Registriernummer, Krone = Maestoso (Stammlinienname des Vaters der Mutter).

217

*Lipizzanerstute
„Amorosa', geb. 1967,
Vater: ‚Conversano
Soja'. Diese Stute zeigt
deutlich das arabische
Erscheinungsbild
des Siglavy-Erbgutes.*

Die Nachkommen des oben erwähnten 1773 in Kladrub geborenen Maestoso sind mittlerweile ausgestorben. Der heutige Maestosostamm geht auf einen 1819 im ungarischen Staatsgestüt Mezöhegyes geborenen Schimmel (Vater Original-Neapolitaner, Mutter Original-Spanierin) zurück, dessen Vater aus dem Karstgestüt stammte. Von den ursprünglich 23 Stutenfamilien sind bis heute 14 erhalten geblieben.

Der Lipizzaner der Gegenwart ist ein Pferd von praktischer Mittelgröße mit einer Widerristhöhe zwischen 147 und 157 cm Stockmaß. Er ist hart, ausdauernd, leichtfuttrig und gehfreudig, und seine Verwendung als Dressurpferd spricht für seine Gelehrigkeit, Intelligenz und für seine Gangmechanik. Er ist erst mit sieben Jahren ausgewachsen und wird bei voller Gebrauchstüchtigkeit leicht 20–30 Jahre alt. Besonders hervorstechende Merkmale sind die häufig auftretende Ramskopfform, der hohe Aufsatz, die hohe Aktion der Vordergliedmaßen und die Schimmelfarbe.

Das für den Lipizzaner charakteristische weiße Haarkleid hat sich erst im Verlauf des 19. Jahrhunderts durchgesetzt, bis zum Ende des 18. Jahrhunderts dominierten die Falben, Isabellen, Braunen, Schecken und Tiger. Einmal wurde die weiße Fellfarbe aus Geschmacksgründen für die „Kaiserpferde" züchterisch bevorzugt und zum anderen hat sich das weiße Haar des Arabers

*Lipizzanerstute ‚Perla‘, geb. 1956, Vater: ‚Favory Ancona‘, im Alter von 22 Jahren. Diese Stute verkörpert den klassischen Neapolitaner-Typ.*

erbmäßig als dominant erwiesen, so daß heute nur noch in ganz seltenen Fällen braune Lipizzaner geboren werden. Da weißgeborene Pferde mit heller Haut und hellen Augen unerwünscht sind, wertet man ein derartiges Vorkommnis als Bestätigung noch ausreichender Pigmentierung der Zucht, denn der Lipizzaner soll seine ausdrucksvollen dunklen Augen und die prägnanten dunklen Hautpartien am Kopf nicht verlieren.

Piber ist undenkbar ohne die Spanische Reitschule in Wien, deren Aufgabenstellung seit der Gründung im Jahre 1572 in der Pflege und Erhaltung der Klassischen Reitkunst nach den Grundsätzen der Reitmeister Xenophon, Pluvinel und Guérinière besteht. In der Anfangszeit orientierte sich die Anstalt am Vorbild der Neapolitanischen Reitschule und verwendete ebenfalls spanische Pferde, vorwiegend Neapolitaner, die damals die Modepferde an den Fürstenhöfen Europas waren, weil ihre Reit- und Charaktereigenschaften den beweglichen Kampf des Einzelreiters in idealer Weise unterstützten und ihr stattliches Erscheinungsbild die bedeutsame Außergewöhnlichkeit des herrschaftlichen Reiters wohltuend hervorhob. Teile dieser andressierten Kampflektionen, die meist schon im natürlichen Verhaltenspotential der Pferde erhalten sind, gingen damals in das Repertoire der Hohen Schule ein und haben sich bis heute im Programm der Reitschule erhalten. Der berühmte

Barockbau Fischer von Erlachs, in dem die Institution ihr Domizil hat, wurde im Jahre 1735 nach fünfjähriger Bauzeit vollendet und diente fortan als Treffpunkt glanzvoller Reiterfeste des Adels.

Mit dem Untergang der altspanischen Pferde verwendete die Reitschule schließlich nur noch Lipizzanerschimmel, die als unmittelbare Nachfahren der Neapolitaner das Erbe der barocken Reitpferde bis in unsere Zeit bewahrten. Heute stehen 50–60 Lipizzanerhengste aus Piber in den Stallungen der Spanischen Reitschule, von denen etwa ein Drittel vollendet ausgebildet ist. Alljährlich werden die $3^1/_2$jährigen Junghengste auf ihre Fähigkeiten geprüft; die geeigneten bleiben in der Schule und erfahren eine intensive Ausbildung, die übrigen werden verkauft. Für die Ausbildung eines Hengstes bis zur vollendeten Reife unter Berücksichtigung seiner besonderen Veranlagung rechnet man etwa acht Jahre; sie stellt eine in spezieller Weise ausgerichtete Hengstleistungsprüfung dar, aus der nur die allerbesten Beschäler für den Fortbestand der Zucht in Piber ausgewählt werden.

Die Spanische Reitschule in Wien nimmt auf dem Gebiet der Klassischen Reitkunst international einen ersten Rang ein, Dressurreiter in aller Welt orientieren sich an der „Germanischen Reitweise" dieser einmaligen Institution, deren reiterliches Niveau bislang unerreicht ist, wenngleich in Fachkreisen über das Ausbildungsziel der Pferde unterschiedliche Meinungen bestehen. Vielfach wird der „Romanischen Reitweise" des Cadre Noir in Saumur der Vorzug gegeben, weil sie weniger Zwang beinhaltet, auch wenn dabei auf die Perfektion der „Germanischen Reitweise" verzichtet werden muß. Hier wird der fließende, freie und eher natürliche Bewegungsablauf in den Übergängen als Ausbildungsziel der Pferde gepflegt. Wie auch immer Methoden und Ziele aussehen, eine beispielgebende Weltgeltung ist keinem der beiden Institute abzusprechen.

Das Bundesgestüt Piber liegt auf einer Anhöhe nahe der Ortschaft Köflach; die Silhouette des Ortsbildes wird vom Schloß, dem Sitz der Gestütsverwaltung, und der alten Kirche geprägt. Eine öffentliche, jedoch wenig befahrene Straße führt durch das Gestütsgelände, die Schloß, Kirche, Magazin und einige Wohngebäude von den vier Stallgebäuden trennt, in denen die Hauptbeschäler in Einzelboxen und die Mutterstuten in geräumigen Laufställen untergebracht sind. Das Gestütspersonal besteht aus insgesamt 30 Personen, die Rangbezeichnungen sind Obergestütmeister, Gestütmeister und Gestütwärter. Von April bis Oktober kann das Gestüt täglich jeweils um 14 Uhr und um 15 Uhr im Rahmen einer einstündigen Führung besichtigt werden. Um den Pferden die nötige Ruhe zu gewährleisten, ist der Zutritt zu den Gestütseinrichtungen während der übrigen Zeit nicht gestattet. Der Gestütsdurchgang, nur in Gruppe und unter Führung eines Gestütwärters, erweckt im Besucher den Eindruck einer straff geführten Anstalt, in der Zeitabläufe und Verrichtungen perfekt organisiert sind. Nahezu alles, was der Besucher zu sehen bekommt, kann als vorbildlich bezeichnet werden.

*Rechts: Lipizzaner Hauptbeschäler ‚Neapolitano Primavera', geb. 1970, Vater: ‚Neapolitano Presciana III', deckte 1977 in Piber.*

*Die Reithalle in Piber.*

*Der vorbildliche, gesunde Laufstall der Lipizzaner Mutterstuten, sehr hell, luftig und geräumig. Die Futterkrippen sind tief am Boden installiert und entsprechen der Nahrungsaufnahme beim Weidegang. Die atmende Holzdecke verhindert Schwitzwasserbildung und damit weitgehend den feuchten Stalldunst, der in den empfindlichen Atmungsorganen der Pferde lebensgefährliche Erkrankungen hervorrufen kann.*

*Die Lipizzanerstuten verlassen den Stall zum morgendlichen Weidegang. Die Leitstute wird am Halfter geführt, und alle anderen folgen in strenger Rangordnung.*

Der viermal täglich wiederholte Vorgang des Austriebs auf die Koppeln und der Rückkehr der Pferde zum Gestüt zeigt stets den gleichen Ablauf. Der Gestütmeister führt die Leitstute am Halfter voran und die Herde folgt in strenger Rangordnung, zuerst die alten und dahinter die jüngeren Lipizzanerstuten mit ihren Fohlen und zum Schluß die Warmblutstuten als Gruppe für sich. Der ruhige, gemessene Durchzug der würdigen Stutenherde erinnert den Beobachter ein wenig an ein zeitloses, feierliches Zeremoniell.

Piber liegt auf einer Höhe von etwa 550 m über NN, die Gesamtnutzungsfläche beträgt 580 ha, und die Niederschläge erreichen einen Jahresdurchschnitt von 1000 mm. Das Heu wird im eigenen Betrieb geerntet, eine Braunviehherde von 100 Tieren ergänzt vor allem aus Gründen des Weideausgleichs den Tierbestand des Betriebes. Zwei Hochalmen, in 1600 m Seehöhe und bis zu 20 km entfernt, sowie vier Außenstationen dienen der Aufzucht der Jungpferde. Der Lipizzanerbestand zählt zwei Beschäler, 40 Mutterstuten und drei Nachwuchsjahrgänge, also insgesamt 120–150 Pferde. Von Januar bis Ende Mai werden etwa 25–35 Fohlen geboren. Acht bis zwölf Junghengste gehen jeweils Ende November in die Spanische Reitschule nach Wien, während die überzähligen, ebenso wie die ausgesonderten Jungstuten, vom Gestüt vorwiegend ins Ausland verkauft werden.

Die Junghengste leben bis zum Alter von 3½ Jahren jeweils den ganzen Sommer über auf einer Hochalm in 1600 m Höhe. Die steilen Berghänge und das rauhe Klima fördern in den entscheidenden Entwicklungsjahren Konstitution und Widerstandskraft, das ungebundene Leben in relativer Freiheit ermöglicht eine gesunde Entfaltung der natürlichen Verhaltensweisen. Deshalb zeigen die freilebenden Junghengste auf der Stub-Alm in vielfältiger Weise das im Erbgedächtnis schlummernde Verhaltenspotential ihrer wilden Vorfahren. Ein das Kampfverhalten herausfordernder Unruheherd ist beispielsweise die Tränke, weil hier die Individualdistanz aufgrund der räumlichen Enge am Trog unterschritten werden muß. Der Ranghöhere beansprucht stets den günstigsten Platz.

Oben: Aufgalopp zur Tränke, der Rangniedere (rechts) versucht, den Platz vor dem Ranghöheren zu erreichen.

Mitte: Dem mißfällt das dreiste Verhalten, und er stellt den Respektlosen (hinten) zum Kampf, um ihn auf seinen Platz zu verweisen.

Unten: Nach kurzem Geplänkel gibt der Rangniedere (links) auf, und der Ranghöhere setzt vor ihm den Weg zur Tränke fort. Das natürliche Steigen der Hengste tritt später in der Ausbildung zur Hohen Schule in verfeinerter und gymnastizierter Form als Pesade, Levade oder Courbette in Erscheinung.

*Ein anderes Kampfspiel, das „Pirouettendrehen" der Rivalen zur Erlangung einer günstigen Schlagposition, kehrt in der Pirouette des Dressurprogramms der Spanischen Reitschule wieder.*

*Der hellere Junghengst erhält einen Biß in die Kruppe, und während er in Abwehrreaktion einen Luftsprung vollführt, schlägt er mit den Hinterhufen weit ausholend nach hinten, die Vorderhufe fußen in diesem Augenblick wieder auf. Er hat eine „natürliche Capriole" gezeigt.*

*Abgeschlagen und in seinen Rang verwiesen bezieht er einen ungefährlichen Außenplatz an der Tränke.*

Das Junghengstrudel drängt sich an der Tränke. Dem dunkelfarbigen Sieger auf den Bildern der vorangehenden Seite oben und Mitte ist der Erfolg zu Kopf gestiegen. Er riskiert eine Korrektur der Rangordnung mit dem Leithengst der Herde (weiße Fellfarbe, mit Halsglocke), indem er ihm mit drohend angelegten Ohren und scharrendem Vorderhuf angriffslustig zu Leibe rückt.

Mit blitzschneller Drehung versucht er, den Weißen in den Unterarm zu beißen, indem er selbst „in die Knie geht", um nicht das gleiche Ziel zu bieten.

Doch der Leithengst – er hat seine Überlegenheit immer wieder bewiesen – ist schneller und hilft dem Kecken mit kräftigem Biß auf die Beine, um ihm anschließend mit den Hinterhufen herzhaft die Rippen zu trommeln.

In hochgereckter Imponierhaltung beginnt er, ihn dann mit der Hinterhand vom Platz zu drängen.

Doch da der Dunkle noch nicht nachgibt, dreht der Leithengst und versetzt ihm einen Biß in den Hals, der ihn zu einem entsetzten Sprung nach vorn, einer „natürlichen Courbette", veranlaßt. In der ausgebildeten Courbette der Hohen Schule freilich fußt das Pferd stets zuerst mit den Hinterhufen auf.

Unten: Um einen guten Abgang zu haben, setzt der Verlierer in respektvoller Entfernung eine Kotmarke zur Markierung des beanspruchten Eigenterritoriums. Der Leithengst aber hat seinen ersten Rang einmal mehr bestätigt, gelassen und ohne Aggression beobachtet er den Abgang des Rangniederen. Wie deutlich zu sehen ist, wird die Auseinandersetzung der Kampfhähne von den übrigen Artgenossen uninteressiert hingenommen und gar nicht beachtet. Das Kampfverhalten der Hengste vollzieht sich nach einem streng eingehaltenen Ritual. Sobald der Schwächere nachgibt, läßt ihn der Stärkere in Ruhe.

*Lipizzaner Junghengste auf der 1600 m hoch gelegenen Stub-Alm.*

Die kräftigen und kerngesunden Lipizzanerhengste sind etwa bis zum Alter von 20 Jahren deckfähig, die Hauptbeschäler wechseln, zur Vermeidung von Degenerationserscheinungen in der Zucht, alle drei Jahre. Die Weidezeit dauert von Ende Mai bis September. Die jungen Lipizzanerstuten erhalten im Alter von vier Jahren unter dem Sattel und im Gespann ihre erste Ausbildung, die in der zweiten Julihälfte beginnt. In der Lipizzanerherde stehen derzeit als Ausnahmefall zwei braune Junghengste und zwei braune Jungstuten, die niemals eine Schimmelfarbe haben werden.

Die in Piber betriebene Warmblutzucht ist von bescheidenem Umfang und befindet sich derzeit in einem Umstellungsprozeß, der auf die Erzeugung eines eleganten Reit- und Sportpferdes hinzielt. Die Stutenlinien basieren vornehmlich auf den beiden Halbblutstämmen Przedswit und Furioso, die in der alten Donaumonarchie im Staatsgestüt Radautz die Remonten für die österreichische Kavallerie stellten. In letzter Zeit mischt man zur Beruhigung des Temperamentes und zur Förderung des Springtalentes andersrassige Beschäler ein. Die Junghengste gehen zum Teil als Landbeschäler in das Hengstdepot nach Stadl-Paura oder werden als Wallache verkauft. Die Zucht besteht aus zwei Hengsten und 20 Mutterstuten, mit den Nachkommen steigt die Gesamtzahl auf höchstens 60 Pferde. Alljährlich werden etwa 10–15 Fohlen geboren. Die Warmblutpferde erhalten ihre Anfangsausbildung nur unter dem Sattel, die Verkaufspferde werden vorwiegend im Inland abgesetzt.

Piber liegt 50 km westlich von Graz entfernt, die Postanschrift lautet: Bundesgestüt Piber, 8580 Köflach, Steiermark.

*Rechts oben: Bundesgestüt Piber. Halbjährige Absatzfohlen im September zwei Tage nach der Trennung von der Mutter. Die Fohlen mit grau gefärbtem Stichelhaar im Vordergrund sind Lipizzaner. Sie werden stets dunkel geboren und färben erst im Alter von sechs bis zehn Jahren weiß aus. Die Braunen und Füchse im Hintergrund sind Warmblutfohlen.*

*Rechts unten: Mutterstuten auf der Talweide. Die Herdengruppen von Lipizzaner- und Warmblutstuten halten sich immer streng getrennt, wobei die Lipizzaner den ersten Rang beanspruchen.*

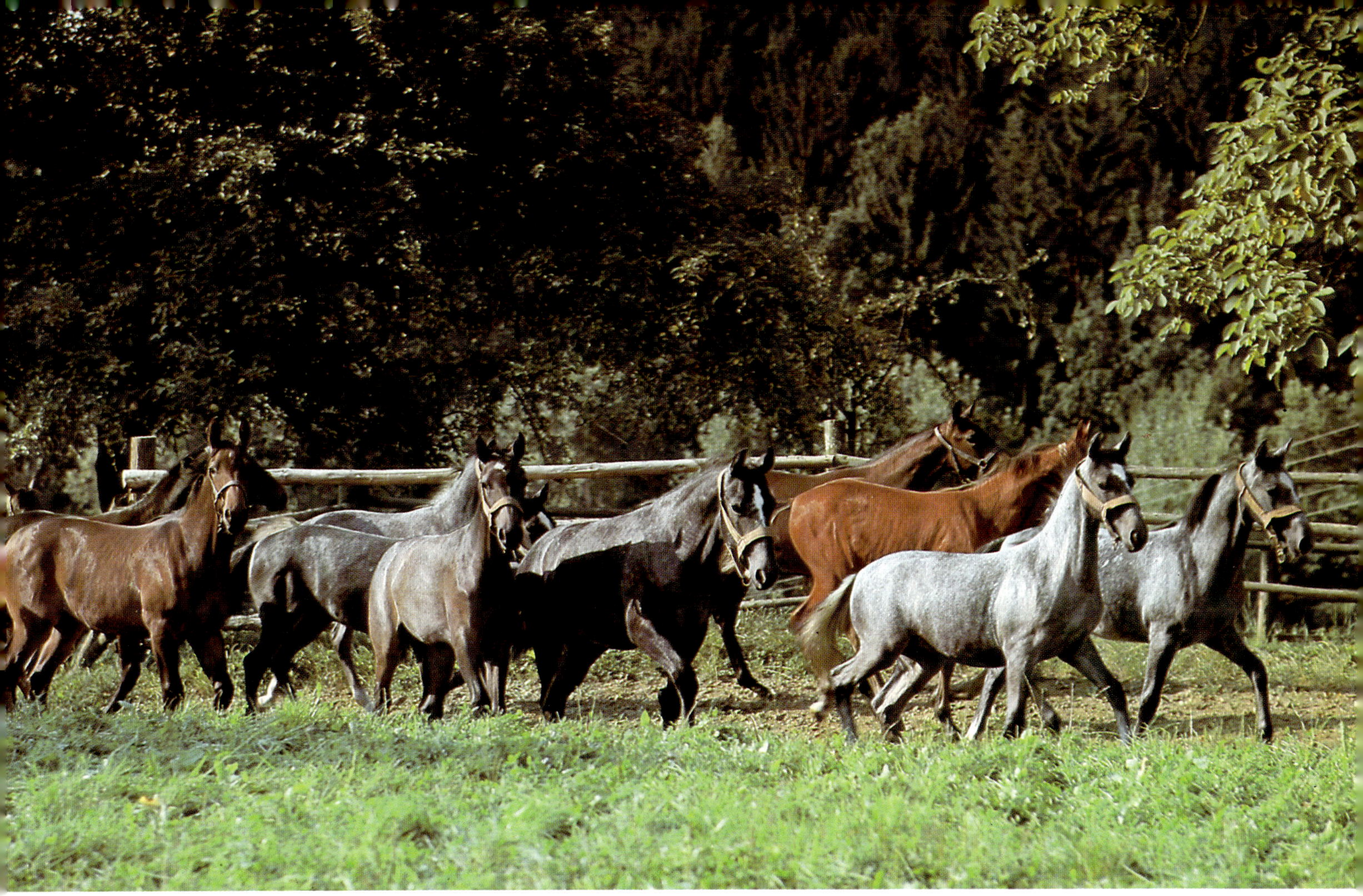

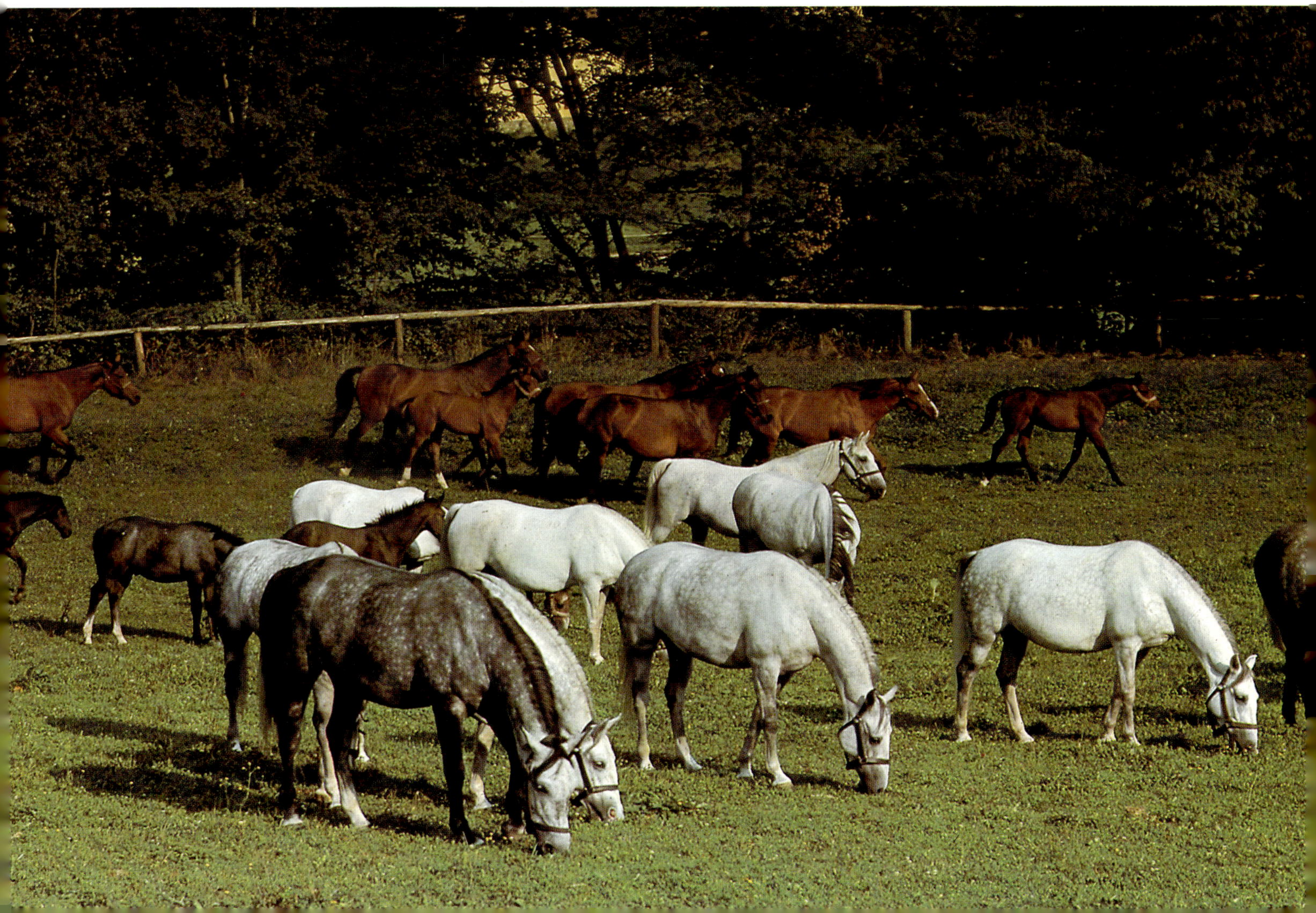

# Eidgenössisches Gestüt Avenches in der Schweiz

Hochgebirgsregionen wie die Alpengebicte sind Lebensräume, die aufgrund der Bodenbeschaffenheit und der klimatischen Verhältnisse von echten Wildpferden ursprünglich gemieden wurden. Pferde im Hochgebirge lassen stets darauf schließen, daß sie vom Menschen dorthin verpflanzt oder verdrängt wurden, denn die Lebensbedingungen dieser Landschaftsstruktur entsprechen im allgemeinen nicht der Pferdenatur. So ist auch die Schweiz kein „natürliches" Pferdeland wie etwa Westfalen oder Ostpreußen, wo einstmals echte Wildpferde lebten, die sich später allmählich zu bodenständigen Rassen entwickelten, sondern die Existenz der hier lebenden Pferde ist ein Werk von Menschenhand. Wenngleich nun die Schweiz nicht als großes Pferdezuchtland bezeichnet werden kann, so berichtet die Überlieferung doch von einem Gestüt in diesem Lande, das wohl das älteste sein dürfte, von dem wir wissen und das bis heute in bescheidenem Umfang noch immer aktiv ist. Das seit 934 bestehende Benediktinerkloster Einsiedeln wurde von adeligen Mönchen gegründet, die ihre Pferde als Vermögen einbrachten und mit ihnen eine Vermehrung betrieben. Im Jahre 1064 wird Einsiedeln in einer Urkunde Kaiser Heinrich IV. zum ersten Mal als Gestüt erwähnt und seine amtliche Funktion offiziell bestätigt.

Nach dem eidgenössischen Sieg in den Burgunderkriegen gegen Ende des 15. Jahrhunderts kamen nahezu 20000 Pferde als Kriegsbeute in die Schweiz, wo sich auch die ländliche Bevölkerung mittlerweile in steigendem Maße mit der Pferdezucht befaßte. Die Stuten waren vor allem in bäuerlichem Besitz, während die herrschende Klasse und die Klöster meist die Zuchthengste hielten. Im Verlauf des 18. Jahrhunderts verzeichnete die Schweiz eine Blütezeit der Pferdezucht; der Export nahm beträchtliche Ausmaße an. Vorwiegend Italien und Frankreich waren an den harten, genügsamen und robusten Pferden interessiert, die beim Militär, als Karossier oder als Zugpferde für den Schleppdienst in der Flußschiffahrt eingesetzt wurden. Das Jahr 1798 beendete zunächst das Zuchtgeschehen, als die Franzosen in das Land einfielen und viele

*Links: Eidgenössisches Gestüt Avenches. Gestütsdirektor Leuenberger (Zivil) mit Stutmeister Vèya (rechts) und Oberbereiter Guinchard.*

Pferde raubten. Während der Napoleonischen Kriege zerstörten die Bauern ihre letzte Zuchtbasis, indem sie fast alle guten Pferde an die französische Armee ausverkauften; außerdem brachten die im umliegenden Ausland aufblühenden Spezialzuchten wie Kaltblutzugpferde und Halbblutreit- und Wagenpferde als starke Konkurrenz die Schweizer Zucht noch weiter ins Hintertreffen, so daß die Bauern zur Erhaltung ihrer Existenz auf Kosten der Pferdezucht auf die Rinderzucht ausweichen mußten.

Um 1830 jedoch war die Gesamtzahl der Pferde im Lande schon wieder beträchtlich angewachsen, so daß in den folgenden Jahrzehnten beispielsweise etwa 30 000 Pferde nach Frankreich exportiert werden konnten und auch Deutschland und England zu den Abnehmern zählten. Da aber eine sinnvolle Koordinierung der Landeszucht fehlte, büßten die Pferde sehr bald ihre einst so vorzügliche Qualität ein. 1863 ernannte der Bundesrat deshalb eine Fachkommission zur Rettung der glücklosen Zucht und veranlaßte den Kauf von guten Zuchthengsten, die in der Pferderegieanstalt Thun aufgestellt wurden. Auch die Reitpferdezucht wurde durch staatliche Unterstützung gefördert. Die erste schweizerische Pferdeausstellung in Aarau im Jahre 1865 mit 42 Hengsten, 99 Stuten und 20 Fohlen mehrerer Rassen aus der Schweiz und dem Ausland zeigte deutlich den Tiefstand der Landeszucht, denn erste Preise wurden nicht vergeben.

In den folgenden Jahren verwirklichte die Regierung mehrere Hilfsprogramme zur Unterstützung der Pferdezucht, die der Schaffung eines für schweizerische Verhältnisse besonders geeigneten Pferdeschlages dienen sollten. Hengste und Stuten englischer Halbblutrassen wurden importiert und zu niedrigen Preisen an die privaten Züchter der einzelnen Kantone abgegeben, aber die Zucht mußte bald wieder eingestellt werden, da die Ergebnisse nicht befriedigten. Zuchtversuche mit Anglo-Normänner Hengsten hingegen waren erfolgreicher.

Mittlerweile wurden Zuchtprämien verschiedener Art an die Züchter verliehen und systematische Stammzuchtregister eingeführt. Ständig mehrten sich die Vorschläge und Forderungen amtlicher und privater Fachleute zur Einrichtung eines staatlichen Hengstendepots, die aber von der eidgenössischen Pferdezuchtkommission verworfen wurden. Der Einrichtung eines staatlichen Fohlenhofes in Thun zur Aufzucht von Hengstanwärtern im Jahre 1874 war kein Erfolg beschieden. Da die Kosten zu sehr anstiegen und sich außerdem keine Käufer für die Junghengste fanden, mußte der Fohlenhof sieben Jahre später wieder aufgegeben werden. 1885 subventionierte der Staat erstmalig die Ankäufe von Eselhengsten in Algier für die Maultierzucht. 1887 stationierte die Armee im ehemaligen Fohlenhof Thun ein Depot für drei- und vierjährige Remonten, die speziell für die Artillerie vorgesehen waren.

1890 schließlich begann, den wiederholten Empfehlungen der Fachleute zufolge, die staatliche Hengsthaltung. Drei Vollbluthengste aus Frankreich und England wurden als Veredler für die Warmblutzucht in Thun aufgestellt, die

während der Decksaison auf den Beschälstationen Einsiedeln, Tramelan und Lausanne im Einsatz waren. Die Zuchtbuchführung wurde straffer organisiert, und bald verbesserte sich die Qualität der Zucht, was vor allem im Sinne der militärischen Verteidigung im Kriegsfall wünschenswert und notwendig erschien.

Die Hengstankäufe im Ausland und die Einrichtung von weiteren Deck-stationen im Lande nahm ständig zu, außerhalb der Decksaison standen jedoch alle Beschäler im staatlichen Depot in Thun. Die Privathengsthaltung wurde allgemein aufgegeben.

1898 beschloß die Regierung den Bau eines schweizerischen Hengsten- und Fohlendepots in Avenches, das 1901 mit der Übersiedlung der Bundeshengste aus Thun in Betrieb genommen wurde. Damit erfolgte die endgültige Tren-nung der staatlichen Landespferdezucht vom Militärdepot in Thun. Der Zucht-betrieb in Avenches begann sogleich mit der Zucht des Freibergers, eines inländischen, kleineren Kaltblutzugpferdes, und der Produktion von Maul-tieren, die von der Armee als Packtiere im Gebirge verwendet wurden; der Import von Anglo-Normänner Hengsten war eingestellt worden, weil die aus der Kreuzungszucht hervorgegangenen Nachkommen nicht den von der Armee geforderten Ansprüchen genügten. Ab 1912 verzichtete man auf die Benutzung von Vollblutbeschälern in der Warmblutzucht, da die Zucht-produkte für die landwirtschaftliche Arbeit zu leicht wurden.

*Wohngebäude mit Beschälerstall auf der linken Seite.*

*Das Hauptgebäude, rückwärts vom Gestütshof gesehen.*

*Das „Wahrzeichen" von Avenches sind die unter Naturschutz stehenden Störche, die auf Gestütsdächern und Schornsteinen zahlreiche Nester gebaut haben.*

Während des Ersten Weltkrieges nahm die Zucht des Freiberger Pferdes infolge des gesteigerten Armeebedarfs einen raschen Aufschwung, um nach Kriegsende ebenso schnell wieder abzusinken, da durch die Auflösung der Kavallerie in vielen Ländern die Schweizer Märkte mit billigen Importpferden überschwemmt wurden. Die Schweizer Armee blieb jedoch auch in den folgenden Jahrzehnten ein regelmäßiger Abnehmer für Freiberger Pferde, die sich für die Artillerie und als Packpferde vorzüglich eigneten.

Im Jahre 1927 beschloß die Regierung erstmals den Ankauf von zehn Freiberger Zuchtstuten für das Gestüt Avenches, das damit zur Zuchtstätte wurde; auf deutsche Verhältnisse übertragen hieße das, es avancierte vom Landgestüt zum Haupt- und Landgestüt. 1943 registrierten die kantonalen Zuchtverbände 10000 Freiberger und 500 Halbblut-Prämienstuten; der Bestand im ganzen Land betrug 1950 insgesamt 150000 Pferde, 1965 nur noch 60000 und 1975 letztendlich etwa 43000, von denen etwa 13000 Reitpferde waren und die übrigen als Arbeitspferde verwendet wurden. Da Ende der 60er Jahre wie in Deutschland auch in der Schweiz der Trend zum Sport- und Freizeitpferd und zudem ein Rückgang des Zugpferdes in der Landwirtschaft einsetzte, mußte die Zucht den gegebenen Verhältnissen angepaßt werden. Der Anteil des Freiberger Pferdes reduzierte sich erheblich, während neben dem Haflinger sich vor allem das Warmblutpferd ständig steigender Nachfrage erfreute, dessen Zucht mit Hilfe von Importpferden der Rassen Anglo-Normänner, Holsteiner, Hannoveraner und Trakehner aufgebaut wurde.

*Gestütshengst im Schultrab auf dem Dressurviereck.*

Das Eidgenössische Gestüt Avenches feierte 1976 sein 75jähriges Bestehen, die Gestütsleiter seit der Gründung waren:

von 1900 bis 1901 Prof. Dr. Schwendimann (Tierarzt)
von 1901 bis 1911 Oberstleutnant Schär (Kavallerieoffizier)
von 1911 bis 1940 Dr. Gisler (Tierarzt)
von 1940 bis 1972 Dr. Baumann (Diplomlandwirt)
seit 1972 Gestütsdirektor Leuenberger (Tierarzt)
          Technische Leitung Stutmeister Véya
                  Oberbereiter Guinchard
    Dem Gestütsleiter stehen 80 Mitarbeiter zur Verfügung.

Die staatlich geförderte und gelenkte Pferdezucht in der Schweiz umfaßt heute drei Rassen: das Freiberger Pferd, einen kleinen Kaltblüter, den Haflinger und das Schweizer Warmblutpferd, dessen Zuchtziel dem derzeitigen europäischen Sport- und Freizeitpferd entspricht, in der Bundesrepublik beispielsweise „Deutsches Reitpferd" oder in Frankreich „Cheval de selle français" (= Französisches Reitpferd) genannt. Außerdem werden in der Schweiz Maultiere aus Freiberger Stuten gezüchtet.

Das Freiberger Pferd ist eine Pferderasse, die man in der Schweiz unter den gegebenen Verhältnissen wohl als „bodenständig" bezeichnen kann und die

236

*Schweizer Warmblut.
Der dressurbegabte
Hengst wurde im Gestüt
gezogen, sein Vater ist
Holsteiner und die
Mutter eine französische
Vollblutstute.*

auch über die Grenzen des Landes hinaus bekannt ist. Ursprünglich als einheimische Landrasse im Schweizer Jura beheimatet – die frühe Herkunft ist ungewiß – kreuzte man im 19. Jahrhundert importierte Ardenner, englische Kaltblüter und Normänner ein, um das Kaliber und die Arbeitskraft zu verstärken.

Die beiden bis heute bedeutendsten, am Ende des 19. Jahrhunderts eingesetzten Linienbegründer der Freiberger Rasse sind die Hengste *Vaillant* (1891–1899) und der Anglo-Normänner *Imprévu* (1889–1902). Aus diesem Beispiel wird ersichtlich, daß nicht nur Kaltblüter, sondern auch schwere Warmblüter eingemischt wurden. Wenngleich die Zucht heute insgesamt einen hohen Grad an Ausgeglichenheit zeigt, so besteht doch zwischen den verschiedenen Blutlinien eine gewisse Variationsbreite, die den Herkunftsgebieten und den unterschiedlichen Käuferwünschen entsprechend in einen schweren, einen mittleren und einen leichten Typ unterteilt werden kann.

Generell gesehen ist der Freiberger ein Zugpferd im leichten Kaltbluttyp mit nur geringem Kötenbehang. Das lebhafte Temperament und die leichte, schwungvolle Gangmechanik in Schritt und Trab lassen eine Warmbluteinmischung erahnen. Das mittelschwere und leichtfuttrige Arbeitspferd zeigt Härte und Ausdauer und ist vor allem auch wegen seines gutmütigen Charakters bekannt, der auch weniger versierten Pferdefreunden ein harmonisches Einvernehmen garantiert. Das Exterieur ist von einem trockenen, kleinen Kopf

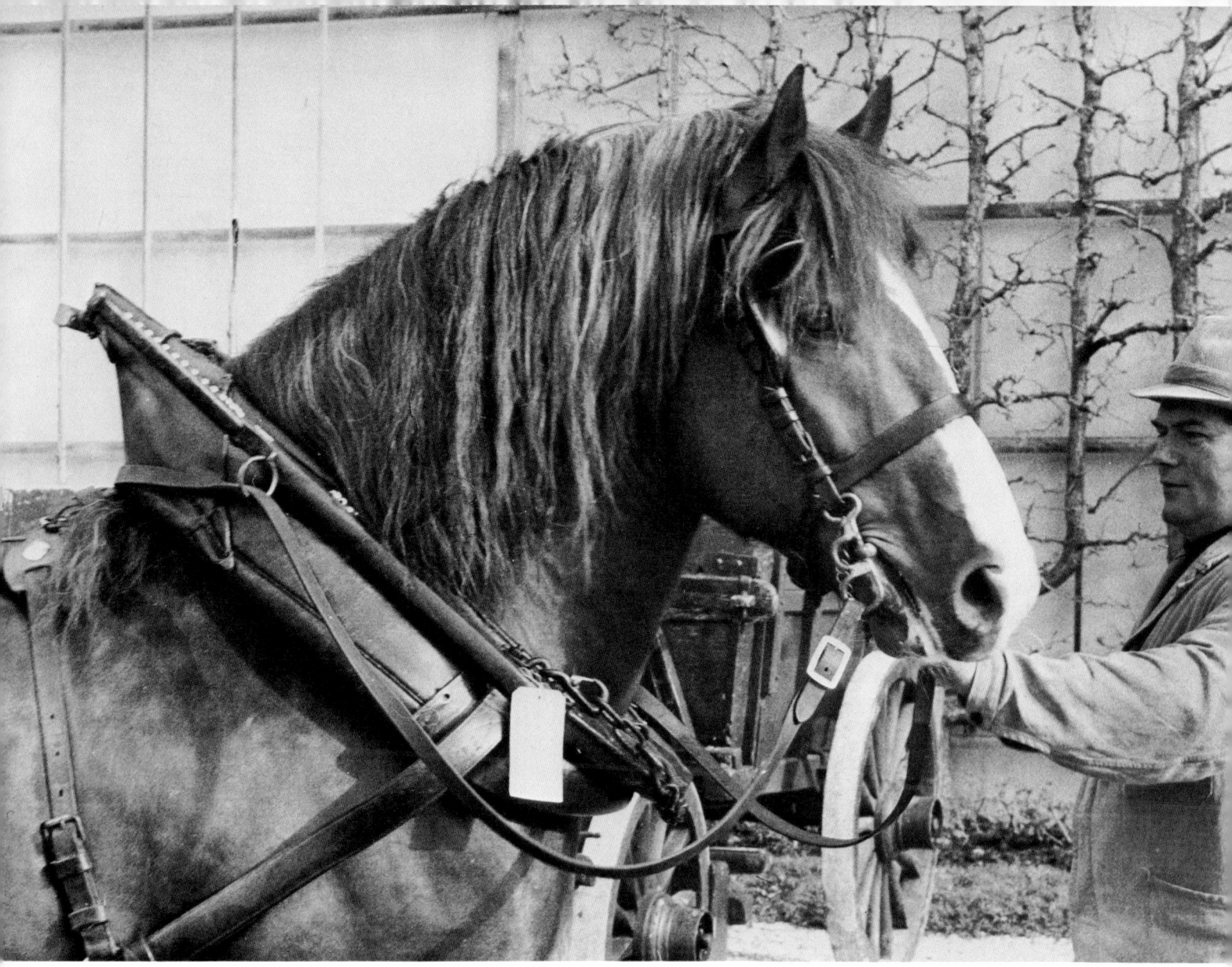

mit lebhaften Augen, gut aufgesetztem, langem Hals, einem kurzen, kräftigen Rücken mit gutem Schluß zur schräg abfallenden Kruppe, kurzen, stabilen Gliedmaßen und festen Hufen geprägt. Die Fellfarbe ist meist braun oder fuchsfarben, gelegentlich treten weiße Abzeichen auf. Die Widerristhöhe schwankt zwischen 150 cm und 158 cm Stockmaß.

*Oben: Ein außergewöhnlich hübscher Freiberger Junghengst vor der Hengstprüfung.*

Die Hauptzuchtgebiete sind Saigne legier und Belle lay; 41 Landbeschäler sind im Eidgenössischen Gestüt Avenches stationiert, und 54 Privathengste befinden sich in bäuerlichem oder genossenschaftlichem Besitz. Der Zuchtverband registriert über 3000 Prämienstuten, die jährlich etwa 1800 Fohlen zur Welt bringen. Der Gesamtbestand in der Schweiz zählt etwa 12 000 Freiberger Pferde.

In seiner Heimat ist das anspruchslose, kleine und wendige Kaltblutpferd ein idealer Arbeitspartner des Bauern in der Hügelzone und ein wichtiger Helfer der Armee im Gebirge als Zug-, Trag- und Reitpferd. Im Zweiten Weltkrieg ermöglichte der Freiberger den Verteidigungstruppen eine rasche

238

*Leistungsprüfung der fünfjährigen Freiberger Hengste im Frühjahr. Die Prüfung besteht aus der Exterieur- und Nachzuchtbeurteilung, einem Kilometerlauf vor der Traberkarre, der Zugkraftmessung vor einem Lastwagen, der Gängigkeitsprüfung über eine 24-km-Strecke und der Messung der Schrittlänge. Vor, während und nach den Prüfungen erfolgen tierärztliche Verfassungsprüfungen. Das Bild zeigt die Ankunft im Gestüt nach der 24-km-Strecke, Messung der Schrittlänge.*

Grenzsicherung unter schwierigen Bedingungen und den Bauern die notwendige landwirtschaftliche Hochproduktion für den erforderlichen Nahrungsmittelvorrat in Kriegszeiten. Im Gebirge ist dieses Pferd unentbehrlich, wenn Hubschrauber wegen starken Nebels nicht starten können oder der Treibstoff knapp wird; der Freiberger ist stets in umweltschonender Weise einsatzbereit. Die Erhaltung der Zucht wird heute von mehreren Faktoren bestimmt. Der kleine landwirtschaftliche Familienbetrieb wird der Hilfe dieses Pferdes immer

*Unten: Freiberger Beschäler in Avenches: Hengst ‚Radical‘, geb. 1970, ein bedeutender Vererber der R-Linie (links) und Hengst ‚Didelot‘ (rechts).*

*Hauptbeschäler ,Aladin', geb. 1964, von ,Nepal', ein Hengst im Trakehner-Typ, wurde als Dreijähriger aus Schweden importiert.*

bedürfen, da eine weitere Motorisierung weder rentabel noch erschwinglich erscheint; sodann hängt von diesem Pferd im Kriegsfall ganz entscheidend die in der Gebirgsregion stationierte Landesverteidigung ab, und letztlich werden für Schlachtfohlen neuerdings gute Preise bezahlt. Diese Tatsache mag ein Grund für die geringe Aufzuchtquote von nur einem Drittel der geborenen Fohlen sein.

Da die Zucht durch die fortschreitende Motorisierung in der Landwirtschaft vor einem Jahrzehnt noch stärker rückläufig war, versuchte man vorübergehend, durch Einkreuzungen arabischer Vollbluthengste den Freiberger auf einen Reitpferdtyp umzustellen. Diese Maßnahme sollte dem kleinen bäuerlichen Züchter die Erhaltung seiner Zuchtstuten ermöglichen. Doch das Experiment mißlang, weil die Nachkommen reiterlichen Ansprüchen nicht genügten.

Die im Jahre 1952 in der Schweiz durch private Initiative ins Leben gerufene Zucht des Haflinger Pferdes wird heute über vier Haflinger Zuchtgenossenschaften staatlich gefördert. Der Gesamtbestand beträgt etwa 1200 Pferde, das Zuchtziel orientiert sich am österreichischen Vorbild, wobei die Verwendung des Haflingers in der Schweiz als Zug- und Tragpferd im Gebirge mehr im Vordergrund steht (siehe Kapitel „Bundeshengstenstallamt Stadl-Paura" S. 191).

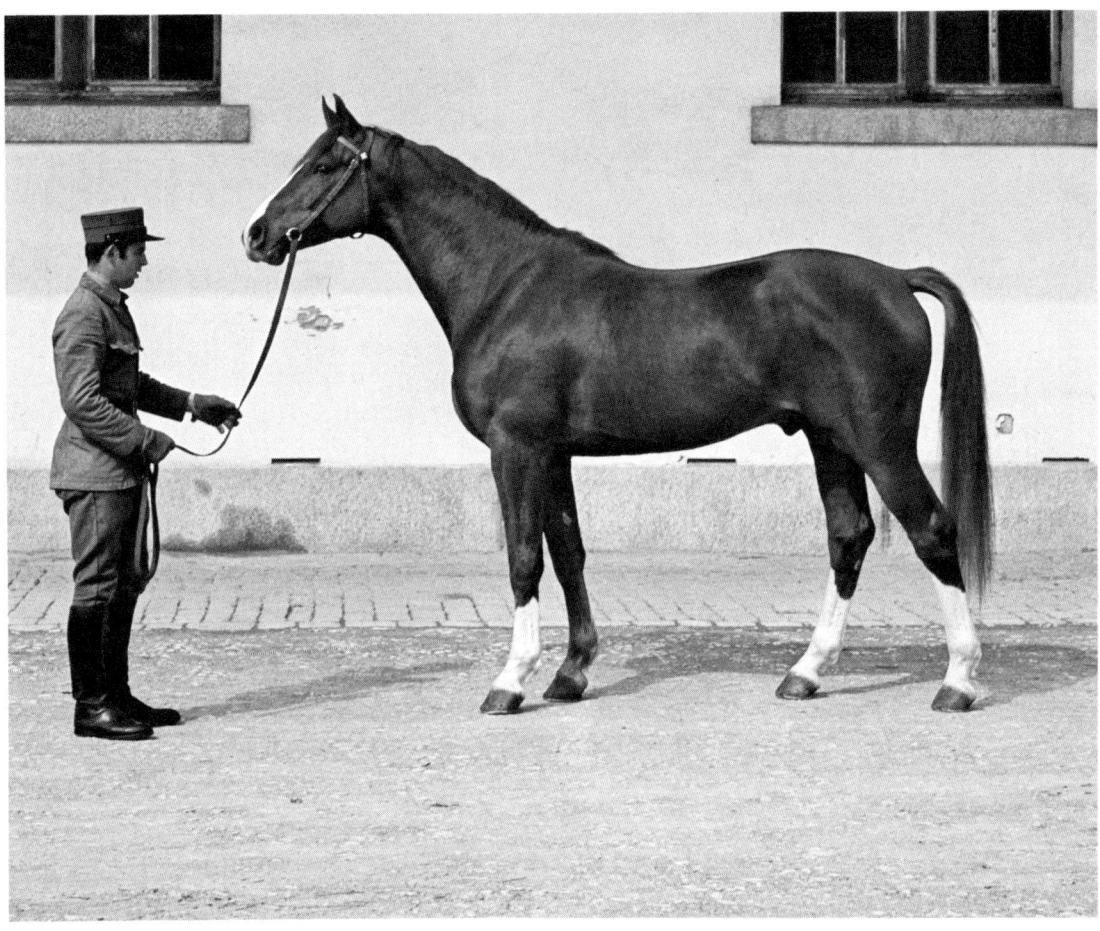

*Beschäler ‚Aquino‘, ein Sohn von ‚Aladin‘, die Mutter ist eine französische Warmblutstute.*

Die Zucht des Warmblutpferdes in der Schweiz basiert, ob in Vergangenheit oder Gegenwart, zumeist auf importierten Pferden. Zwar gilt das Einsiedler Pferd als alte einheimische Rasse, dessen ursprüngliche Zuchtstätte als eine der ältesten in Europa überhaupt auf eine 1000jährige Geschichte zurückblickt, doch wurden während des Franzoseneinfalles 1798 fast sämtliche Pferde als Kriegsbeute entführt, so daß die Zucht im 19. Jahrhundert mit eingeführten Yorkshire-Coach-Hengsten, Anglo-Normänner Hengsten und nach der Jahrhundertwende mit Hackney-Hengsten wieder neu aufgebaut werden mußte. Der alte noch vorhandene Stutenstamm wurde durch Zuchtstuten aus der Normandie, aus Holstein und geeigneten Stuten aus der Eidgenössischen Militärpferdeanstalt ergänzt, die zumeist wiederum importiert waren.

Die Grundlage der gegenwärtigen Schweizer Warmblutzucht bilden also diese einheimischen Stutenstämme, in denen mittlerweile das Anglo-Normännerblut überwiegt, sodann Hengste und Stuten im Trakehnertyp aus Schweden, Stuten aus Irland, Hengste aus Norddeutschland (Holsteiner, Hannoveraner, Trakehner) und der Normandie (Anglo-Normänner), die am stärksten Verwendung finden.

Obwohl der Gesamtbestand in der Schweiz von etwa 100 000 Pferden um 1960 auf kaum die Hälfte im Jahre 1976 zurückgegangen war, konnte im gleichen Zeitraum eine erhebliche Zunahme an Warmblutzuchtpferden verzeichnet werden. Etwa 69 Warmblutlandbeschäler stehen derzeit im Eidgenössischen Gestüt, während 21 Hengste in Privatbesitz die staatliche Deckerlaubnis besitzen. Die Zahl von 2200 prämiierten Zuchtstuten ist erst gering und für die Zucht noch nicht ausreichend, denn viele Stuten im Lande können aufgrund mangelhafter Qualität nicht in das Zuchtregister (Herdebuch) aufgenommen werden. Infolge der großen Nachfrage nach Reitpferden müssen jährlich 2000 Warmblutpferde importiert werden, von denen etwa 500 für den Leistungssport und die übrigen für das Freizeitreiten vorgesehen sind.

Das kleine Städtchen Avenches ist identisch mit der einstmals vom römischen Kaiser Augustus gegründeten Hauptstadt Aventicum für Römisch-Helvetien, die sich im 2. Jahrhundert zu einer bedeutenden Siedlung von über 20 000 Einwohnern entwickelte und zum kulturellen und wirtschaftlichen Mittelpunkt der damaligen Schweiz aufstieg. Die noch vorhandenen römischen Baudenkmäler, wie das Amphitheater oder die kunstvollen Ausgrabungsgegenstände, stammen aus dieser Zeit. Im Jahre 259 wurde Aventicum von einfallenden Alemannen zerstört. Wenig später erlangte Avenches erneut Bedeutung, als einer der ersten Bischöfe dort seinen Stammsitz einrichtete. Die auf dem Hügel gelegene Ortschaft wurde 1076 vom Bischof von Lausanne

*Die im Gestütshof vor der Reithalle aufgestellten Wagen für die Zugleistungsprüfung der Freiberger Hengste können in der Mitte auseinandergekoppelt werden. Zuweilen hängt man bis zu acht „Kastenzweiräder" hinter eine Vorderachse mit Fahrersitz und läßt die Wagenschlange von einem Zweiergespann ziehen.*

*Die Paddocks der Beschäler liegen den Stutenstallungen direkt gegenüber, deshalb laufen die Hengste beim täglichen Auslauf rastlos hin und her.*

erbaut, Türme der Stadtbefestigungen, die Kirche und andere Bauten aus dieser Epoche sind, wenn auch teilweise verändert, bis heute erhalten. Vom Dorfplatz zwischen Schloß und Arena, der mit grotesk beschnittenen Platanen bestanden ist, bietet sich eine weite Rundsicht auf den Jura, die schneebedeckten Berner Alpen, das fruchtbare Mittelland und das Gestüt. Die Hauptstraße verläuft von Nord nach Süd über die Kuppe eines steilen Hügels und ist gottlob wenig befahren, da sich der starke Kraftfahrzeug-Fernverkehr vorwiegend auf die Umgehungsstraße beschränkt. Der Ortskern mit seinem gemütlich-romantischen Flair erinnert an Frankreich, zumal die Bevölkerung durchweg französisch spricht.

Am Südrand des Ortes zweigt eine Straße nach Westen ab, die nach 3 km brettflacher Ebene das Gelände des Eidgenössischen Gestütes durchschneidet. Rechtsseitig der Straße erstreckt sich der große Gestütshof, umschlossen vom Verwaltungsgebäude, von den beiden Hengststallungen und der Reithalle. Im Westen schließen sich die Paddocks mit den Stutenställen und der Veterinärklinik an. In östlicher Richtung, etwa 1 km in die Ebene hinaus, liegt das Paquis, der Aufzuchthof für die jungen Hengste und Stuten. Links von der Straße dehnt sich der weitflächige Trainingsplatz mit Dressurviereck und Springbahn, und in 2 km Entfernung erhebt sich die Silhouette der Stallgebäude des Longs-Prés, in denen Rinder und Schafe untergebracht sind. Die gesamte Anlage mit allen Einrichtungen macht auf den Besucher einen außergewöhnlich gepflegten, sauberen und vorbildlichen Eindruck.

*Wenn eine Stute in einiger Entfernung vorbeigeführt wird, steigert sich die Aufregung, und der Hengst versucht, den Zaun zu überspringen. Hauptbeschäler ‚Aladin‘ zeigt eine vollendete „natürliche Pesade" mit halber Hankenbeugung.*

Das Eidgenössische Gestüt – Haras Fédéral – Avenches ist die einzige und richtungweisende Institution für die staatlich geförderte und gelenkte Pferdezucht in der Schweiz. Die Zuchtstätte unterhält Deckhengste und Zuchtstuten für die Produktion von Beschälern und Mutterstuten für die Landespferdezucht und ein Hengstdepot für die Landbeschäler, die zur Decksaison im ganzen Land verteilt werden.

Während der Decksaison 1976 waren 107 Beschäler des Gestütes in der Landeszucht eingesetzt: 41 Freiberger, drei Haflinger, drei Vollblüter und 60 Warmbluthengste der Rassen Schweizer Warmblut (20), Hannoveraner (vier), Trakehner (zwei), Schwedisches Warmblut (sieben) und Anglo-Normänner (27). Die Landbeschäler stehen den 90 Pferdezuchtgenossenschaften des Landes auf 60 Deckstationen in der Zeit von Februar bis Juli zur Verfügung. 13 eidgenössische Hengststationen werden mit je einem Gestütwärter und zwei bis fünf Hengsten beschickt, die übrigen Hengste sind bei privaten Hengsthaltern einquartiert.

244

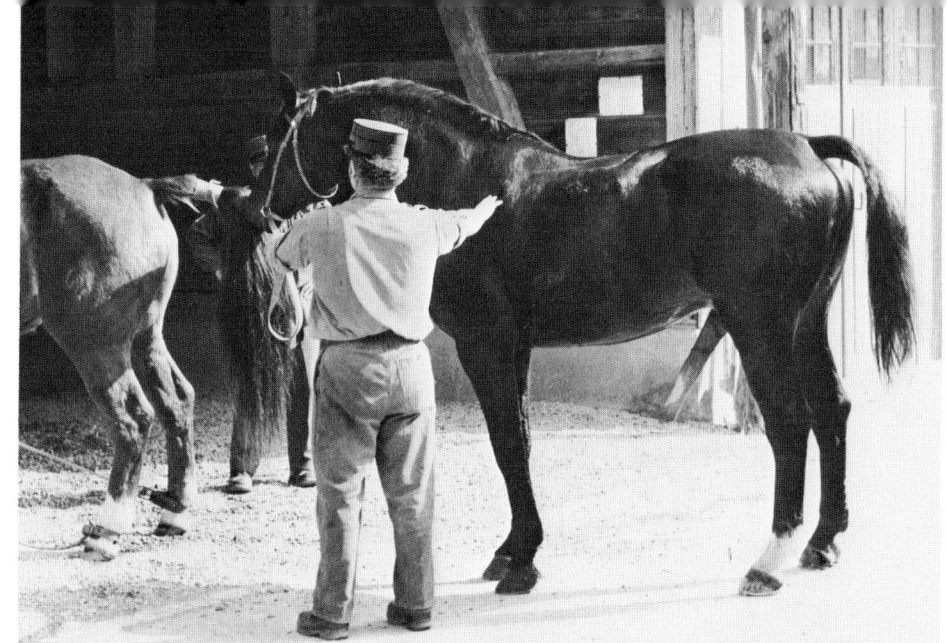

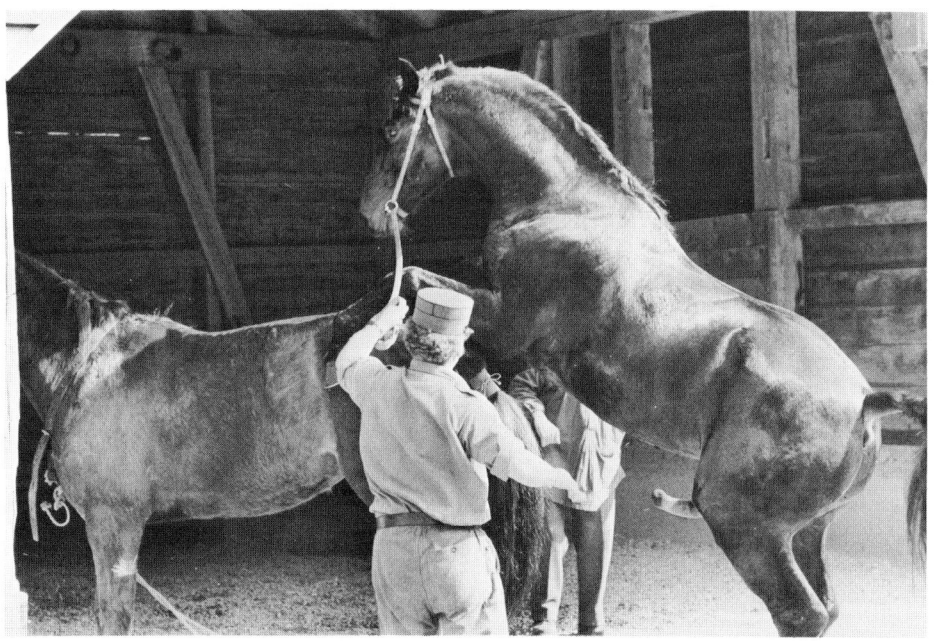

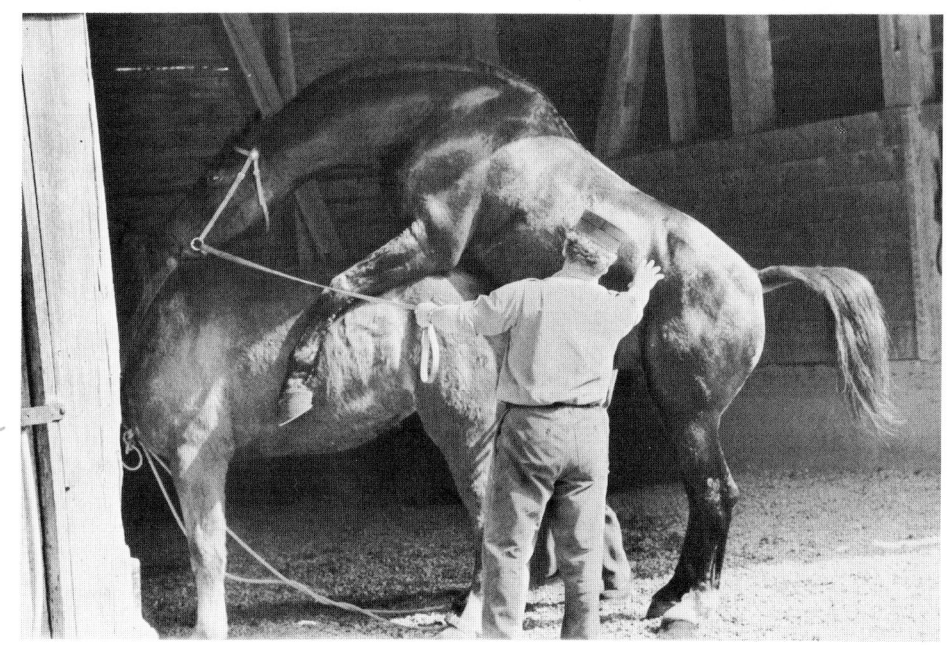

*Deckvorgang auf der Beschälstation Avenches. Der Zeitpunkt der Hochrosse bei der Hannoveraner-Stute ist ermittelt, dennoch werden ihr zum Schutz des Beschälers vorsorglich Seile um die Hinterfesseln gelegt. Der Normänner-Hengst vollzieht die Begattung ohne Abwehr der Stute.*

245

*Eselhengst ,Baro',
Beschäler für etwa
50 Freiberger-Stuten.
Das Kreuzungsprodukt
,,Maultier" wird
aufgrund seiner großen
Leistungsfähigkeit
und Trittsicherheit als
Tragtier im Gebirge
in der Schweizer Armee
hochgeschätzt.*

Die Mutterstutenherde der Warmblutzucht zählt 50 Tiere, 16 von ihnen sind aus Schweden, Deutschland (Trakehner), Frankreich und Irland importiert, die übrigen sind im Lande geboren (Schweizer Warmblut).

Avenches ist ein ausgedehnter landwirtschaftlicher Betrieb mit 150 ha Bodenfläche, der mehr als 200 Pferde, etwa 220 Rinder und 400 Schafe hält und geringfügig Ackerbau für den Ausgleich in der Weide- und Düngerwirtschaft betreibt. Die Weiden werden im Wechsel von Pferden, Rindern und Schafen begangen und nach mehreren Jahren umgebrochen und wieder neu angesät. Die Fohlenaufzuchtstation Peu Claude im Jura, 1100 m über NN, bietet mit einer Fläche von 90 ha, dem rauhen Klima und den steilen Hängen ideale Bedingungen für eine natürliche, harte Aufzucht der älteren Junghengste.

Um den erforderlichen Bestand von etwa 100 Staatshengsten im Gestüt halten und remontieren zu können, werden jährlich auf den eidgenössischen Pferdeschauen Hengstfohlen erworben und zusammen mit den gestütseigenen Hengstfohlen aufgezogen. Außerdem kauft die Gestütsleitung jedes Jahr einige Zuchthengste in den Originalzuchtgebieten der Freiberger, in der Normandie, in Schweden und in Norddeutschland an.

*Rechts: Eidgenössisches
Gestüt Avenches.
Mutterstuten auf der
Gestütskoppel
im zeitigen Frühjahr.*

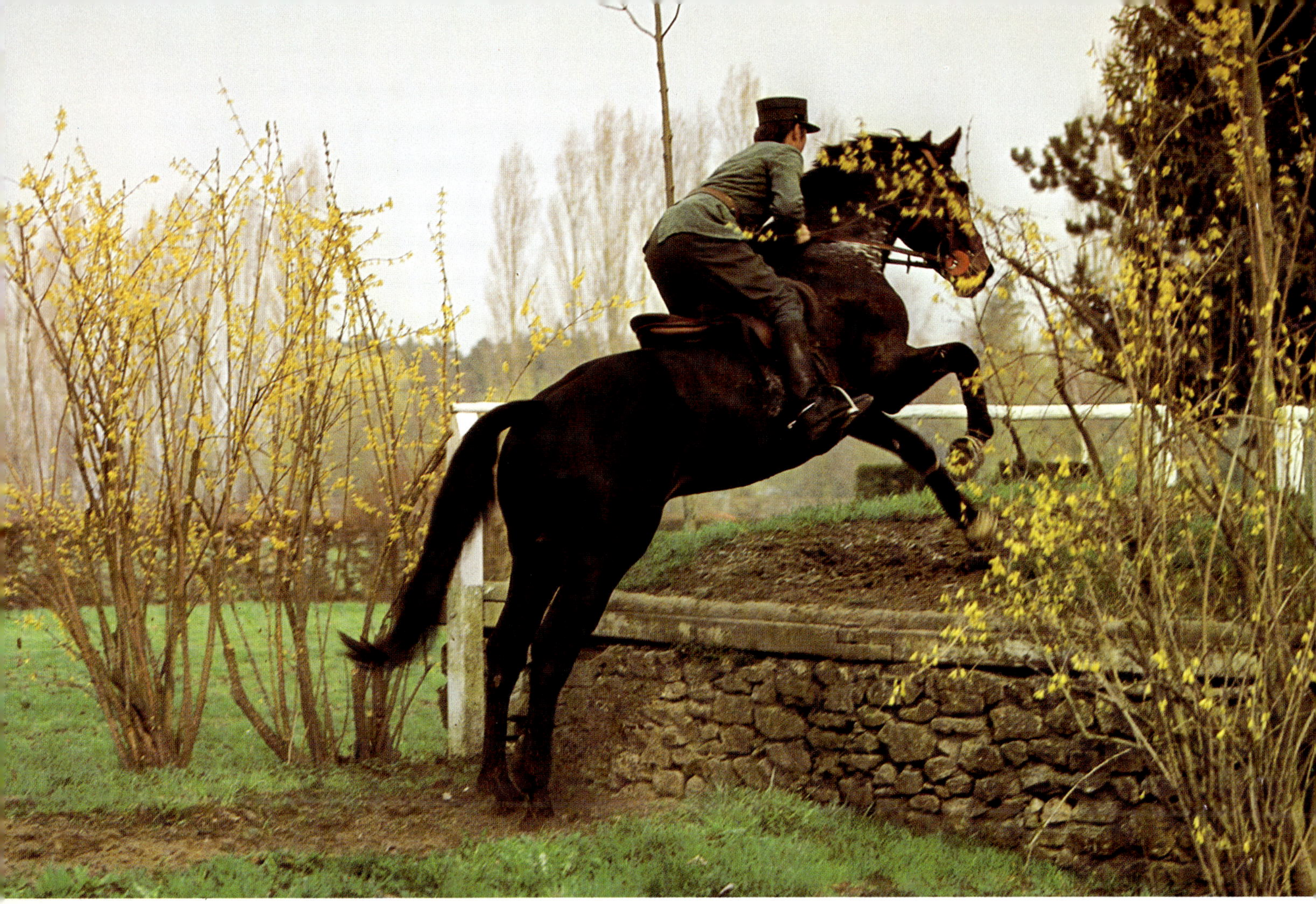
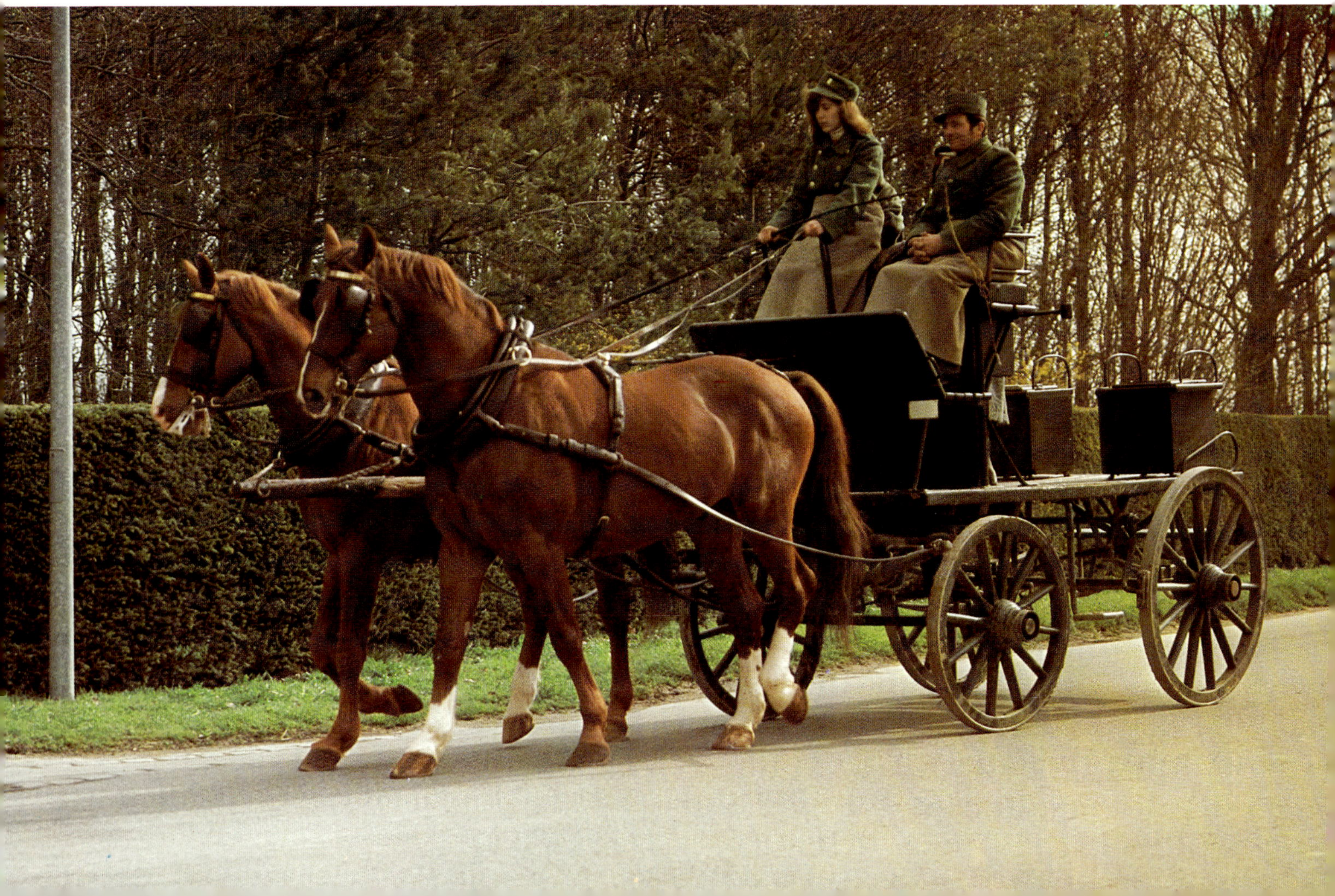

Das „Fußbad" ist eine praktische Einrichtung. Nach beendeter Arbeit marschiert jedes Pferd, ob unter dem Reiter oder vor dem Wagen, durch die etwa 20 m lange und 30 cm tiefe Schwemme, die doppelten Nutzeffekt hat. Einmal reinigen sich Hufe, Gliedmaßen und Wagenräder automatisch, so daß den Gestütswärtern Arbeit erspart bleibt, und zum anderen verlieren die Pferde durch die Dauergewohnheit die Scheu vor dem Wasser.

Nach bestandener Hengstleistungsprüfung wird der hier gezeigte Freibergerhengst sogleich mit dem Brand gekennzeichnet.

Linke Seite: Eidgenössisches Gestüt Avenches. Hengst ‚Gypsy du Mesnil', ein begabtes Springpferd, beim Geländespringen (oben). Fahrausbildung zweispännig „für Töchter" (unten).

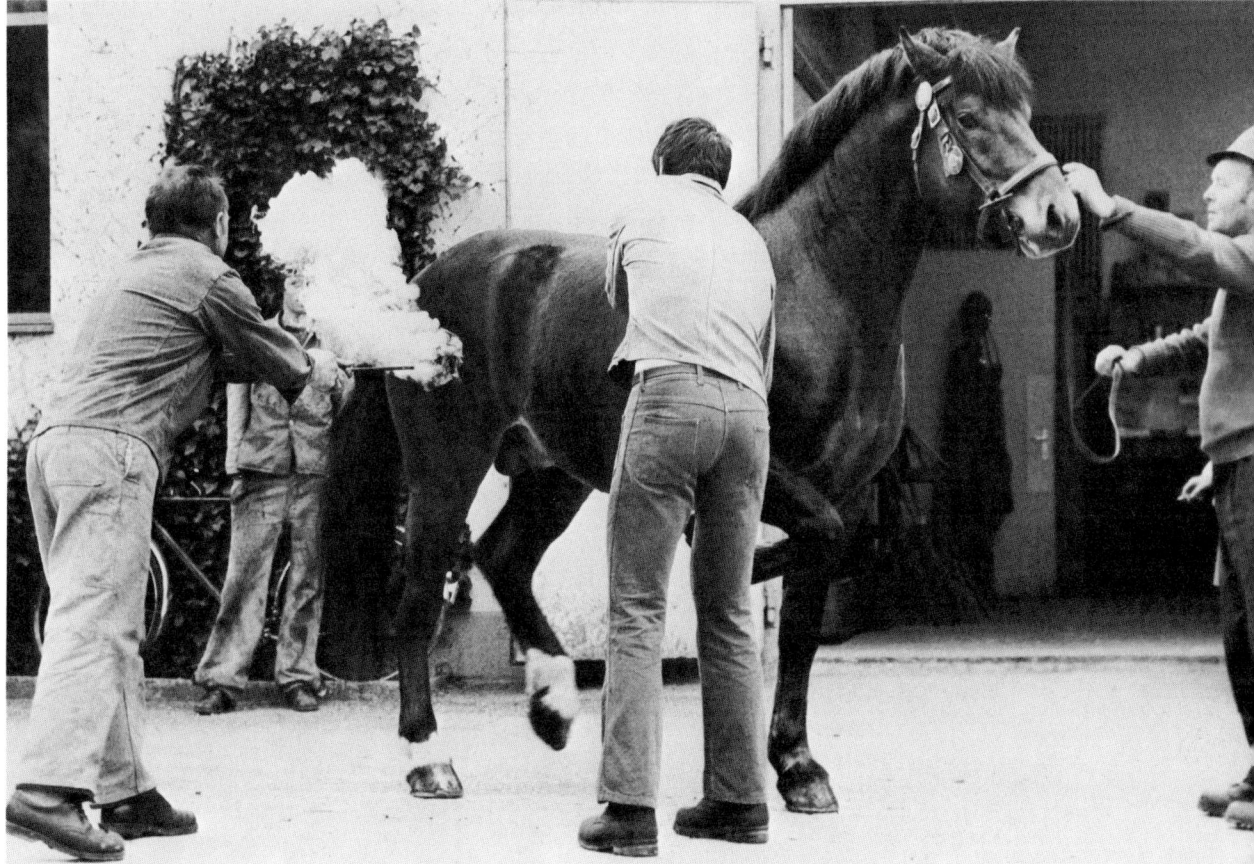

*Ein „Lehrgang für Töchter". Die Kurse sind stets im vorhinein ausgebucht.*

Alle Junghengste, auch die in Privatbesitz befindlichen, müssen im Alter von $3^1/_2$ Jahren, nachdem sie angekört sind, eine Hengstleistungsprüfung ablegen, die mit $5^1/_2$ Jahren in verschärfter Form wiederholt wird. Die Prüfung schreibt ein Vorbereitungstraining von mindestens zehn Monaten vor und wird zentral für die Schweiz im Frühjahr und Herbst in Avenches abgehalten. In folgenden Disziplinen müssen bestimmte Mindestleistungen erfüllt werden: Springen, Dressur, Querfeldeinreiten mit Hindernissen, Renngalopp und als Charakterprüfung das Verhalten im Gespann. Die zukünftigen Mutterstuten werden im Alter von drei Jahren ebenfalls einer Leistungsprüfung unterzogen, die sich mit verminderten Anforderungen an die Hengstleistungsprüfung anlehnt.

Das Gestüt veranstaltet alljährlich fünf mehrwöchige Kurse in Reiten, Fahren und Pferdepflege, die „Töchtern und Burschen" vorbehalten und trotz harter Anforderungen stets ausgebucht sind. Die Nachfrage ist so groß, daß die Gestütsleitung viele Anmeldungen nicht berücksichtigen kann. Außerdem werden nach Bedarf Ausbildungskurse verschiedener Art für Fachleute durchgeführt. Eine gestütseigene Unterkunft steht den Lehrgangsteilnehmern zur Verfügung.

Das Gestüt Avenches liegt etwa 40 km westlich von Bern entfernt, die Postanschrift lautet: Haras Fédéral, Eidgenössisches Gestüt, 1580 Avenches, Schweiz.

*Saugfohlen in den ersten Lebenstagen im März auf den Gestütskoppeln.*

*Der gestützeigene Pferdetransporter mit der ersten „Ladung Dreijähriger" von der Hochalm. Alljährlich im Frühjahr wird diese Altersgruppe für die Anfangsausbildung im Gestüt stationiert.*

# Trakehner Pferde heute

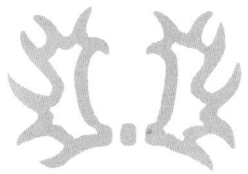

Die einstmals bedeutendste Zuchtstätte des Deutschen Reiches, das Hauptgestüt Trakehnen, an der Ostgrenze Ostpreußens gelegen, wurde im Herbst 1944 durch Kriegseinwirkungen zerstört. Der größte Teil der Zuchtpferde ging als Kriegsbeute in die Sowjetunion, und nur wenige Tiere aus Gestütsbesitz gelangten auf abenteuerlichen Fluchtwegen in den Westen. Eine größere Zahl ostpreußischer Pferde in Privatbesitz erreichte unter kaum vorstellbaren Strapazen mit den Flüchtlingstrecks ostpreußischer Bauern die spätere Bundesrepublik, so daß hier mit privater Initiative allmählich wieder eine neue Zucht aufgebaut werden konnte. Der Trakehner gilt noch immer als das edelste deutsche Warmblutpferd, das in vieler Hinsicht dem Anglo-Araber gleicht.

Ostpreußen war lange Zeit ein kaum erschlossenes, vornehmlich im Osten von ausgedehnten Mischwäldern und zahlreichen Seen durchsetztes Land, in dem noch bis in das 17. Jahrhundert hinein der Tarpan existieren konnte. Zeitgenössische Dokumente aus dem 14., 15. und 16. Jahrhundert berichten über das europäische Wildpferd; seine Größe betrug etwa 120 cm bis 125 cm Stockmaß, die Fellfarbe war grau, mausfalb oder falb „mit Aalstrich den Rücken lang". Die wilden und scheuen Tiere ließen sich nicht zähmen. Nicht nutzbar als Reit- und Tragtier zählten sie für den Menschen zum jagdbaren Wild, das wie Auerochs und Wisent in Gruben gefangen oder geschossen wurde. Das schmackhafte Fleisch und die Felle waren äußerst begehrt und wurden gut bezahlt. Mit der fortschreitenden Kultivierung des Landes stellte man den Wildpferden so heftig nach, daß sie bald ausgerottet waren; der letzte ostpreußische Tarpan wurde im Jahre 1644 erlegt.

Die altpreußische Bevölkerung verwendete im Mittelalter und auch später ein domestiziertes, bodenständiges Pferd für die landwirtschaftliche Arbeit und zum Reiten, das ursprünglich vom Tarpan abstammte und diesem sehr ähnelte. Dieser sogenannte „Schweike" (von dem litauischen Wort sweikus = gesund, der Begriff bezeichnet ein Tier, das robust, langlebig und nicht krankheitsanfällig ist) wird in den Berichten des Deutschen Ritterordens ausführlich beschrieben. Die Ritter förderten die Zucht „der Robustpferde für alle Zwecke" energisch, da die großen Ritterpferde nur dem direkten Kampf vorbehalten und sehr teuer waren. Im Mittelalter züchtete man die Schweiken noch in wilden oder halbwilden Gestüten; Jahrhunderte später bildeten sie in veredelter Form die Grundlage für die Zucht des Ostpreußischen Pferdes. Die Abstammung erklärt die robusten Eigenschaften, die, zumindest bis zum Zweiten Weltkrieg, ein Gütezeichen dieser Rasse darstellten.

Im Jahre 1726 beschloß Preußenkönig Friedrich Wilhelm I., zahlreiche kleine Zuchtstätten in Preußen zu einem größeren Gestüt zu vereinen, um die bislang wenig erfolgreiche Pferdezucht für den Bedarf des Hofes zu verbessern. Er ließ ein Gebiet von etwa 3500 ha in der Nähe des Domänenvorwerkes Trakehnen (der Name bedeutet etwa „Brandrodung", eine damals übliche Methode zur Erschließung von Waldgebieten) in sechsjähriger Arbeit von Soldaten roden und entwässern und von Instleuten und Bauern besiedeln. Im Gründungsjahr 1732 waren im neuen Hofgestüt 1100 Pferde, darunter 513 Mutterstuten, versammelt. 1739 schenkte der König das Stutamt seinem Sohn, Friedrich II., der jedoch wenig Verständnis für die Pferdezucht zeigte und die Institution lediglich als private Geldquelle betrachtete. Er zog es vor, teure Pferde im Ausland zu kaufen, und selbst in höherem Alter hatte der sonst zuweilen geniale Mann noch immer nicht die militärische und wirtschaftliche Bedeutung einer landeseigenen Pferdezucht erkannt. Doch verstand er, fähige und weitblickende Männer mit der Leitung des Gestütes zu betrauen, die eine systematische Zucht aufbauten. Einer von ihnen legte um 1779 den Grundstein für eine Landespferdezucht, indem er ohne Zustimmung des Königs heimlich und unentgeltlich Bauernstuten von Gestütshengsten bedecken ließ.

Der Nachfolger Friedrichs II., Friedrich Wilhelm II., erkannte sogleich die Bedeutung einer breitgefächerten Landeszucht, die vom Ausland unabhängig machte, und befahl, zum Nutzen der Armee und der Landwirtschaft zahlreiche Hengstdepots für die bäuerlichen Stuten einzurichten. Gleich zu Anfang wurden bereits über 6000 Stuten von 270 Hengsten gedeckt, und die Bedeckungsziffern nahmen in den folgenden Jahren ständig zu, obwohl eine strenge Qualitätsauslese getroffen wurde. Da Friedrich II. kein Testament hinterlassen hatte, ging Trakehnen nunmehr als „Königliches Hauptgestüt" in staatlichen Besitz über. Seit 1787 erhielten alle im Gestüt geborenen Pferde die einfache siebenendige Elchschaufel auf dem rechten Hinterschenkel eingebrannt.

Die Napoleonischen Kriege waren für das pferdereiche Ostpreußen äußerst verlustreich, nahezu 200 000 Pferde wurden beschlagnahmt und gingen für immer verloren. Im späteren Verlauf des 19. Jahrhunderts jedoch erfuhr die ostpreußische Pferdezucht einen steten Aufschwung, zahlreiche arabische und englische Vollbluthengste wirkten als Veredler, und um 1860 galt die Zucht als gefestigt, der Typ des „Ostpreußischen Pferdes" war geschaffen. Das Hauptgestüt Trakehnen hatte nach wie vor die Aufgabe, hochqualifizierte Beschäler

Trakehner

Hauptstammbuch

Stammbuch

*Die offiziellen Brandzeichen des bundesweiten Trakehner-Verbandes.*

für die Landeszucht zu stellen und außerdem jährlich 40 Gebrauchsremonten für den Königlichen Marstall zu liefern. Fünf Landgestüte standen der Landeszucht zur Verfügung, und Ostpreußen avancierte zur größten Remonteprovinz mit einem Gesamtbestand von 530 000 Pferden im Jahre 1887. In den Feldzügen von 1866 und 1870/71 bewiesen ostpreußische Pferde, daß sie zu Recht in dem Ruf standen, die besten Armeepferde der Welt zu sein.

Nachdem im Jahre 1887 eine allgemein gültige staatliche Körordnung erlassen worden war, gründeten die privaten Züchter 1888 die „Ostpreußische Stutbuchgesellschaft für Warmblut Trakehner Abstammung" mit einem anfänglichen Mitgliederstamm von 298 Züchtern, die 1335 Stuten eintragen ließen. Als Brandzeichen wählte man die doppelte siebenendige Elchschaufel.

Mit dem Ende des Ersten Weltkrieges erlitt die ostpreußische Pferdezucht gravierende Einbußen, denn Remonten für das Heer, bislang die vorherrschende Absatzquelle, wurden nicht mehr gebraucht. Der Typ des Pferdes mußte jetzt mehr auf die Bedürfnisse der Landwirtschaft umgestellt werden. Die Benutzung von Vollbluthengsten, die immer einen großen Einfluß auf die Rasse ausgeübt hatten, wurde erheblich eingeschränkt. Statt dessen bevorzugte man in Trakehnen nunmehr starke Halbbluthengste ostpreußischer Abstammung, um dem Typ mehr Kaliber zu verleihen. Die erfolgreichsten Beschäler waren *Tempelhüter* (Deckzeit 1916 bis 1932), *Dampfroß* (Deckzeit 1923 bis

*Hengst ‚Keith‘, geb. 1941, von ‚Pythagoras‘, im Alter von 34 Jahren, zuletzt Landbeschäler im Landgestüt Celle. ‚Keith‘ war zu dieser Zeit der letzte noch lebende Hengst, der in Trakehnen geboren worden war.*

1937) und *Pythagoras* (Deckzeit 1934 bis 1944). Ihr Erbe ist bis heute in vielen Hengst- und Stutenlinien wirksam.

Einige unverdrossene, passionierte ostpreußische Züchter zogen sogleich nach dem Ende des Zweiten Weltkrieges eine erste Bilanz; sie ergab, daß zwar keine sehr große, aber doch ausreichende Zahl ostpreußischer Pferde in den Westen gelangt war, die genügten, um die Zucht in bescheidenem Umfang fortzusetzen. Von den im Jahr 1944 in Ost- und Westpreußen lebenden 1300 Beschälern und über 36 000 Stutbuchstuten, also fast 38 000 Zuchtpferden, erreichten schätzungsweise nur etwa 1500 die spätere Bundesrepublik. Für den Neubeginn der Zucht standen letztendlich 45 Deckhengste und 650 Stuten zur Verfügung.

Die Situation der Züchter war äußerst schwierig; als Flüchtlinge, die Hab und Gut verloren hatten und auf das Wohlwollen der Einheimischen angewiesen waren, fehlten ihnen so ziemlich alle Voraussetzungen für eine gedeihliche Pferdezucht. In der neuen Heimat galt das Interesse vornehmlich dem schweren Wirtschaftspferd, die Sympathie für den leichten Trakehner war gering; zudem konnte sich in der Zeit schwerster Not niemand vorstellen, daß sich das „Luxusvergnügen" Reiten jemals zu einem verbreiteten Sport entwickeln würde. Dennoch fanden sich im Jahre 1947 Trakehner-Enthusiasten zusammen, um den „Verband der Züchter und Freunde des Warmblutpferdes Trakehner Abstammung e. V." zu gründen.

Die Bedeutungen der Begriffe „Ostpreuße" und „Trakehner" werden hierzulande häufig verwechselt. „Ostpreußen" waren alle im Ostpreußischen Stutbuch für Warmblutpferde eingetragenen und mit der doppelten Elchschaufel auf dem linken Hinterschenkel gebrannten Pferde, während als „Trakehner" nur solche Pferde bezeichnet und mit der einfachen Elchschaufel auf dem rechten Hinterschenkel versehen wurden, die im Hauptgestüt Trakehnen geboren worden waren. „Trakehner" war also nur ein Hinweis auf den Geburtsort eines ostpreußischen Warmblutpferdes. Durch den dominierenden Einfluß des ehemaligen Hauptgestütes jedoch geht die Abstammung aller heute in der BRD lebenden „Ostpreußen" irgendwann auf einen echten Trakehner zurück, wie die Namensbezeichnung des Verbandes, der 1968 aus juristischen Gründen in „Trakehner Gesellschaft mbH" umbenannt wurde, folgerichtig ausdrücken soll.

Die nachhaltigste Verbreitung in der westdeutschen Trakehnerzucht erfuhr die Hengstlinie *Dingo-Dampfroß-Pythagoras,* die bereits in den letzten Jahren vor dem Krieg in Ostpreußen großen Einfluß ausübte. Der *Pythagoras*-Sohn *Totilas,* geb. 1938 in Trakehnen, war der wertvollste Hengst dieser Linie, der nach Westdeutschland gelangte, und viele seiner Nachkommen wurden für die Zucht eingetragen.

Drei Zuchtstätten unter der Regie des bundesweiten Trakehner-Verbandes lenken und beeinflussen, getreu den alten ostpreußischen Grundsätzen, das gegenwärtige private Zuchtgeschehen.

*Ostpreußisches Pferd um die Jahrhundertwende, Stute ‚Bulgaria‘ von ‚Meistersinger xx‘.*

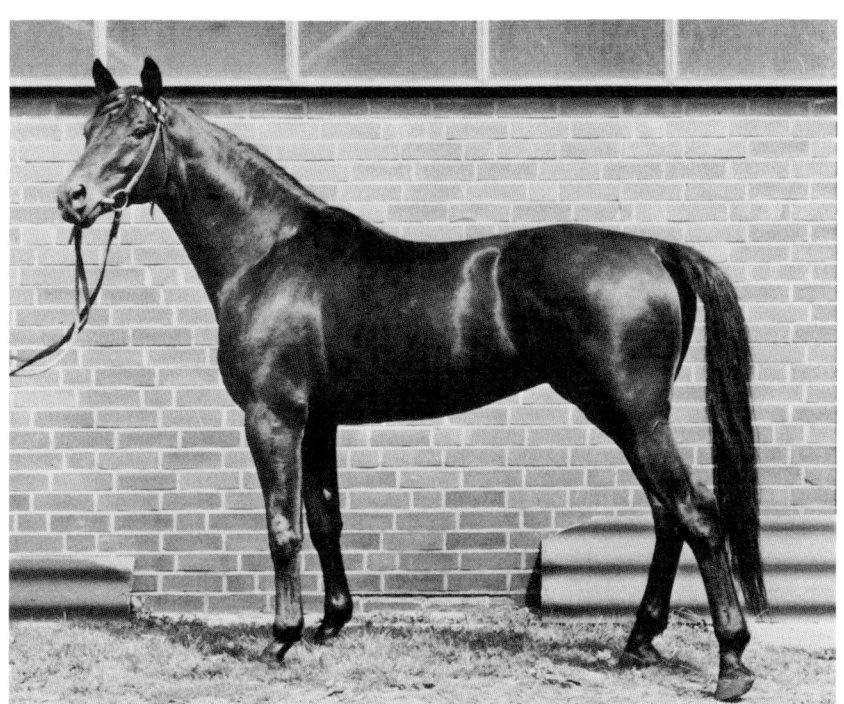

*Ostpreußisches Pferd heute, Hengst ‚Schwarzwälder‘ von ‚Keith‘, ein Beschäler in Privatbesitz.*

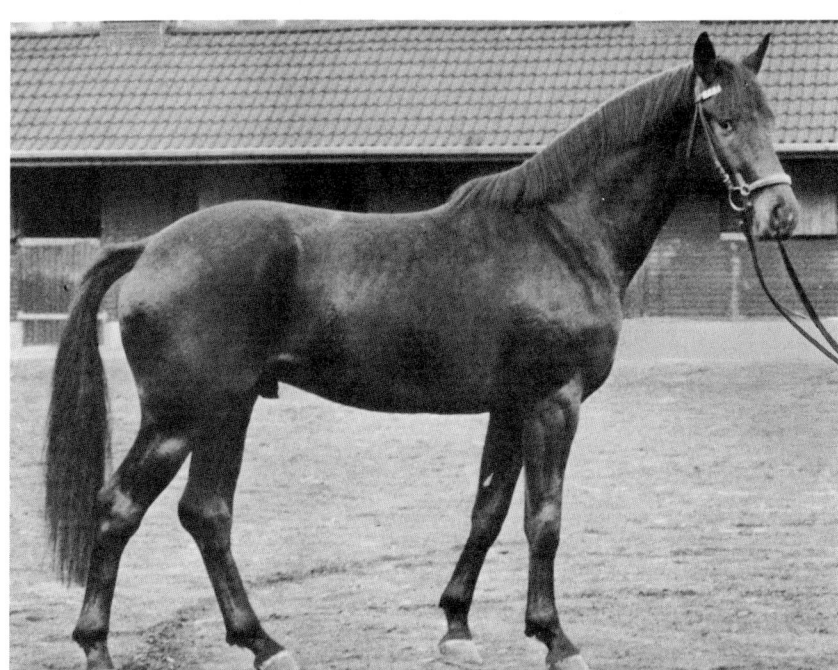

*Hengst ‚Matador‘ von ‚Donauwind‘, Hauptbeschäler im Trakehner-Gestüt Birkhausen bei Zweibrücken.*

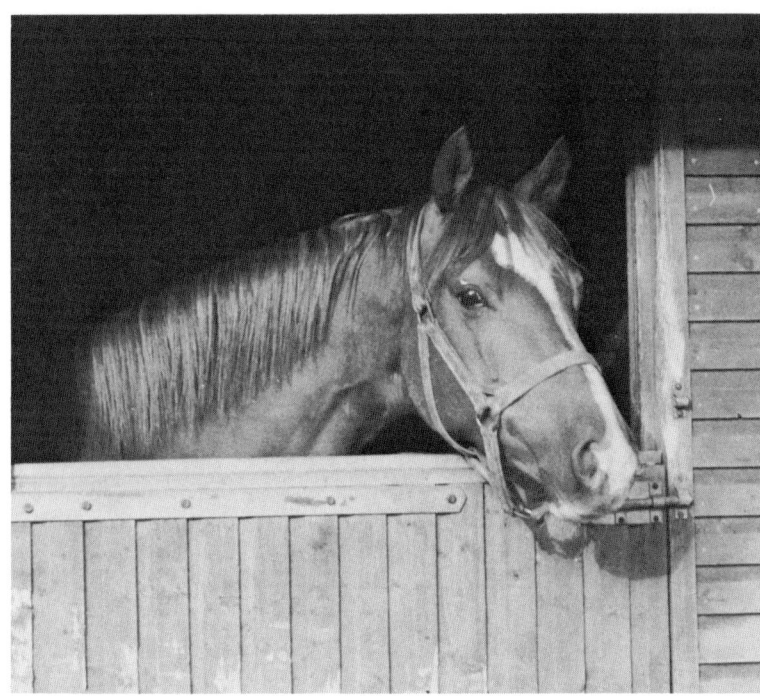

*Nachwuchshengst
in Birkhausen.*

Das Vorwerk Erichsburg des Hengstaufzuchtgestütes Hunnesrück (ein Außenbetrieb des Landgestütes Celle, s. dort) wurde dem Verband bereits 1946 vom Land Niedersachsen zur Verfügung gestellt. Hier versammelte man wertvolle Zuchtpferde, um den Beschälernachwuchs zu garantieren, und seither gingen über 60 gekörte Hengste aus dem Ostpreußengestüt hervor. Der Bestand beträgt heute drei Hauptbeschäler und 35 Mutterstuten. Von jedem Jahrgang werden fünf Nachwuchsstuten aufgezogen, die übrigen Pferde stehen als Absatzfohlen zum Verkauf. Gestütsleiter ist Friedrich Wegener.

Das Gestüt Rantzau bei Malente-Gremsmühlen in Holstein pachtete der Verband 1947 aus Privathand. Auch hier stationierte man ausgewählte Zuchtstuten, die zusammen mit dem Spitzenbeschäler *Totilas,* der fünf Jahre im Gestüt wirkte, erstklassige Nachzucht lieferten. Mittlerweile hat sich Rantzau zum richtungweisenden Gestüt der Trakehnerzucht entwickelt. Der Bestand zählt vier Hauptbeschäler, 35 Mutterstuten und 90 ein- bis dreijährige Fohlen. Die jungen Pferde werden roh, ohne Ausbildung, verkauft; die Stuten gehen fast ausnahmslos in die Zucht. Gestütsleiter ist Wolfgang Kaspereit.

Mit staatlicher Unterstützung fand der Verband 1960 im Stammgestüt Birkhausen des ehemaligen Haupt- und Landgestütes Zweibrücken eine dritte Heimstatt. Birkhausen hat, ebenso wie Hunnesrück und Rantzau, die Aufgabe, der Zucht bestimmte Richtlinien und Impulse zu geben und zu verhüten, daß die Blutlinien zu einseitig geraten. Alle drei Ostpreußengestüte bilden, trotz räumlicher Trennung, eine organische züchterische Einheit. Birkhausen verfügt über zwei Hauptbeschäler, 16 Zuchtstuten und etwa 70 ein- bis dreijährige

Fohlen. Jedes Jahr stehen 15 drei- bis vierjährige Pferde zum Verkauf, die im Ausbildungsstall des Landgestütes Zweibrücken zugeritten werden. Gestütsleiter ist Hermann Helms.

Die bundesweite „Trakehner Gesellschaft mbH" zählt 3610 Mitglieder, 4490 eingetragene Zuchtstuten und 285 Deckhengste bilden das Fundament der Zucht. Fünf Hengste gehören dem Verband, insgesamt 52 Beschäler sind in der Funktion als Veredler Eigentum der Staatsgestüte Celle, Dillenburg, Zweibrücken, Landshut und Marbach, die übrigen befinden sich in Privatbesitz. Den Gesamtbestand an Trakehnerpferden in der BRD schätzt man auf 22 000 Tiere. Der Hengstmarkt in Neumünster im Herbst bietet jedes Jahr etwa 20 gekörte und 70 ungekörte Hengste zum Verkauf an, zuweilen sind auch Stuten und Fohlen zu haben. Während der alljährlichen Reitpferdeauktion des Verbandes auf dem Reiterhof Kranichstein in Darmstadt im März werden 50 Pferde und zur privaten Auktion im Klosterhof Medingen bei Bevensen im April etwa 40 Pferde angeboten.

Die neue Postanschrift des Trakehner Verbandes lautet: Trakehner Gesellschaft mbH, OT Sperberhorst 10, Postfach 61 05 69, 2000 Hamburg 61.

*Verkaufsgespräch in Birkhausen.*

# Literaturverzeichnis

*Ackerl, F. / Lehmann, A. H.:* Die edlen Lipizzaner und die Spanische Reitschule. Alexander Duncker Verlag, München 1952.

*Bonneß, Wilhelm:* Im Celler Landgestüt. Georg Ströher Verlag, Celle 1950.

*Broschüre* Hengstparade Stadl-Paura 1976.

*Daniels, Hedwig:* 100 Jahre Landgestüt Dillenburg. Dissertation 1969.

*Dossenbach, M. und H. D. / Köhler, H. J.:* Die großen Gestüte der Welt. Verlag Hallwag, Bern 1977.

*Dünkelberg, F. W.:* Zuchtwahl des Pferdes. Verlag Vieweg und Sohn, Braunschweig 1898.

*Hahn-Butry, Jürgen:* Hannovers edles Warmblut. Verlag Hans Siep, Hamburg 1949.

*Handler, H. / Lessing, E.:* Die Spanische Hofreitschule zu Wien. Verlag Fritz Molden, Wien 1972.

*Haupt- und Landgestüt Marbach,* Gestütsbroschüre 1977.

*Hengstverzeichnis* des Landgestütes Zweibrücken, 1977.

*Kapitzke, Gerhard:* Pferdesport von A–Z. Südwest Verlag, München 1977.

–*:* Wildlebende Pferde. Verlag Paul Parey, Berlin 1973.

*Köhler, H. J.:* Hannoversche Pferde. Reich Verlag, Luzern 1977.

–*:* Tempelhüter. Reich Verlag, Luzern 1975.

*Lechleitner, P.:* Das Bundeshengstenstallamt Stadl-Paura, eine alte Anstalt mit modernen Aufgaben. Wiener Tierärztliche Monatsschrift Nr. 4, 1971.

*Lehrner, H.:* Das Österreichische Bundesgestüt Piber. Bundesministerium für Land- und Forstwirtschaft, Wien 1974.

*Leuenberger, H.:* Eidgenössisches Gestüt Avenches, Gestütsbroschüre, Bern 1976.

*Nordrhein-Westfälisches Landgestüt Warendorf 150 Jahre,* Jubiläumsschrift 1976.

*Pletz-Krehahn, Hans-Jürgen:* Geschichte des Landgestütes Dillenburg, Dillenburg 1977.

*Programmheft* Landgestüt Dillenburg, Hengstparade 1977.

*Riel, Oscar:* Bayerisches Landgestüt Landshut, Gestütsbroschüre 1972.

*Schilke, F.:* Trakehner Pferde einst und jetzt. BLV, München 1974.

*Schlie, Arnold:* Der Hannoveraner. BLV, München 1975.

*Schöttler, Friedrich:* Das hannoversche Pferd. Verlag M. und H. Schaper, Hannover 1914.

*Schweisgut, Otto:* Haflinger Pferde. Pinguin Verlag, Innsbruck 1974.

*Stapenhorst, Hans:* 200 Jahre Landgestüt Celle, Celle 1935.

*Traut, Friedrich:* Gestüte Europas. Liebhaber Verlag, Verden 1971.

*Trunz, H.:* Pferde im Lande des Bernsteins. Verlag Paul Parey, Berlin 1967.

*Weiland, Elisabeth:* Pferdezucht in der Schweiz. Hadlaub Verlag, Winterthur.

*Wenzler, G.:* Das Haupt- und Landgestüt Marbach. 400jähriges Jubiläum 1973.

# Die offiziellen Pferdezuchtverbände in der Bundesrepublik, die der Deutschen Reiterlichen Vereinigung (FN) angeschlossen sind.

Badisches Pferdestammbuch e. V.
Mönchhofstraße 52, 6900 Heidelberg
Tel.: (0 62 21) 4 90 46

Badisches Pferdestammbuch e. V.
Walter-Göbel-Weg 4, 7820 Titisee-Neustadt
Tel.: (0 76 51) 51 44

Landesverband Bayerischer Pferdezüchter e. V.
Haydnstraße 11, 8000 München 2
Tel.: (0 89) 53 79 07

Verband hannoverscher Warmblutzüchter e. V.
Johannssenstraße 10, 3000 Hannover
Tel.: (05 11) 32 68 82

Verband Hessischer Pferdezüchter e. V.
Kölnische Straße 48–50, 3500 Kassel
Tel.: (05 61) 70 72 52

Verband der Züchter des Holsteiner Pferdes e. V.
Steenbeker Weg 151, 2300 Kiel 1
Tel.: (04 31) 33 17 76

Verband der Züchter des Oldenburger Pferdes
Johannisstraße 1, 2900 Oldenburg
Tel.: (04 41) 1 20 58

Landesverband der Pferdezüchter Pfalz-Saar e. V.
Planiger Straße 37, 6550 Bad Kreuznach
Tel.: (06 71) 6 62 21

Rheinisches Pferdestammbuch e. V.
Endenicher Allee 60, 5300 Bonn
Tel.: (0 22 21) 70 34 23 od. 70 34 29

Pferdezuchtverband Rheinland-Nassau e. V.
Bahnhofplatz 9, 5400 Koblenz
Tel.: (02 61) 1 24 61

Verband der Züchter und Freunde des Warmblutpferdes Trakehner Abstammung e. V.
neuerdings: Trakehner Gesellschaft mbH
OT Sperberhorst 10, 2000 Hamburg 61
Tel.: (0 40) 5 51 30 31

Westfälisches Pferdestammbuch e. V.
Engelstraße 52, 4400 Münster
Tel.: (02 51) 4 35 81

Verband Württembergischer Pferdezüchter e. V.
Sophienstraße 21 B, 7000 Stuttgart 1
Tel.: (07 11) 60 07 36

Verband der Züchter des Arabischen Pferdes e. V.
Zimmerweg 16, 6000 Frankfurt/Main
Tel.: (06 11) 72 08 61

Stammbuch für Kaltblutpferde Niedersachsen e. V.
Johannssenstraße 10, 3000 Hannover
Tel.: (05 11) 1 66 51

Pferdestammbuch Schleswig-Holstein/Hamburg e. V.
Steenbeker Weg 151, 2300 Kiel 1
Telefon (04 31) 33 17 76

Verband der Kleinpferdezüchter Bayerns e. V.
Berg-am-Laim-Straße 38, 8000 München 80
Tel.: (0 89) 49 47 21 od. 49 20 36

Verband der Pony- und Kleinpferdezüchter Hannover e. V.
Johannssenstraße 10, 3000 Hannover
Tel.: (05 11) 32 57 75

Verband der Ponyzüchter Hessen e. V.
Homburger Straße 17, 6360 Friedberg
Tel.: (0 60 31) 40 67/68/69

Verband der Ponyzüchter Weser-Ems e. V.
Metzer Straße 29, 2900 Oldenburg
Tel.: (04 41) 22 53 65

# Stichwortverzeichnis

Zur besseren Übersicht fanden hier vor allem die Namen berühmter Pferde Berücksichtigung sowie Orts- und Personennamen, die in irgendeiner Weise mit der Pferdezucht in Verbindung gebracht werden.

„. . ." = Name eines für die Zucht wichtigen Pferdes
*Zahl kursiv* = Abbildung
ff. hinter Zahl = Begriff ist in dem entsprechenden Artikel besonders häufig genannt

---